南北分裂王国の誕生

イスラエルとユダ

秦　剛平

学術選書 065

京都大学学術出版会

KYOTO UNIVERSITY PRESS

口絵１●ゲリジム山とエバル山（第１章）
口絵２●「黄金の雄牛」、ゲリット・デ・ウェット（第１章）

口絵3●預言者エリヤフとみ使い、ボル・フェルディナント（第1章）
口絵4●エリヤフの昇天（1）（第2章）

口絵5●エリヤフの昇天（2）（第２章）
口絵6●ヒンノムの谷（第２章）

口絵 7●火の中の３人の若者（第５章）
口絵 8●壁に書かれた文字（ベルシャザルの宴席）、レンブラント（第５章）

南北分裂王国の誕生◉目　次

目次

第2章……ユダ・イスラエル王国史（II）……119

第3章……ユダ王国史…… 283

南北分裂王国の誕生

はじめに

われわれは前書『神の支配から王の支配へ――ダビデとソロモンの時代』（京都大学学術出版会）で、ある時期以降のイスラエルの子らの歴史に一大転換がもたらされたことを確認した。

それまでのイスラエルの子らの歴史、すなわち天地創造と人間の誕生から、太祖の時代（創世記）、エジプトからの脱出時代（出エジプト記）、カナン侵略と定住の時代（ヨシュア記）までのイスラエルの子らの歴史は、主なる神が主導するものであった。カナン侵略では神がイスラエルの子らの先頭に立ってその地の先住民族を「殺せや、殺せ」と煽りに煽り、さらにそれだけでは足りず、「息する生き物をすべてぶっ殺せ」と鏖殺《おうさつ》のラッパを高らかに吹き鳴らし、かつ繰り返し執拗に吹き鳴らしたのであるから、これは明らかに主なる神が主導する歴史であり、主なる神がイスラエルの子らのための「安住の地」つくりでなした血なまぐさい歴史であった。

ところが、イスラエルの子らをカナンの地に定着させた後の主なる神の主導には明らかな変化が認められるようになる。民はカナンの地に定住すると、出エジプト以来自分たちを導いてきた主なる神の存在を忘れ、カナンの地の神々や、カナンの地の文化に走る。これが背信行為と見なされる。クロス・カルチャーの好ましい行為・光景と見なされることはなかった。

ここで興味深いのは、主なる神は自らの手で彼らイスラエルの子らの背信行為を裁くのではなく、「士師」と呼ばれる裁き司を興して、彼らに裁きを委ねたことである。進軍ラッパを吹き鳴らしていたころの勢いはもはや主なる神にはない。そしてイスラエルの子らは周辺の民族の者たちを見回して、彼らが王によって支配されているのを知ると、自分たちも王をもちたいと願うようになる。そしてそれを神にたいして口にする。神は不信任をつきつけられたわけである。この不信任は「背信中の背信行為」であるから、われわれはここで、「妬み」や「嫉妬」をその属性のひとつとしてもつ主なる神が烈火のごとくに怒ったと想像したくなるが、神は怒り狂ったのではない。神は民の要求をあっさりと飲むのである。

神の側の信じがたい大幅な譲歩である。

「あれれれ」の状態を飛び越えて、思わず絶句する譲歩である。

前書『神の支配から王の支配へ』の「あとがきに代えて」で書いたように、これは勢いを失った一神教の神の最初の危機である。わたしの見るところ、一神教（ユダヤ教）の神は、歴史に応答しない神になることにより、ヘレニズム・ローマ時代までに、少なくとも五回はその「存在の危機」に見舞われ、破滅寸前、破綻寸前の所まで追いやられる。一神教の神にはどこか致命的な脆弱さがあり、危機のときにそれが露呈されるように思われてならないが、この時期にはじまる「王政」と、それから発展しての「王制」の容認は一神教の神にとって最初の危機であったはずである。神はこの頃からすでに、イスラエルの子らの歴史を主導する神ではなくなる。なお、一神教の神の存在の危機やその脆弱さについては、ヘレニズム・ローマ時代のユダヤ教を扱うときに論じられる。

主なる神が容認した最初の王はサウロである。その在位は、前一〇一二年から前一〇〇四年まであった。

サウロを継承したのはだれもがその名を一度は聞いたことのあるダビデである。彼の在位は、ヘブロンで前一〇〇四年から前九九八年まで、エルサレムで前九九七年から前九六五年までである。ダビデの王国はその子ソロモンが継承する。彼の在位は、前九六五年から前九二六年までである。この継承はあってはならないと思われる、ネポティズムだからである。「ここは北朝鮮かいな」と思わず軽口をたたきたくなるネポティズムである。主なる神はダビデにネポティズムの弊害を教えなかったようである。ソロモンには律法に忠実に生きるようにと繰り返して教えただけである。

王制に発展する王政を容認し、そればかりかネポティズムを容認する主なる神の性格はここらあたりから大きく変質する、歴史には関わらない沈黙の神となりながら、ときに偏執的に関わる神になる。

ソロモンの死後、王国は分裂する。

王国はソロモンの子レハブアム（在位、前九二六―九一〇）の支配する南王国ユダとヤロブアム一世（在位、前九二六―九〇七）の支配する北王国イスラエルに分裂する。『ユダヤ古代誌』の第九巻が扱うのはこの「分裂王国時代」である。

分裂王国時代を扱うわれわれの資料となるのは、列王記上一二・一以下と歴代誌下一〇・一以下である。すでに学んだが、この二書のギリシア語訳の呼称はヘブライ語テクストのそれとは異なる。サムエル記上は「王国I」、サムエル記下は「王国II」、列王記上は「王国III」、列王記下は「王国IV」と呼ばれる。そして歴代誌上は「パラレイポメノーンI」と、また歴代誌下は「パラレイポメノーンII」と呼ばれる。ここでのパラレイポメノーンは「無視する」とか「残す」を意味するギリシア語の動詞パラレイポーの受身の分詞であるが、適切な訳語をすぐに思いつくことはなかなか難しい。わたしはこのギリシア語は「語り残されたもの」の意で使用されているものと理解する。

すでに前書で見たように、列王記上はさまざまな宮廷資料や伝承、そしてまたそこに割り込んで来たさまざまな荒唐無稽のフィクションから成り立つ。わたしはフィクションと断じて構わない記述にはしばしば「これはフィクションですから……」と断り書きを入れるようにしているが、それをさっ引いたものが歴史かと言えば、そう簡単にそれが史実に迫る歴史であるなどとは言えるものではない。そもそも宮廷資料などは宮廷の御用歴史家の手になるものであるから、「どこまで信頼できるものやら……」の状態のものである。それに加えて、列王記を編纂した後の時代の編纂者たちの非常に恣意的な資料の選択や、それにもとづく王の評価や断罪があるからである。後の時代とは紀元前五八六年のエルサレム陥落以降のことでバビロン捕囚の時期かそれ以降の時代のことである。列王記がバビロン捕囚の時代あるいはそれ以降の時代の編集であることは、本書の記述から見破ることは可能で、わたしはすでにそれを前著で指摘したつもりである。見破られるような編集は稚拙な編集と言わざるを得ないが、それはともかくとして、列王記から史実に迫る歴史を抽出し、それを語ることは困難なことであることはあらかじめご承知おき願いたい。

歴代誌はそのギリシア語訳の表題が示すように、あるいはギリシア語訳の訳者の目にはサムエル記や列王記が語り残したものを指し示しているように見えたのかもしれないが、その判断が妥当なものであるかどうかは本書では問わない。歴代誌上・下の成立年代は、サムエル記や列王記が成立した時代以降のものであることは確実で、一般にはそれは前五世紀後半から前四世紀前半にかけての時代とされる。すなわち、バビロン捕囚から解放されてエルサレムに帰還した民が破壊された神殿跡に立ちつくして呆然とし、新たなる神殿（第二神殿）を建設し終え、神殿祭儀も整えられた時期とされる。

歴代誌上はアダムからサウロまでを語った第一部と、ダビデの治世を語った第二部から成り立ち、歴代誌下はソロモンの治世を語った第三部と、ユダの王たちの治世を語った第四部から成り立つ。この歴代誌も、列王記上・下と同じく、さまざまな資料や伝承を使用しており、歴代誌の編者は結構な箇所で、使用した資料に言及するが、言及された資料はどれもこれも現存しないものばかりであるから、資料の照合なども不可能である。またかりに資料が存在したとしても、その資料で使用されている原資料の信頼性はどうなのか、などと考えはじめたら、それこそお手上げの状態に陥ること必定である。資料の限られた古代の歴史研究で、史実に迫る歴史を語ることなどはまずは不可能であると心得る必要がある、たとえそれがキリスト教世界でしか通用しない「神の言葉」と称される聖書の記事であっても。

歴代誌の記述の特色は数え上げたらきりがないが、覚えておきたいのは、歴代誌がソロモン死後に起こった分裂王国の一方の雄、北王国の歴史をほとんど語っていないことである。したがって、「分裂王国時代」を語る本書の第一の資料は列王記となるが、このギリシア語訳のテクストは非常に問題のあるテクストである。ということはその背後にあるヘブライ語のテクストも不安定な状態に置かれていたと想像されるもので、とくにラールフス版のギリシア語訳をルキアノス版のギリシア語訳と比較対照させるとき、その背後にあるヘブライ語のテクスト問題が深刻なものであることを教えられる。われわれは本書でそれに触れようと思う。なお、言い忘れるところであったが、列王記と歴代誌のギリシア語訳は紀元前二世紀以降の早い時期にはつくられていたと想定されるが、だれがどこでつくったのかは不明である。そのギリシア語訳がどのような経緯で転写されるようになったかや、どのような経緯でディアスポラのユダヤ人の共同体が使用するようになったのかも不明である。聖書学は「分からないことだらけの領域」を多く含む摩訶不思議な学問領域なのである。

第1章……南北分裂王国の誕生
――ユダ・イスラエル王国史（I）

ソロモンの子レハブアム、王位継承者になる

本書で最初に登場する人物は、ソロモン王の子レハブアムです。

ヘブライ語列王記上一二・一以下によれば、彼はソロモン王の死後、王位の継承者となります。紀元前九二六年のこととされます。彼はシケムと呼ばれる町に向かいます。全イスラエルが彼を王にするために、その地に集結していたからです。シケムはエルサレムの北約五〇キロメートルの所に位置する町で、後の時代、サマリアびとが住んだことで知られております。海抜八六八メートルのゲリジム山と海抜九三八メートルのエバル山の山間につくられた町です（口絵1）。

ソロモン王に反逆した人物がおります。

エフライムびとのネバトの子でヤロブアムと呼ばれる男です。彼はそのとき、逃亡先のエジプトにいて、エルサレムでの新しい事態の展開を知ります。彼は逃亡先から戻ると、レハブアムに会い、亡くなったソロモンは自分たちに過酷な軛を負わせたと告発し、過酷な労働の軽減を訴えます。わたしたちは、この告発と訴えから、「ソロモンの栄華」と称するものは、民の重労働と搾取の上に成り立つものであったと直感いたします。

新王になったレハブアムは長老たちや、自分と一緒に育て上げられた若者たち（＝宮廷の腹心？）と相談して、ヤロブアムの要求を厳しい調子ではねつけます。ギリシア語訳列王記上一二・二では、ラールフス版でもルキアノス版でもヘブライ語テクストに見られる一文、すなわち「ネバトの子ヤロブアムがこれを聞いたとき、彼はまだソロモン王の前から逃亡した先のエジプトにいた。ヤロブアムはエジプトに住んでいたのである」は欠落しております。ラールフス版では、それは同書一一・四三に入り込んでおります。

ヨセフスはまず列王記上一四・二一と同三一の情報にもとづいて、ソロモンの後継者となったレハブアムがソロモンとアンモン部族の女ナアマの間に生まれた子であると説明します。適切な説明です。そして次に彼は、ギリシア語訳列王記上一一・四三か歴代誌下一〇・二―三に目を通した上で、「民の指導者たちが即刻エジプトに（使いを）送り」レハブアムを呼び戻したとします。列王記上一二・三によれば、レハブアムに直訴したのはエジプトから帰国したヤロブアムと「イスラエルの全会衆」

ですが、ヨセフスはそれをヤロブアムと「民の指導者」とします。会衆が直訴したとするよりも、指導者が直訴したとする方が事態の深刻さが分かるというものです。

ヨセフスはついで長老たち――ヨセフスでは「父の友人たち」――がレハブアムに与えた助言の仕方に立ち入ります。

「彼らは群衆の心理をよく弁え、老婆心から（忠告する者）のごとく言った。人びとにたいしては王の威厳をもって（語るの）ではなく、友好的な雰囲気の中で親しみを込めて話しかけるように、臣民という者は王とほとんど対等に扱われれば、その親切心に気をよくするものである。そうすれば、彼らの好意を（わけなく）獲得できるのだ、と。この忠告はすべての場合に、いやすべてとは言わなくとも、王になろうとしている者の場合には、最善のものであった。しかし、ロボアモス（レハブアム）はそれにしたがわなかった。思うに、神が（このとき）彼の不利益になるように計られたのである。」（七・二一五―二一六）

しかし、レハブアムは長老たちの忠言にしたがわず、次に自分と一緒に育て上げられた若者たちに相談を持ちかけます。彼らがレハブアムに与えた助言は分かりにくいものです。列王記上一二・一〇―一一によれば、若者たちは彼に向かって「わたしの小指はわたしの父の腰よりも太い。わたしの父がおまえたちに重いくびきを背負わせたのであれば、わたしはさらにそれよりも重くする。わたしの父がおまえたちを鞭で懲らしめたのであれば、わたしはサソリでおまえたちを懲らしめる」と言ってやれと挑発します。この挑発の言葉は歴代誌下一〇・一一に見られる言葉と同じです。ヨセフスでも同じです。ただし彼は若者たちの挑発の言葉を「……その覚悟をするがよい」で結び、脅しのレベル・アップを行い、「王は彼らの言葉に喜んだ。このような答えこそ王の威厳に相応しいと考えたからである」(七・二二七)とします。

三日目に民が王レハブアムの答えを聞きに集まってきます。

ヨセフスはそのとき民がみな「王の返事を待ちかねて浮き足立った。色よい返事がもらえると期待したからである」(七・二二八)とします。しかし、王は若者たちが自分に与えてくれた言葉をそのまま繰り返します。浮き足立っていた民はガックリです。いやガッカリです。

列王記上一二・一五によれば、これは主なる神がアヒヤを介してヤロブアムに告げた言葉が成就するためだったそうで、ヨセフスも同じことを申します(七・二二八)。アヒヤの預言とは彼が着ていたマントを一二切れに切り裂き、そのうちの一〇切れをヤロブアムに渡して王国が分裂することを予告するもので、それは列王記上一一・三〇以下(=本書八・二〇六以下)に見られるものです。

分裂王国誕生の兆し

列王記上一二・一六によれば、シケムにいたイスラエルの民はみなエルサレムからやって来たレハブアム王に向かって、今後自分たちはダビデの一族と分かち合うものは何もない、と大合唱して解散いたします。彼らは「ダビデ王朝」と袂を分かとうとしたのです。

レハブアム王は、事態の悪化を憂えて、「徴用の長」（＝ギリシア語訳では「徴税官」）アドラムをイスラエルの民のもとへ遣わしますが、彼は石で撃ち殺されてしまいます。身の危険を感じたレハブアムは、シケムからエルサレムに逃げ帰ります。そして列王記上一二・二〇によれば、全イスラエルはヤロブアムを自分たちの王に立てます。

さてヨセフスがどう記述するかです。

彼はイスラエルの民の怒りの爆発を次のように想像してみせます。

「民は（王の残酷な）言葉に愕然とし、その答えがすでに実行されたかのようにいたく嘆いた。だれもが大声を上げ、たけり狂って言った。われわれはもはや、今日からはダウィデース（ダビデ）やその子孫とはいっさいの関係をもたない、と。そして、彼らはロボアモス（レハブアム）にたいし、祖父の建てた神殿だけは残してやるが、彼を見捨てる、と脅しをかけた。人びとの憎悪と怒り

はそれほど激しいものであった。」(八・二二九―二三〇)

写本の一つは、冒頭の「民は(王の残酷な)言葉に愕然とし」を「民はまるで剣で(撃たれたか)のように、(王の残酷な)言葉に愕然とし」と読んでおります。ヨセフスは、レハブアムがアドラムをイスラエルの民のもとに遣わした目的を明確なものにし、それは彼らの怒りを解かせるためであったとし、そのためアドラムは彼らに「自分の言葉が若気のいたりで、無遠慮でぶしつけなものであれば許してくれと言わせ、彼らをなだめすかそうとした」(八・二二〇)とします。イスラエルの民や指導者たちを前にして平身低頭しているアドラムの姿が浮かび上がってきます。ヨセフスはアドラムが投石で死んだことを告げ知らされると、レハブアムが自分自身も投石の標的にされるのではないかと恐れ、「急いで」戦車でエルサレムに逃げ帰ったとします。

ヨセフスは聖書の物語の中に見出される投石記事には敏感です。彼自身、対ローマのユダヤ戦争の最終場面では、エルサレムの城外から城内に立て籠もる者たちに向かって投降を呼びかけるとき、城壁上の同胞たちの投石の標的にされており、その恐怖をたっぷりと味わっているからです。彼は恐怖を感じて城壁から後方に退こうとすると、そこで待ち構えているローマ兵から「この臆病者め、引き下がるのではない、もっと城壁に近づけ」と怒鳴られていたのです、可哀想に。

南北分裂王国の誕生

サウロ↓ダビデ↓ソロモンとつづいた王朝はここで分裂いたします。

二代つづいた「ダビデ王朝」は、ソロモンの子レハブアムを支持する南王国ユダとヤロブアムを主人とする北王国イスラエルに分裂するのです。南王国を支持するのはユダ部族とベニヤミン部族で、北王国を支持するのは残りの十部族ということになります。もちろん、これは実際に「十二部族」があったことを前提とする話です。列王記上一二・一八は、「イスラエルはダビデの王朝に背き、今日に至っている」と述べて、南王国支持の旗幟《きし》を鮮明にしております。ここから先では、南王国支持のにおいがぷんぷんと臭ってくることがあります。

南王国にはソロモンの建てた神殿があります。北王国にはバアルやアシェラを祭った地方聖所しかありません。神殿と地方聖所の間には格の違いがあります。しかし、神殿をもつ南王国も、それなりにさまざまな問題を抱え込みます。

ひとりの預言者と内乱回避

列王記上一二・二一以下によれば、エルサレムに戻ったレハブアムはユダ部族とベニヤミン部族から選り抜きの戦士一八万――ギリシア語訳では「一二万」――を召集してイスラエルを相手に戦おうとします。この時期は不明です。

あるときのことです。

主の言葉が「神の人」シェマヤに臨みます。彼は主の名において同じ民族同士の争いを回避しようとします。レハブアムはその忠言に聞きしたがいます。

ヨセフスも預言者シェマヤによる内乱回避を語ります。彼は、その名前がギリシア語訳列王記一二・二二や歴代誌下一一・二で「神の人サマイア（シェマヤ）」と明記されているにもかかわらず、「ひとりの預言者」としてこの人物を登場させます。

さて、ここでラールフス版のギリシア語訳列王記上一二・二四に目をやる者は、びっくり仰天の事態に直面いたします。岩波版の訳者はその註で「七十人訳はこの後にヤロブアムに関するより細かな情報を付加している」と言っただけですましておられますが、ここから先ではヘブライ語テクストに該当箇所がない記事が認められるからです。それをまずわたしの翻訳で紹介します。非常に長ったらしい、それだけにうんざりする一文ですが、わたしの脱線だと思って、おつきあいください。

「（二四a）王サローモーン（ソロモン）は彼の父祖たちとともに眠りにつき、彼の父祖たちとともにダウィド（ダビデ）の町に葬られた。彼の子ロボアムが彼に代ってエルサレムで統治した。彼が王になったのは一六歳のときで、エルサレムで一二年間統治した。彼の母の名はナアナンで、アンモーン（アンモン）の子らの王ナアアスの子アナンの娘（だった）。彼は主の前に悪しきことを行い、彼の父ダウィドの道を歩まなかった。

（二四b）エフライムの山からの者で、サローモーンのしもべがいた。彼の名前はイェロボアムで、彼の母の名前はサリラで、娼婦だった。サローモーンは彼をヨーセーフ（ヨセフ）の家の労役の上に立つ者たちの長とした。彼はサローモーンのために、エフライムの山中にサリラを建てた。彼には三〇〇台の馬の戦車があった。彼はエフライムの家の労役で要塞を建てた。彼はダウィドの町を包囲した。彼は王権を狙っていた。

（二四c）サローモーンは彼を殺そうとした。彼は恐れ、エジプトの王スーサキムのもとへ駆け込み、サローモーンが死ぬまで彼のもとにいた。

（二四d）イェロボアムはエジプトで、サローモーンが死んだことを聞き知った。彼はエジプトの王スーサキムの耳に、次のように言って語りかけた。

『わたしを去らせてください。わたしは自分の国へ参ります。』

スーサキムは彼に言った。

『（好きなものを）何でももとめるがよい。予は（それを）おまえに与えてやろう。』

（二四e）スーサキムはイェロボアムに、自分の妻テケミナの姉アノーを嫁にやった。彼女は王の娘たちの間では大柄で、イェロボアムに、彼の息子アビアを産んだ。
（二四f）イェロボアムはスーサキムに向かって言った。
『どうかわたしを去らせてください。わたしは参ります。』

イェロボアムはエジプトから出て行き、エフライムの山地のサリラの地へ入って行った。エフライムの全部族がそこに集まった。そこで、イェロボアムはそこに要塞を建てた。
（二四g）彼の幼子が非常に重い病にかかった。イェロボアムは幼子のために（神に）尋ねるために出かけて行った。
（そのさい、）彼は自分の妻アノーに向かって言った。

『（さあ、）起きて、出かけるのだ。幼子のために、もしその病から助かるかどうか神に尋ねて見るのだ。』
（二四h）シロにひとりの人がいた。彼の名前はアキアで、年齢は六〇歳だった。主の言葉は彼とともにあった。
イェロボアムは彼の妻に向かって言った。

『立ち上がるのだ。おまえの手に、神の人のために菓子と、葡萄と、ひと壷の蜂蜜を取るのだ。』
（二四i）妻は立ち上がると、アキアのために、自分の手にパンと、二個の菓子と、葡萄と、ひと壺の蜂蜜を取った。その人は年老いていて、その視力は衰えていてよく見えなかった。
（二四j）欠落。
（二四k）彼女は立ち上がると、サリラを発った。
彼女が町に入り、シロびとアキアのもとへ行ったときのことである。

アキアは自分の小姓に言った。

『出て行って、イェロボアムの妻アノーを出迎え、彼女に言うがよい。「お入り下さい、しかしお立ちにはならないようにお願いいたします。主がこう言われるからです。わたしはおまえに由々しきことを知らせる」と。』
（二四l）アノーは中へ入ると、神の人のもとへ行った。
アキアは彼女に言った。

『なぜおまえはわたしにパンや、葡萄、菓子、それにひと壺の蜂蜜を持ってきたのだ？　主はこう言われる「見よ、おまえはわたしのもとから立ち去り、城門を入り、サリアに行く。すると娘たちが出て来ておまえを出迎え、おまえに、幼子は死にました、と言う。（二四m）というのも、主が次のように言われたからである。『見よ、わたしはイェロボアムの男（たちすべて）を滅ぼし尽くす。イェロボアムの倒れて死んだ者たちは町の中にあり、犬どもは（それを）食いあさり、空の鳥が野に倒れて死んだ者を食い尽くす。そこで若者（小姓）は、（次のように言って胸を）打つ。主よ、呪われよ（わたしは）！　彼の中に主に関わる（何か）よきことが見出されたからです』と。」
（二四n）女は（これを）聞いて、立ち去った。そして彼女がサリラに入ったときのことである。（女の）幼子が死んだ。（彼女を）待っていたのは外に漏れ出した騒々しい声だった。
（二四o）イェロボアムは出かけ、エフライムの山の中にあるシケムへ行き、そこにイスラエルの諸部族を集めた。サローモーンの子ロボアムがそこに上ってきた。そこで主の言葉が、次のように言って、エラミびとサマイアスに臨んだ。「おまえ自身のために新しい外衣を、まだ水の中を通していないやつを取り、それを一二切れに裂き、（それを）イェロボアムに与え、彼に言うのだ。主はこう言われる。おまえ自身のために一〇の布切れを取るのだ。おまえが（それを）身につけるためだ、と。」
イェロボアムは（それを）取った。
サマイアスは言った。
『イスラエルの十部族について主はこう言われる。』
（二四p）民はサローモーンの子ロボアムに向かって言った。
『あなたさまのお父上はその軛をわたしどもの上に重いものとされ、その食卓の料理を重いものにされました。もしあなたさまが今わたしどもの上に（課せられた負担を）軽いものにしてくださるならば、わたしどもはあなたさまにお仕えいたします。』

ロボアムは民に向かって言った。

『もう三日（待て）。そうすればおまえたちに返答する。』
（二四q）ロボアムは言った。
『予のもとへ長老たちを招じ入れるのだ。三日後に民に何と答えるか、予は彼らと相談する。』

ロボアムは彼らの耳に語りかけた。民が彼のもとに（彼らを）送り込んでいたからである。

民の長老たちは言った。

『民はあなたに向かってこう語っておりました。』
（二四r）ロボアムは彼らの助言を受け入れなかった。それは彼の前に喜ばしいことではなかった。そこで彼は（人を）遣わし、自分と一緒に育て上げられた者たちを導き入れ、同じことを彼らに言った。
『民は予のもとにこれらのことを言うために（人を）遣わした。』

彼と一緒に育て上げられた者たちは言った。

『民に向かって次のように仰ってください。「予の小さな指は予の父上の腰に勝る。予の父上はおまえたちを鞭で懲らしめたが、予はおまえたちをサソリで支配する」と。』
（二四s）その言葉はロボアムの前に喜ばしいものだった。彼は若者たち、（すなわち）自分と一緒に育て上げられた者たちが助言したとおりに、民に答えた。

（二四t）民はみな、一体となって、各自がその隣り人に言い、全員が次のように言って騒ぎ立てた。
『われわれはダウィドと分かち合うものはないし、イェッサイの子の中に嗣業もない。イスラエルよ、おまえの天幕に（戻るのだ）。この人は長でもなければ、指導者でもないからだ。』
（二四u）すべての民はシケムから散った。各自が自分の天幕へ戻って行った。ロボアムは自分の立場を強めて、去って行った。彼は自分の戦車に乗ると、エルサレムへ入った。ユダの全部族とベニヤミンの全部族は彼にしたがった。
（二四v）欠落。
（二四w）欠落。
（二四x）一年のはじめとなった。ロボアムはユダとベニヤミンの男たちをみな集め、戦うために、イェロボアムのもとへ、シケムへ上って行った。
（二四y）主の言葉が、次のように言って、神の人サマイアスに臨んだ。『ユダの王ロボアムに、そしてユダの全家とベニヤミンに向かって、民の（中の）残れる者に向かって、こう言うのだ。「主はこう言われる。おまえたちは上って行ってもならないし、おまえたちの兄弟たちであるイスラエルの子らと戦ってもならない。おまえたちは、各自、自分の家に戻るのだ。この言葉はわたしから出たものだからだ」と。』

（二四ｚ）彼らは主の言葉を聞き、主の言葉にしたがい、出撃するのを思いとどまった。」

この引用記事には、ここまでで語られてきた記事内容と重複する箇所もあり、またヤロブアムについての新情報を提供してくれる箇所もあります。しかし、この長文の記事はここまでで語られてきた物語の中に置きますと、奇妙に「浮いた」ものとなり、前後の文脈の中ではしっくりといかないのです。では、ラールフス版に見られるこの一文はギリシア語訳の訳者が勝手に捏造した一文なのでしょうか？

確かに、ルキアノス版一二・二五の短い一文はラールフス版一二・二四ａに対応し、ルキアノス版一二・二七はラールフス版一一・二四ａに対応し、ルキアノス版一二・二八はラールフス版一二・二四ｂに対応し、ルキアノス版一二・二九―三二はラールフス版一二・二四ｂに部分的に対応し、ルキアノス版一二・三三はラールフス版一二・二四ｃに対応し、……ですが、ルキアノス版は全体的に見ると、ラールフス版の長文とは一致を見てはいないのです。したがって、ラールフス版に収斂されるギリシア語訳の訳者がこの長文を捏造したと想像してみせることも可能ですが、ギリシア語訳の訳者がこんな長文を勝手に捏造するでしょうか？　ルキアノス版には認められないが、これと似たような長文が他の箇所でもいくつも認められるのであれば、わたしたちはその可能性をまじめに検討しなければなりませんが、ここではそうではないのです。と言うことは、この一文の認められるヘブライ語テクストが存在した、ラールフス版のギリシア語訳の訳者の手元にはそのテクストが置かれていたと想像しなければなりません。

さて、このテクストとヨセフスとの関係です

ヨセフスの使用したギリシア語訳にはこの長文は欠落していたと思われます。別の言葉で言えば、彼はルキアノス版に収斂されるテクストを使用していたことになります。わたしたちはすでに『神の支配から王の支配へ』（京都大学学術出版会）で、ヨセフスがそこで使用したギリシア語のテクストの問題に立ち入り、彼のギリシア語訳テクストはラールフス版のテクストの系列に属するものではなく、ルキアノス版の系列に属するものであったことを確認しましたが、わたしたちはここでもそれを確認することができるのです。

ここから先の語りでは

さて、「ひとりの預言者」の介在を語ったヨセフスは、ここから先で、南北に分裂した「二王朝」を語らねばならなくなります。彼は言います。「ここから先でわたしは、まず最初にイスラエルびとの王イエロボアモス（ヤロブアム）の事績を述べ、次に、それとの関連で、二部族の王ロボアモス（レハブアム）治世下の出来事を語りたい。そうすれば、物語の全体の均衡が保たれると思われるから

である」（八・二二四）と。

ヨセフスはここまでで「ダビデ王朝」に肩入れしてきましたから、ここから先でも当然南王国ユダの歴史が最初に語られるのかと想像したくなります。しかし彼は、北王国イスラエルの歴史を最初に語り、それとの均衡を考慮しつつ、次に南王国の歴史を語るというのです。

ヤロブアム王、ベテルの町に王宮を建てる

最初は北王国イスラエルの歴史です。

列王記上一二・二五によれば、ヤロブアム王はシケムの町を建ててそこに住み、さらにそこを出てペヌエルと呼ばれる町を築き、そこに住みます。ここでの「建てて」とか「築き」は、岩波版の訳者が正しくも指摘するように「建て直す」とか「築き直す」の意味です。士師のひとりギデオンにより破壊されていたからです（士師記八・一七）。ヨセフスはヤロブアムがシケムとペヌエルに王宮を建てたとします。もしかして彼はペヌエルの王宮を離宮のイメージで捉えていたのかもしれません。パレスチナに王宮ばかりか、離宮を建てて有名なのはヘロデ大王でしたが、彼の頭の中にはヘロデがいたのかもしれません。しかし、多分そこは要塞都市であったと思われます。

北王国の王ヤロブアムにとって深刻だったのは、その宗教政策であったと思われます。

ソロモンは神殿をエルサレムに建て、それ以外の場所に神を拝礼する場所を北王国となる領地内に建てておりません。そのため、大きな祭が近づけば、北王国の民は南王国のエルサレムに出かけて行くかもしれないからです。そうなると彼らの心はレハブアムに戻るかもしれません。

ヤロブアムは黄金の雄牛を二体つくると、聖所のあるベテルとダンにそれぞれ置き（図1）、民に向かって「これがおまえたちをエジプトから導き上ったおまえたちの神である」と宣言します。イスラエルの子らのご先祖は雄牛に導かれて出エジプトを挙行したのです。どうりで牛歩の進みで、カナンの地に到着するまで四〇年かかったわけだと半畳を入れたくなりますが、雄牛のイメージはシナイ山に入ったモーセの帰りが遅いのを心配した兄のアロンがこの先の道案内人としてつくった雄牛からのものです（図2、口絵2）。ヤロブアムはベテルの祭壇で黄金の雄牛に生贄を捧げたばかりか、祭司を常駐させます。

ヨセフスも列王記上に沿ってヤロブアムが二体の雄牛の像をつくり、ベテルの町とダンの町にそれぞれ一体置いたとしますが、そこから先では、ヤロブアムが配下の十部族の者たちを集め、次のような演説をしたとします。

「同胞諸君。おまえたちも承知のことと思うが、神はどこにもおられ、ただひとつの場所だけにおられるわけではない。神はそこがどこであれ、（ご自分を）礼拝する者には耳を傾け、（その者たち

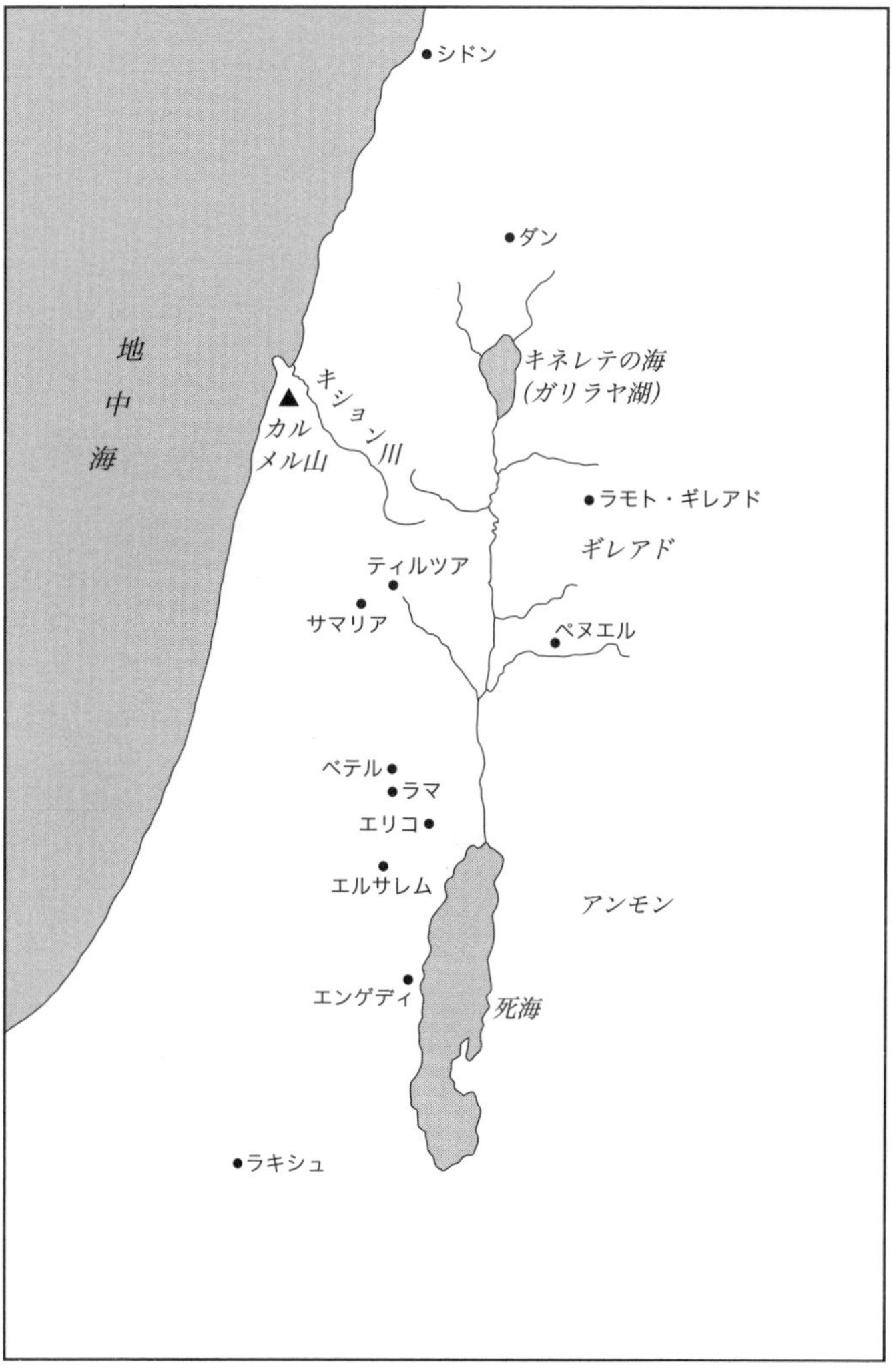

図1●ベテル、ダン、ペヌエル（ガリラヤ湖・死海周辺地図）

図２●「黄金の牛」

を）見守っておられる。だから、礼拝のためと言えども、おまえたちを敵の町であるエルサレムまで長旅をさせようとは思わない。（エルサレムの）神殿を建てたのは人間である。わたしも神の名を冠した黄金の雄牛を造り、ベテルの町にひとつと、ダンの町にひとつ奉納した。おまえたちはこの二つの町の近くに住んでいるのだから、どちらか近い方に行って神を礼拝すればよい。

わたしはおまえたちの中から祭司とレビびとを任命しよう。おまえたちがレビ部族とアアローン（アロン）の子孫をもたなくてすむからである。おまえたちの中で（大）祭司を志願する者がおれば、最初の（大）祭司アアローンと同様、その者に雄牛と雄羊を神に捧げさせるがよい。」（八・二二七―二二八）

ヨセフスは冒頭、神の普遍的な臨在を念頭に置いて、彼自身の理解をヤロブアムの口に入れております。その理解はすでに取り上げたソロモンの祈りの中で表明されておりますが（本書八・一〇七以下参照）、そこから先で見られる神礼拝の場所は必ずしもエルサレムに限られるものではないとするヨセフスの理解は、彼自身がエルサレムばかりか、エジプトのレオントーン・ポリスに建てられたユダヤ教の神殿の存在を知り、そこをもエジプト在住のユダヤびとたち、とくにナイル河畔のデルタ地区に住むユダヤびとが礼拝の場所と見なし、エルサレムに行くのではなくてレオントーン・ポリスに出かけていた現実を承知していたことを物語るものです。その証拠は列王記上には認められないレビ部族への言及があることに求められるはずです。ヨセフスにとって重要なのは、他の神殿あるいは聖所で奉仕する者の中に、エルサレムの神殿で奉仕するレビ部族の者が入っているかどうかなのです。

このレオントーン・ポリスの神殿の存在は日本の聖書学者の大半が知らないか、注意を払わないものなので、ここで少しばかり説明を加えておきます。

紀元前二世紀の中ごろエルサレムの神殿で大祭司たちの熾烈な権力争いが起こります。それに敗れた正統のオニアス四世——彼は正統の大祭司だったと思われるのですが——は、エルサレム神殿で奉仕していたレビびとの一部を連れてエルサレムを脱出しエジプトのレオントーン・ポリスと呼ばれる町に逃れ、その地でプトレマイオス六世王（在位、前一六三—一四五）から土地を下賜されて「エルサレムの神殿を模した」神殿を建てたのです。紀元前一五〇年ころのことです。この神殿は最初は小さな規模のものであったと想像されますが、そこはエルサレムの神殿が破壊された紀元後七〇年か七一年に、叛徒たちの拠点になってはまずいとのローマ軍の武将ウェスパシアヌスの判断で閉鎖されるのですが、その神殿は実に二二〇年以上の長きにわたって存在しつづけるのです。詳しいことはわたしが守屋彰夫氏と編集した『古代世界におけるモーセ五書の伝承』（京都大学学術出版会）に寄稿した拙論「レオントーン・ポリスの神殿城址——ブーバスティス・アグリアともうひとつのユダヤ神殿」をご覧ください。

ユダヤ教の正統的な神学では「神はひとつ、神殿もひとつ」であり、「神殿は二つでも三つでも構わない」ではないのです。そこでヨセフスは、自分の信念や理解をヤロブアムの口に入れながらも、他方では「イェロボアモス（ヤロブアム）はこう言って民を欺き、父祖伝来の（エルサレムでの）礼拝を放棄させ、律法に違反させた。この事態こそ、ヘブルびとが（その後にこうむる）災禍のはじまりであり、また（そのために）他民族と戦って敗れて囚われの身にされたのである。それについては適当な所で明らかにしたい」（八・二二九）と述べるのです。ヨセフスには、後の時代のバビロン捕囚という民族的悲劇は、この時代の分裂王朝がその種を蒔いたとする理解があるのです。

ユダから来た神の人、ベテルの祭壇について預言する

ヘブライ語列王記上一三・一（＝ルキアノス版では一四・一）以下によると、ひとりの神の人が南王国のユダから北王国イスラエルにあるベテルの聖所にやって来ます。今やユダとイスラエルは敵対関係にあります。そのときヤロブアムは祭壇の傍らで香を焚いていたそうですが、神の人は祭壇に向かって、ダビデの家にヨシヤフと呼ばれることになる男子が誕生する、その男子は、香を焚く高き所の祭司を生け贄として祭壇に捧げ、その人骨はその上で焼かれ、祭壇は裂け、その上の灰は散らされると預言するのです。

ヤロブアムは激怒して、その男を捕らえよと叫びます。ところがその男に向かって手を伸ばすと彼

の手は萎えてしまいます。神の人の預言どおりのことが起こり、祭壇は裂け、灰が飛び散ります。それを目にした王は驚いて神の人を信じます。するとその手は元のとおりになります。これは後の時代のユダヤ教やキリスト教に見られる典型的な奇跡物語の文学的パターンの一つを産み出すものですが、もちろん、そこから史実をもとめることなどできません。

ヨセフスは、王となったヤロブアムが大祭司をも兼ねたと理解し――「王にして大祭司」が登場するのは後のマカベア時代です――、彼が自分が任命した祭司と一緒に祭壇に上ったとします。そしてすべての民が祭儀を見守る中で「神の人」を登場させます。彼はこの人物を「神が遣わした預言者ヤドーン」とします。列王記上一三・一以下ではその名前は挙げられておりませんが、歴代誌下九・二九に「ソロモンのその他の事績は……『ネバトの子ヤロブアムに関する予見者イェドの受けた幻』の中に記されているではないか」とありますので、ヨセフスはこちらからこの「神の人」の名を知ったに違いなく、そこでのイェドのギリシア語表記ヨーエールを「耳に快適に響くように」（『古代誌』一・一二九）ヤドーンに改めたに違いありません。

ヨセフスはこの預言者が祭壇に向かって語った言葉の前半部に、紀元後一世紀のパレスチナの地に登場した「偽祭司ども」「民を惑わす輩」「ペテン師」「不信仰の輩」とする糾弾・告発の呼び名を撒き散らして次のように言います。

「神はこう預言された。ダウィデース（ダビデ）の一族からヨーシアス（ヨシヤフ）と言う名の者が興る。彼はその時代に輩出する偽預言者どもをおまえ（祭壇）の上で犠牲に捧げ、民を惑わす輩とペテン師や不信仰の輩どもの骨をおまえの上で焼く、……」（八・二三二）

ヨセフスがここで言う、ダビデの一族に生まれてくるヨシヤフ（＝ヨシヤ）とは誰を指すのでしょうか？

岩波版の訳者は正しくもこのヨシヤフに註を施し、「三〇〇年後、宗教改革を行ったユダの王ヨシヤフのこと（王下二二―二三章。後代の挿入であろう）」と指摘してくれるのですが、ここではこの名前だけが挿入なのでしょうか、それともこの名前に先行する「見よ、ダビデの家に男の子が生まれる」も挿入なのでしょうか？　この第一三章にはこの他の挿入や付加はないのでしょうか？

この列王記上のヘブライ語テクストとギリシア語訳を比較しながら読みますと、列王記上のヘブライ語テクスト編集がいかに拙いものであったかや、さまざまな版のヘブライ語テクストが出回っていたことなどを想像したくなります。

ヨセフスはここから先で、列王記上の物語にしたがって、ヤロブアムの手が麻痺した話や、それが元どおりにされると、預言者を接待しようとしたが断られた話、そして預言者ヤドーンがベテルに住む性悪の偽預言者に騙されて彼の家で歓待にあずかり、そのため神が預言者に現われて自分の命令に従わなかったので普通の死に方をすることはないと警告し、事実、ヤドーンはエルサレムに向かう途中でライオンに食い殺される話を語りつづけます（八・二三三―二四二）。彼はそこから先では、この偽預言者がヤロブアムのもとへ出かけて行って話をし、その言葉に動転した王が目にした幻について語りますが、そのさい彼は彼なりの説明を行います。この説明は列王記上には見られないヨセフスの創作であるだけに紹介する必要があり、またわれわれはその創作の中に奇跡と称するものへの彼の合理的な態度を読むことができるのです。以下の引用文中の下線を施した部分に注意してください。

「……そして、神を恐れぬ、奸智にたけたこの老人は、イェロボアモス（ヤロブアム）の所へ出かけて行き、『あなたはなぜ、あの大ばか者の言葉に動転しているのですか』と尋ねた。王が、祭壇と自分の右手に起きた出来事を語り、あの預言者こそ間違いなく神が遣わされた最高の預言者であったと言った。

老人は巧みに預言者の評判をおとしめた。そこで彼は、預言者の真実の言葉を損なおうと、（イェロボアモスの身に）起きた事件をもっともらしく説明し、得心させようと躍起になった。すなわち、王の右手が麻痺したのは、犠牲を運んでいたための疲労のためであり、手を休めたら元どおりになったではないか。また、祭壇は造られたばかりなので、あまりにも大量の犠牲が捧げられて重さに耐えられずに崩れ落ちたにすぎない、と。次に、老人は王に、こうした徴《しるし》を預言した男の死に触れ、ライオンに襲われて落命した経緯を説明した後、こう言った。『結局、あの男の正体は預言者ではなく、預言と称するものも、実は、とんだくわせものでした。』

老人は、巧みな弁舌で王を納得させた。彼は王の思いを神や聖なる正しい働きから完全にそらせ、不信仰の実践に向けさせようと懸命になった。その結果、王は神を徹底的に侮って律法を無視し、今日の悪事は昨日までのものとのは異なる、いっそうたちの悪いものにしようと、その実践躬行《じっせんきゅうこう》に奮励努力したのであった。」(八・二四三―二四五)

ヨセフスなぜここでテクストにない老人の弁舌を創作したのでしょうか? 列王記上一三・三三―三四に目をやると、そこではヤロブアムが悪の道から立ち帰らず、偶像を祭った聖なる高台の祭司にはなりたい者を叙任したとありますから、ヨセフスはこの事態に発展していく契機を偽預言者の弁舌にもとめようとして、その弁舌を創作したと想像されます。彼はここから先では列王記上から離れて歴代誌に向かいます。

レハブアム王、南王国に要塞都市をつくる

南王国ユダの歴史です。

歴代誌下一一・五以下によれば、エルサレムに住むレハブアムはベツレヘムをはじめとする一五の要塞都市をつくり、ユダとベニヤミンの防備を固めます。ベニヤミンの町々には食糧が備蓄され、盾や槍の武器も置かれます。北王国の侵攻を予想したものです。

歴代誌下一一・五―一〇は、一五の要塞都市の名前をすべて列挙しておりますが、ヨセフスもその名前を挙げます。人名や地名の列挙ぐらいつまらないものはなく、ヨセフスはそれを意識的に避けていることをここまで何度も指摘しましたが、ここでは町々の名前がすべて挙げられております。その列挙は、これらの町々が要塞都市であり、それゆえ、ローマの読者の中には興味を寄せる者もいると判断されたためだと思われます。ウェスパシアヌスやティトス、あるいはローマ軍の兵士であった者たちにとっては、そこで挙げられた一五の町のうちのいくつかは馴染みのあるものであったに違いありません。歴代誌下は、防備を施された町々に配備された盾や槍の数には言及しませんが、ヨセフスはそれらの数を「何万」とします。彼は資料に数字がなくても、それを平然と創作します。端数のない「何万」は、大概、彼自身の創作と見なして間違いありません。

歴代誌下一一・一三以下によれば、あるとき北王国のイスラエルに異変が起こります。イスラエルの祭司とレビびとが南王国のユダへ逃れ、レハブアム王の側につくのです。彼らが南王国に逃れれば、彼らにつづく者たちがイスラエルのすべての部族の中から出てまいります。

歴代誌下一一・一七によれば、南王国に逃れた者たちは「ユダ王国を堅固にし」、レハブアム王を

「三年間支えた」そうです。「支えた」の意味が曖昧ですが、ギリシア語訳では「強固なものにした」です。こちらの意味も曖昧です。祭司とレビびとですから、エルサレムの神殿で「熱心に奉仕をした」位の意味かもしれません。ヨセフスはこの者たちを「自分の町を捨ててエルサレムで神に奉仕しようとする廉直な者たち」(八・二四八)とします。

歴代誌下一一・一八以下は、レハブアム王の正妻の数や側室の数、彼女たちの間で儲けた息子や娘の数を挙げます。正妻の数は一八人、側室の数は六〇人、儲けた息子の数は二八人、娘の数は六〇人です。ギリシア語訳の挙げる数はヘブライ語テクストのそれに一致します。正妻や側室の数は父親のソロモンの正妻の数七〇〇人、側室の数三〇〇人には及びませんが、それでもなかなかの盛観です。ヨセフスの挙げる側室の数は「三〇人」で、これはギリシア語訳が挙げる数と一致しません。この数はヨセフスの創作とは思われません。『古代誌』の写本の転写の過程で生じたミスであったと思われます。

レハブアム王の背教とエジプト王シシャクの侵攻

南王国のレハブアム王は王権が確立すると、主の律法をあっさりと捨てたそうです。「主の律法」も王にとっては、その軽いこと、鴻《おおとり》の羽毛のようなものでしょうが、このころまでに、「主の律法」

と称するものは結集されていたのでしょうか？　それを示唆する資料はあるのでしょうか？

レハブアム王の治世の第五年目にエジプトのシシャクがエルサレムに攻め上り、神殿や王宮をさんざん荒らしたそうです。これは紀元前九二一年ころの出来事とされますが、紀元前九二四年とする研究者もおります。ここでのシシャクはエジプトの第二二王朝（前九四五－七一五）のシェションク一世と同定されます（図3）。

歴代誌下の著者ないし編者は、この国難の招来はレハブアムが主を捨てたため、主に報復されたと解します。ここには主なる神は「報復の神」とする理解が認められます。これは聖書に散見される単純すぎるほど単純な、原初的すぎるほど原初的な神理解のひとつなのですが、ヨセフスの歴史解釈にもそれが認められます。たとえばユダヤ戦争（後六六－七〇）です。それはユダヤ民族が神の律法を捨てたため、神はローマ軍を使ってイスラエルの民を罰したとする解釈ですが、後になってこの神理解は、その単純さゆえの明白さゆえに、キリスト教側の物書きにも利用されます。すなわち神の子キリストを十字架に架けて殺したユダヤ人たちが悔い改めることをしなかった、そのため主なる神はローマ人を使ってユダヤ民族を撃ち、エルサレムの神殿を炎上させた、とするとんでもない歴史解釈へと発展します。この安直な歴史解釈については先に進んでから何度か扱う機会もあるかと思われますので、ここではこれ以上のことは何も申し上げません。

ヨセフスはシシャクのエルサレム侵攻を語る前に、レハブアム王の背教の経緯を、権力をもつ人間

図3●「シシャク東征」のレリーフ

がなぜ腐敗堕落するかを考察して論じます。彼はまず「ところで、わたしの考えによれば、人間が悪事や不法を働くようになるのは、権力が増大したり自己の地位が向上したときである」と切り出します。

「たとえば、ロボアモス（レハブアム）の場合がそれである。彼は王国が強大になったのを見ると、不正な瀆神行為の実践家に堕し、神への奉仕を蔑視するにいたった。そして、民も彼の不法行為の模倣者になりはじめた。統治される者は統治者の生き方を規範にし、後者が腐敗堕落すれば、前者もそれに調子を合わせるものである。上に立つ者が好き勝手なでたらめをすれば、それをとがめて自分たちだけは節度を保つというのではなく、悪行を徳行と心得違いして模倣するのである。王の行動を是認するには、実際、王をまねる以外にないからである。事実、ロボアモスが神を冒瀆して律法を犯したとき、その統治民も王との衝突を覚悟して（神の前に）正しくあろうとはしなかった。しかし、神はご自分に加えられた侮辱に復讐するために、エジプトの王イソーコス（シシャク）を遣わした。」（八・二五一―二五三）

ヨセフスはこの人間省察とシシャク登場の神学的考察につづけて、次のような耳よりの情報を提供いたします。

「ヘロドトスはセソーストリスの名を取り違え、前者の事績を後者のものにしているが、ロボアモス（レハブアム）の治世の第五年に大群を率いて遠征してきたのはこのイソーコス（シシャク）である。」（八・二五三―二五四）

紀元前五世紀の歴史家ヘロドトスの証言が引き合いに出されるのはすぐ先に行ってからですが、ヨセフスはここで歴代誌下一二・三以下に目をやりながら、エジプト王シシャクの遠征に触れ、シシャクがエルサレムをさんざん荒らしたことに触れます。彼によれば、シシャクにしたがったのは一二〇〇台の戦車と、六万の騎兵、それに四万の歩兵ですが、ここでの歩兵の数四万は、例によって、彼の創作です。

歴代誌下一二・五以下によれば、ここで預言者のシェマヤが登場します。彼はレハブアム王とユダの指導者たちのもとに来ると、主の言葉を告げます。それは「おまえたちはわたしを捨てた。それゆえ、わたしはおまえたちを捨て、シシャクの手に渡した」というものです。主なる神はユダの民を偏愛していたとするならば、南王国の危難にさいしては救援に駆け付けるべきで、少なくともシシャクに対立する勢力を投入してその侵入や略奪を阻止すべきだったと思われるのですが、そういうことは一切せず、代わりに預言者を遣わして自分のメッセージを伝えるだけです。王とユダの指導者たちは預言者の言葉に耳を傾け、「主は正しい」と遜《へりくだ》ります。すると天界から彼らの遜りを見ていた主は、シェマヤを介して、「彼らが遜ったのでわたしは彼らを滅ぼさない、わたしはしばらくして彼らを救う。……ただし、彼らはシシャクに仕える身になる。……」と言うのです。主は、一体、何を言おうとしているのでしょうか？

ヨセフスにはシシャクの軍勢をローマ軍の軍勢と見立てているふしがあります。ウェスパシアヌスとティトスの率いる軍勢はシシャクの軍勢の規模には及ぶものではありませんが——もちろん、シシャクの軍勢の規模には誇張があります——、彼らは四年の歳月をかけてガリラヤから南下してくるのであり、彼らがエルサレムに到着し、その城壁の周囲に宿営するやいなや、住民たちは城壁内に閉じ込められた状態になります。ヨセフスがシシャクのエルサレム到着で、人びとが「イソーコス（シシャク）の軍勢のために市中に閉じ込められ、神に勝利と救いを祈願したが、神を自分たちの味方にすることができなかった」と書くのは、紀元後七〇年秋の光景が彼の脳裏をかすめているからです。ヨセフスはシシャクが「血を流さずに」エルサレムに侵入したとします。彼の圧倒的な戦力が印象付けられる結果となります。彼は歴代誌下一二・九にしたがって、シシャクが「神殿を荒らし、神の宝庫と王家の（宝庫）をからにし、数え切れぬほどの大量の金や銀を奪い去り、あとには何ひとつ残さなかった」とします。

そのとき、十戒の石板の入った「主の箱」も奪い去られたのでしょうか？　それとも神殿のどこかに急遽ひそかに隠されたのでしょうか？　このような疑問を呈したくなるのは、先に進んでから見るように、エルサレムの神殿には「律法の巻物」が長期間にわたって置かれてなかったとされるからであり、またすでに見たように、レハブアム王が「主の律法をあっさりと捨てた」とあるからです。なおヨセフスはこの略奪の記事で、「ダウィデース（ダビデ）がソーフェーネー（ゾバ）の王から取り上げて神に捧げた金の矢筒」も奪い去られたとしますが、この略奪は歴代誌下や列王記上のヘブライ語テクストが言及するものではありません。これはギリシア語訳の記述にもとづくもので、ヨセフスがギリシア語訳を間違いなく使用していることを示すものとなります。ラールフス版の列王記上一四・二六とルキアノス版の同書一四・四〇は、エルサレムに侵入したシシャクが「ダウィド（ダビデ）がスーバ（ゾバ）の王のハドラアザルの子らの手から奪い取った金の槍」を略取したと述べているからです。歴代誌下一二・九―一〇は、ソロモンがつくった金の盾が奪われたため、レハブアム王がそれに代わる青銅製の盾をつくり、王宮の入り口に立つ護衛兵がそれを管理することになったと述べておりますが、ヨセフスはこの話には興味を示しておりません。

ヘロドトスの証言

わたしたちはすでに『聖書と殺戮の歴史――ヨシュアと士師の時代』や、『異教徒ローマ人に語る聖書――創世記を読む』、『書き替えられた聖書――新しいモーセ像を求めて』（いずれも京都大学学術出版会）の中で、ヨセフスが聖書の出来事の歴史性を意識し、異教徒の著作や文書資料が同じ主題に言及していれば、それを引いてみせ、そうすることで自分が語っている話は正真正銘の史実（真実のもの）であると訴えてみせることを繰り返し指摘しましたが、ここではヘロドトス（図4）を登場させます。彼はすでに本書の八・一五七、同二五三で登場ずみですが、ヨセフスは次のように切り出して、彼の証言に入って行きます。

「ハリカルナッソスのヘロドトスもこの遠征に言及しているが、（そこで彼は）王の名を取り違えるという単純な誤りを犯し、『（セソーストリスは）その他の多くの民族に立ち向かい、パレスチナのスュリアの住民を戦闘抜きで捕まえ、奴隷にした』と言っている。ヘロドトスの言及しているエジプト人に征服された民族がわたしたちの民族を指しているのは明らかである。なぜなら、彼はさらに『（彼らエジプト人の王は）戦闘なしで（市中を）明け渡した者ども（の土地）に、女陰の形を彫り込ませた記念柱を残した』と書き加えているからである。わたしたちの王ロボアモス（レハブアム）こそ、戦闘なしで都を彼に明け渡したのである。」（八・二六〇―二六一）

ヘロドトスの『歴史』二・一〇二は、エジプトの王セソストリスが大群を率いて「大陸」に遠征し、その進軍を阻む民族をことごとく平定した話を語っておりますが、ヨセフスはそこでのセソストリスをシシャクと見なし、ヘロドトスの『歴史』がシシャクの行った遠征について語っているとするので

図4●ヘロドトスの胸像

す。ヘロドトスの訳者である松平千秋は、「異論はあるが」と断った上で、ここでのセソストリスは紀元前一四世紀後半のラムセス二世を指すとしております。ラムセス二世（在位、前一二九〇—一二二四）ですと、これはモーセの登場時代——モーセなる人物が歴史上実在したと仮定した場合の話ですが——のエジプトの王となり、ヨセフスはとんでもない思い違いをしていることになります。なおヘロドトスによれば、ヨセフスも正しくも引用するように、「戦闘もなく容易に町々を占領できた国には……女陰の形を彫り込ませた記念柱を建てた」そうですが、それはそうすることで「その国の住民が怯懦であったことを示そうとした」ためであり、肝心要のメッセージはここにあると思われるのですが、ここでのヨセフスは女陰の記念柱に興味を示して——まあ、だれでも興味を示すでしょうが——、メッセージの方は忘れてしまっているのです。

ヘロドトス『歴史』二・一〇四は割礼の風習についても言及し、「フェニキア人およびパレスチナのシリア人は、その風習をエジプト人から学んだことを自ら認めているし……」と言っております。ヨセフスはここでも引用だけは正しく行うのですが、ヘロドトスがエジプト人とエチオピア人のどちらが他から割礼の習慣を学んだかは分からないとしているのにたいし、ヨセフスは「ところで、ヘロドトスはそこでまた、エチオピア人が割礼の風習をエジプト人から学んだと言っている」（八・二六二）とします。彼は割礼について触れているヘロドトスに言及した後、そこでの話を「いずれにしろ、この件に関しては、各自、自由に発言していただこう」（八・二六二）で結ぶのです。判断を読者に委ねるこの定式はすでに本書一・一〇八、二・三四八、三・八一、同二六八、同三二二、四・一五八、でも使用されております。またこの定式のヴァリエーションは本書が扱う第一〇巻の末尾でも見られます。

レハブアム王の最期

歴代誌下一二・一三―一六と列王記上一四・二一―三一は、南王国のレハブアム王の一七年間に及ぶその治世を要約します。この二つの文書はどちらも、王が五八歳で亡くなったとしますが、ヨセフスではなぜかその死亡年齢は「五七歳」(八・二六四)です。足し算は不得手だったのでしょうか？ヨセフスはレハブアムについて「高慢で大ばか者であったため、父親の友人ら(の忠告)を無視して王権を失ったのである」(八・二六四)とコメントします。彼の後を継いだのはその子アビヤです。これは紀元前九一〇年ころのこととされます。こうして、南王国においては、ダビデにはじまるネポティズムはつづきます。神はネポティズムを黙認しているようです。

北王国のヤロブアム王、妻を預言者のもとへ遣わす

ここで南王国から北王国へと場面転換です。

ヘブライ語列王記上一四・一―一八によれば、北王国のヤロブアム王の子アビヤが病にかかります。そのため王は妻をシロの預言者アヒヤのもとに行かせ、病気のわが子に何が起こるかを聞こうとします。預言者は王がイスラエルの神・主を蔑ろにしたために、一族の者を徹底的に滅ぼすという主の言葉を王の妻に告げると同時に、彼女が町に戻ったときに息子は息絶えるとも告げます。物語によれば、事実そのとおりになります。これは奇跡物語に見られる出来事の同時性を取り入れたものです。

ラールフス版の列王記上は、この物語が語られている第一四章の冒頭の一節から一八節までと、それにつづくヤロブアムの死とナダブの即位を伝える一九節と二〇節を欠落させております。ルキアノス版にも対応する一文は見当たりません。

ヘブライ語列王記上一四・一七によれば、ヤロブアムの妻は預言者アヒヤの言葉を聞くと「立ち去り、ティルツァに戻った。彼女が家の敷居をまたいだとき、幼いその子は死んだ」（新共同訳）そうですが、ヨセフスはここで文学的粉飾を施して非常に魅力的な一文にいたします。

彼は次のように言うのです。

「アキアス（アヒヤ）がこのように預言すると、女は錯乱状態になって（外に）飛び出し、告げられた息子の死に悲嘆の声を上げた。帰り道、彼女はわが子の迫り来る死を思って号泣し、胸を打った。そして、自分の手でどうすることもできない運命（の重圧）に圧しつぶされてはいたが、（それでも）急ぎ足で帰った。それは息子にとって不幸を意味した。急げば急ぐほど死期をはやめる息子に会わねばならなかったわけであるが、夫のためにはそれもやむを得ないことであった。彼女が（家につくと、）預言者の言葉どおり、こどもは息を引き取ったところであった。彼女は王にいっさいを報告した。」（八・二七三）

ヤロブアム王、出撃する

ヨセフスは北王国のヤロブアム王の子の死に触れた後、南王国のアビヤ王との戦争を語ります。彼はこちらの話へ橋渡しをする一文「イェロボアモス（ヤロブアム）はこうした出来事（＝息子の死）に心をとめなかった」（八・二七四）をつくり、歴代誌下一三・二以下に戻ります。

ヨセフスは、ヤロブアム王の出撃理由を彼がアビヤを「その若さのために侮り切っていた」ことにもとめます。しかし、アビヤはヤロブアムの「接近を聞いてもあわてふためくことのない」若者、「敵の士気を圧倒する、若さに似合わぬ旺盛な戦闘精神」の持ち主とされます。歴代誌下一三・三によれば、アビヤの軍勢は「選り抜かれた四〇万」の戦士からなり、それにたいしてヤロブアムの軍勢は「選り抜かれた八〇万」の勇士からなるものです。どちらの数も誇張もいいところです。

アビヤの演説

双方の軍勢がエフライムの山地で戦闘隊形を整えたとき、アビヤがヤロブアムとその軍勢に向かって合図を送り、自分の演説を聞くようにと訴えます。歴代誌下一三・四―一二に挿入されているアビヤの演説によれば、彼は、北王国は神としてつくった黄金の雄牛を盾に大軍をもって戦おうとしている、北王国では主の祭司であるアロンの子ら（＝子孫）やレビびとを追い出し自分たちで勝手に祭司をつくっている、しかし自分たちは主を神としているので、その神と戦っても勝ち目はない、と訴えるのですが、ヨセフスはその内容をまるで違うトーンのものに改めて分かりやすいものにいたします。

彼は次のように言います。

「神はダウィデース（ダビデ）とその子孫に代々の主権の行使者であることを認められた。おまえたちがそれを知らぬはずがない。おまえたちはわたしの父に反旗をひるがえし、父のしもべイェロボアモス（ヤロブアム）に寝返った。そして、彼とここにやって来て、神によって王に選らばれた者たちに戦争を仕かけ、王権を奪おうとしている。どうしておまえたちはそんなことができるのか、わたしには（まったく）分からぬ。」（八・二七六）

ヨセフスはアビヤにこう切り出させた後、次のようにつづけさせます。

「イェロボアモス（ヤロブアム）は今日まで不当にも（王国の）大半を支配している。だが彼が王権を享受できるのもそう長くはあるまい。やがて彼は、神にこれまでのことを償わねばならぬ。その時、彼の無法行為と、神にたいする絶えざる侮辱的な振る舞い――彼はおまえたちにもそれを見習うようすすめてきたのだ――は終わるだろう。」（八・二七六―二七七）

歴代誌下一三・四以下の演説は、ヤロブアムのレハブアムへの反逆に触れ、レハブアムがそのころまだ若くてヤロブアムらに太刀打ちできなかったと述べておりますので、次の一文はこれと少しばかり接点をもつものとなりますが、そこに見られる「父祖の善行に免じて子孫の過誤を大目にみる」思想は歴代誌下から引き出せないものです。人間関係の機微を知るヨセフスならではの言葉です。

「おまえたちはわたしの父（レハブアム）から何ら不正な取り扱いも受けなかった。父が性悪な取り巻きどもに使嗾《しそう》され、集会でおまえたちに気に入るように語りかけなかったため、おまえたちは激昂して父を見捨てるような行動をとった。しかし、実際はそうすることによって神とその律法からお前たち自身を断ち切ってしまったのだ。

おまえたちは、年も若く統治の経験もなかった男の舌足らずの言葉を許してもよかったではないか。いや、それだけではない。若気の至りで自分の取るべき行動が分からなかったために、おまえたちを苛立たせるようなことがあったとしても、彼の父ソロモーン（ソロモン）とソロモーンから受けた恩義に免じて許してやってもよかったではないか。ひとは父祖の善行に免じて子孫の過誤を大目にみてやるものだ。」（八・二七七―二七八）

ヨセフスが語るアビヤはここで反転攻勢に出て、彼らに問いかけます。この部分に対応する箇所は歴代誌下に見られますが、そちらよりもはるかに洗練された一文となっております。

「ところがどうだ。おまえたちは相も変わらず恩知らずで、このような大軍をわれわれに立ち向かわせている。いったい、おまえたちの軍は勝利の希望を何に託しているのだ。黄金の雄牛や山々の祭壇に託しているのだろうが、それこそおまえたちの不信仰を示すもので、けっしておまえたちの信仰を示すものではない。それともわれわれの軍勢を圧倒する兵の数を頼りにしているのか。」（八・二七九）

歴代誌下によれば、アビヤはここで、自分たちは神信仰を捨ててはおらず、その証拠にさまざまな儀式を守っているとやりかえします。

ヨセフスの神理解

ヨセフスは次に彼らが仕かけようとしている戦争は大義名分のないものであり、勝利は正義と神への信仰だけに託されるべきだと訴えますが、その最後部は彼自身の神理解が垣間《かいま》見える、非常に興味深い脱線となっております。

「しかし、大義名分のない戦争では、たとえ何万、何十万の軍勢を誇っても真の力にはなり得ないのだ。敵に打ち勝つ確固たる望みは、正義と神への信仰だけに託されるべきで、それこそ元来律法を守り、唯一の神を礼拝してきたわれわれのものだ。だれも朽ちる素材で神をつくることはできないし、どんなに老獪《ろうかい》な王といえども、神をつくって民をたぶらかすことはできなかった。神はご自身がつくられたものであり、万物の始原（アルケー）であり終わり（テロス）である。」（八・二八〇）

ここにはヨセフスの神理解の一端があるのです。彼によれば、「神はご自身がつくられたものであり、万物の始原であり終わりである」そうですが、もしわたしたちがヨセフスの神理解に興味があれば、わたしたちはここで少しばかり寄り道をしてでも『アピオーンへの反論』二・一九〇以下にも目をやる必要があります。彼はそこでユダヤ人の神理解について語っているからです。

「神は、全宇宙の支配者である。神は、完全無欠であり、清浄であり、自足であり、また、すべてのものをすべてのものたらしめるものである。神は、すべてのものの始原（アルケー）であり、中間（メサ）であり、終結（テロス）である。神は、その働きにより、また、その恵みにより、他の何ものにもまして明らかに啓示されている。しかし、その形や大きさを、わたしたちは、その知識をもって知ることはできない。また、いかに高価な材料をもってしても、神の像をつくることはできない。また、いかに巧みな芸術もそれを想像し、それを表現することはできない。わたしたちは、神に似たものを見たこともなければ、想像したこともなく、またそれを推測することは瀆神ですらある。……わたしたちは、徳の実践によって、この実在に仕えなければならない。なぜなら、それこそは、神に奉仕するもっとも聖なる方法であるからである。……」

ここでのヨセフスは、神の存在様態について大まじめで議論する哲学者のようです。神についての議論はまだまだ続くのですが、ここでの「いかに巧みな芸術もそれ（＝神）を想像し、それを表現することはできない」から、ヨセフスがギリシア神話に登場する神々、たとえばゼウス（ユピテル）など何十という神々の彫像をつくることに長けたギリシア（やローマ）の彫刻家たちを念頭に置いていることは確かですが、イスラエルやユダの町々の高台に置かれる偶像とそのつくり手を念頭に置いていているのではないと思われます。

ここに見られるヨセフスの神理解についての言説で欠けるのは、神が歴史の主であるかどうかについての議論です。その議論の欠如は、ヨセフスが列王記や歴代誌あたりで、神が歴史を導いてはいないことに気づきはじめていることを示しているのかもしれませんが、本書の第一〇巻の末尾では「神が（人間界）のあらゆる事象の支配者である」とも言っているのですから、複雑です。

脱線から戻ります。

ヨセフスはアビヤの演説を次の言葉で締めくくります。

「そこでおまえたちに忠告する。今からでも遅くはない。正気に立ち帰って、冷静な判断を下し、戦争などをやめるのだ。そして、父祖の慣習に心をとめ、おまえたちがかくも大きな繁栄にあずかれた力が何であったかを知るのだ。」（八・二八一）

父祖の慣習です、心に留めねばならぬものは。ここでは神の律法ではありません。

アビヤの大勝利

歴代誌下一三・一三以下によれば、アビヤが演説を行っている間にヤロブアムは彼の軍勢の背後に伏兵をまわします。アビヤの軍勢は絶対絶命の危地に陥りますが、ここで主なる神の出動です。久しぶりの出動です。神はアビヤとユダの前でヤロブアムと全イスラエルの軍勢五〇万を打ち破りますが、どのようにしてこの大軍に打ち勝ったのかは記されておりません。ヨセフスは神が「敵の戦闘精神を挫いてその力を粉砕した」（八・二八四）とし、さらに、何しろ敵兵五〇万が屠られたわけですから、彼は「このような大虐殺はギリシア人、非ギリシア人を問わず、過去の戦史上例を見ないものであった」（八・二八四）とします。しかし彼は、勝利の詳細には立ち入りません。

ヨセフスの計算によれば、戦いに勝利した南王国のアビヤは三年の統治後に亡くなり（八・二八五）、歴代誌下一三・二一によれば、彼は一四人の妻を娶り、エルサレムにある先祖の墓に葬られます。これは紀元前九〇八年ころの出来事とされます。彼は一四人の妻から二二人の息子と一六人の娘を儲けたそうです。彼の後継者になったのはアサです。エルサレムで四一年間王位にあったユダの王アサの事績は、列王記上の第一五章の第九節から一六節を費やして語られ、他方、歴代誌下では第一四章の冒頭から実に三章の紙幅を費やして語られております。

南王国のアサ王の宗教改革

アサ王の事績のひとつとして数え上げられているものは宗教改革です。

列王記上は、王が偶像のための高き所（高台）を取り除くことをしなかったが、神殿男娼や先祖たちのつくった偶像を取り除いてキドロンの谷（図5）で焼き、その生涯を通じて王の心は「主とひとつであった」ことを強調します。他方、歴代誌下は、アサの手になる宗教改革に列王記上以上に立ち入ります。彼はユダの地に依然としてあった偶像崇拝の場所をすべての町から取り除き、神殿の主の祭壇を新しくしたり、民に律法を守らせ、アシェラ像をつくった自分の母マアカを太后の座から退けたことなどを述べておりますが、ヨセフスはアサ王の宗教改革の具体的な事例には立ち入らず、アサ王は「高潔の士であった。神を導き手とし、何事をなすにしても考えるにしても（神への）敬虔と律法の順守を指針とした。王国に悪の芽が生じれば、即座につみとり、悪のしみをすべて清めてつねに王国を矯正した」ですませております。彼がアサ王の事績で語るのは、歴代誌下一四・七以下で語られているクシュびと（＝エチオピア人）ゼラハの遠征に王が立ち向かい勝利した話だけです。

歴代誌下一四・八以下によれば、あるとき、ゼラハは一〇〇万――ヨセフスでは九〇万です――の軍勢と戦車三〇〇両を率いて遠征してきます。もちろん、砂漠の中の遠征を考えれば、「一〇〇万」とか「九〇万」の数は、誇張もいいところです。

図5●キドロンの谷

アサは彼らをユダの西部の町マレシャの地で迎え討ちます。彼の軍勢はゼラハのそれよりもはるかに劣るものですが、彼らは神により頼んだために勝利します。しかし、劣勢の軍勢が大軍勢を相手にした戦いの詳細や、一〇〇万の敵兵が打ち砕かれたことから予想される壮絶な戦闘場面や累々たる屍の山の記述はどこにもないのです。そんな数の戦闘などははじめからなかったからです。ヨセフスでも同じです。彼はすでに五〇万の敵兵が葬られた戦闘を指して「このような大虐殺はギリシア人、非ギリシア人を問わず、過去の戦史上例をみないものであった」（八・二八四）と述べておりましたが——この文言は戦争の規模の大きさを誇張して語るときにしばしば用いられる文学的パターンです——、こちらの戦死者数はそれ以上です。ヨセフスは言葉を失って沈黙したのかもしれませんが、彼自身、対ローマの戦争でユダヤ側の死傷者数は一一〇万にのぼると（『戦記』六・四二〇参照）、駄法《だぼ》螺《ら》を吹くのですから——エルサレムの城壁内に立ち籠ることのできる者の数は五万から一〇万の間です——、わたしたちはわたしたちでこの誇張に言葉を失いますが、言葉を失う前に、わたしたちは戦闘（戦争）における死傷者数はどうして誇張の対象になるのか、その誇張が現代に至るまでつづいているのですから、それは歴史学の一大テーマとして考察する必要があるようです。

預言者アザリヤフ、アサ王を励ます

あるとき、南王国のオデドの子アザリヤフに神の霊が臨みます。歴代誌下一五・一以下によると、彼はアサ王の前に出ると、彼が主とともにいるなら主もまた彼とともにいると励まします。そしてそれには「長い間、ユダには真の神はなく、教える祭司もなく、律法もなかった」が続きます。祭司もおらず、律法もなかったとはまさかの「ええっ」の仰天事態です。わたしたちはここまでで、南王国のエルサレムには神殿があったのだから、そこには少なくとも祭司やレビびとがおり、朝夕には律法の一部が朗々と詠唱されていたのではないかと想像しますが、そうではなかったのです。祭司たちはいたでしょうが、彼らは本来の仕事には励んではいなかったようです。

ヨセフスは勝利したアサの軍勢がエルサレムに戻る途中で、アサがアザリヤフに会ったとします。彼はアサの言葉を対ローマのユダヤ戦争前の状況や敗北後の状況を念頭において書き改めます。

「おまえたちがこの勝利を神から賜ることができたのは、おまえたちが自らを神の前に正しく清くし、万事神の意志にしたがって行動したからだ。おまえたちが今後も志操を崩さなければ、神はおまえたちに敵に打ち勝つ力を与え、繁栄のうちに暮らせるようになさる。しかし、神への献身を怠れば、結果はすべて反対になり、そのとき、おまえたちの間には真の預言者も、託宣を正しく解釈してくれる祭司も見つからぬ。そして、町々は荒れ果て、おまえたちの民族は全世界に散らされ、寄る辺のない流浪者の生活を送ることになる。

そこで忠告しておく。そのときが来ないように徳行に励み、神の恩寵を受けぬことがないようにするのだ。」（八・二九五―二九七）

神への献身、すなわち神の律法を守ることを怠らなければ、真の預言者が出現し、託宣（神の言葉）を正しく解釈する祭司も見つかるようになるというのです。ヨセフスの時代、すなわち紀元後の一世紀のパレスチナに存在したのは彼が「偽預言者」とレッテルを貼って断罪した者たちです（『戦記』二・二六一、六・二八五ほか。『古代誌』八・二四二、三一八ほかをも参照）。当時のパレスチナに、神の言葉を正しく解釈する者などは皆無でした、少なくともヨセフスによれば。そもそも神殿の大祭司一族はローマへの奉仕に汲汲とした腐敗堕落した者たちでしたから、その下の祭司たちのていたらくぶりも容易に想像されるのですが、その結果と言えば、ユダヤ人たちは軍事訓練などを受けたことのないわずかな軍勢でもって平時の訓練を怠らないローマ軍を相手にして戦わざるをえなく、当然のごとく敗北し、すべての住民とは言わないまでも、非常に多くの者が全世界に散らされたのです。

アサ王の宗教改革の徹底

歴代誌下一五・八以下によれば、アサはアザリヤフの言葉に励まされ、すでに触れた宗教改革を徹底します。王はその治世の第一五年、すなわち紀元前八九三年のことですが、エルサレムに民を集めると、彼らに「彼らの先祖の神である主を求める契約」を結ばせ、主なる神を求めない者はすべて、男女老若を問わず殺すことにしたそうです。ひとつのイデオロギーに忠誠を誓わない者は「死んでいただく」では、何だか現代の北朝鮮です。こちらではまず収容所に入れられて、拷問の上で殺されるのでしょうが、南王国では即「死んでいただく」ですから、事態は北朝鮮よりも深刻で悪質です。

ヨセフスはここに見られる詳細には触れず、「王と民はこの忠告を聞いて喜び、すべての者が、共同体や個人にとって何が正しい行動であるかを真剣に考えた。王はまた国中に役人を派遣し、律法が順守されているかどうかに目を光らせた」（八・二九七）とします。「先祖の神である主を求める契約」に違和感を感じたのかもしれません。しかし、こちらはこちらで別の違和感を感じさせるものです。もし律法がまだ結集されていなかったとしたら――わたしたちはすでにその可能性に触れました――、律法の周知徹底などあり得ない話となるからです。また「国中に役人を派遣し、……目を光らせる」は、後の時代の全体主義的な国家のひな型になるものだけに、読む者を暗澹《あんたん》たる気持ちにさせるものとなります。

北王国でクーデターが発生し、バアシャ王朝が誕生する

さて、この間の北王国です。

ヘブライ語列王記上一四・二〇および同書一五・三〇以下によれば、北王国のヤロブアムは二二年の統治の後に亡くなり、その子ナダブがその後継者になります。紀元前九〇七年のことです。ナダブは父にならって瀆神行為に走ります。彼の在位期間はわずか二年です。彼はイッサカルの家のバアシャの謀反に遭い、殺されるからです。クーデターに成功したバアシャは「バアシャ王朝」の創始者となります。

バアシャ王の瀆神行為

バアシャ王は二四年間王として治めます。彼もまた瀆神行為に走ります。北王国にも南王国にもろくでもない王しかいなかったようです。

ヨセフスは列王記上にしたがって話を進めますが、彼は人びとに多くの瀆神行為をもたらしたバアシャ王を非難します。彼はそのため、列王記上一六・二—五をもとに、王の破滅を予告する主なる神の預言者イエフを登場させます。列王記上に見られる預言者イエフの言葉は短いものですが、その後

半部分は「見よ、わたしをバアシャとその家を完全に取り去り……バアシャに属する者は、町で死ねば犬たちが食らい、野で死ねば空の鳥が食らう」と激烈な調子のものです。ヨセフスはヨセフスなりの仕方でそれを激烈な調子のものに改めます。

彼は預言者に次のように言わせます。

「わたしはおまえの一族を絶滅させる。イェロボアモス（ヤロブアム）の一家を破滅に追いやったのと同じ災禍で、おまえたちを徹底的に滅ぼす。わたしはおまえを王にした。しかしおまえは民を正義と敬虔――これこそはそれを実践する者に幸福をもたらし、またわたしが喜ぶものである――で統治せず、最低最悪の破廉恥漢であるイェロボアモスを手本にした。そして彼自身は死んだとは言え、彼の悪辣非道だけはいまだ健在であるかのように、それを見せつけたからである。おまえがイェロボアモスの同類であったからには、彼と同じ不幸にあうのが当然である。」（八・二八九―三〇〇）

列王記上の物語は、預言者を登場させた後では見事な「尻切れトンボ」状態に陥り、「バアシャの他の事績や、彼の行ったことは……に記されているではないか」となるのですが、ヨセフスは預言者の言葉を紹介した後、さらにつづけて、次のように言って、列王記上の尻切れトンボ状態に修正を施し、唐突さを回避し、話の流れをなめらかなものにいたします。

「こうしてバサネース（バアシャ）は、自分が犯した罪のために、自分や一族全員が見舞われようとしている災禍をあらかじめ知ることになった。しかし、その後の彼は、その悪党ぶりにいっそう磨きがかかった。彼はそのために悲惨な死に方をしたという評判が立たないように行状を改めるのでもなく、少なくとも過去の悪事だけでも清算して神の許しを得ようとするのでもなかった。（競技会の）選手が懸賞金を目の前にぶらさげられ、なんとかしてそれをわが物にしようと奮闘するように、ひたすら悪事に熱中したのである。

こうしてバサネースは、預言者に来たるべき災禍を預言されたにもかかわらず、一族の破滅と一家の破滅という最大で最悪の災禍が祝福であるかのように考えて振る舞い、いっそうたちの悪い悪事を重ね、悪事の（競技会の）選手のように、連日、その実践に奮励努力した。」（八・三〇一－三〇三）

ここでの「悪事の競技会の選手」とは、具体的に、誰がイメージされているのでしょうか？わたしにはネロ帝（図6）がイメージされているように思われて仕方ありません。『自伝』によれば、ヨセフスは紀元後六四年に知り合いの祭司釈放のためにローマに赴いております（『自伝』一三以下参照）。彼はネロ帝の妻ポッパイア・サビーナ（図7）に会い、彼女の尽力で祭司を釈放してもらえるのですが、彼自身は自分がその折、ネロ帝にあったとは言っておりません。しかし、彼はローマ滞

図6●ネロ帝の胸像
図7●ポッパイア・サビーナの胸像とされるもの

在中にネロ帝の評判、とくに彼のオリンピック競技への異常な入れ込みや暴君ぶりについてはいろいろと耳にしていたに違いありません。

南王国のアサ、ダマスコの王と同盟し、北王国に対抗する

物語はここで南王国のアサ王に戻ります。

列王記上一五・一六以下は、「(ユダの) アサとイスラエルの王バアシャの間には、生涯を通じて戦いが続いた」とし、その具体的な事例として、バアシャがユダに攻め上ってきてベニヤミン部族の地の「ラマに砦を築いた」と述べます。ラマは、ヨセフスによれば、エルサレムから四〇スタディオン(八キロメートル弱)離れた所に位置します(図1参照)。彼はなぜバアシャがラマに砦を築いたのかを説明し、「彼は以前から、アサノス(アサ)の王国を荒らし回る出撃基地として、その町に軍隊の駐留を目論んでいた」(八・三〇三)とします。エルサレムとラマの間の距離を考えれば、アサが慌てて当然です。彼は神殿の宝物殿や王宮の宝物殿に残されていた金銀をかき集めるとダマスコに住むアラムの王ベン・ハダド——ラールフス版は「息子」を意味するベンから「息子アデル」とし、ルキアノス版は「息子ハデル」と読みます——のもとへ使節を送り、バアシャとの同盟関係の破棄をもとめます。贈り物が功を奏してベン・ハダドはアサの願いを聞き入れ、彼の配下の長をイスラエルの

町々に送り、そこを攻略します。バアシャはやむなくラマから撤退いたします。ヨセフスも列王記上にしたがって物語を語りますが、彼はダマスコの王がアサから「大量の金に大喜びした」とし、さらには王がバアシャ配下の町々に送り込んだ軍隊の指揮官たちが「町に火を放ち、略奪を働いた」とします。

バアシャ王の最期／息子エラの短い統治とその最期

バアシャは最期を迎えます。

列王記上一五・三三に「ユダの王アサの治世の第三年に、……バアシャがティルツァで全イスラエルの王となり、二四年間（治めた）」とあり、また同書一六・八は「ユダの王アサの治世の第二六年に、バアシャの子エラがイスラエルの王となり、二年間王にあった」と述べておりますので、バアシャの死が紀元前八八三年であったことが分かりますが、彼の最期の様子はどこにも記されてはおりません。先行する預言者イエフの言葉によれば、それは「町で死ねば犬たちが食らい、野で死ねば空の鳥が食らう」でしたが、あの言葉どおりになったのでしょうか？

ギリシア語訳列王記上を読むヨセフスもある種の当惑を覚えたと思われます。彼はバアシャ王がダマスコの王に同盟関係をご破算にされたために以後アサのもとに軍隊を送り出すことがなかったと述べ、「彼は（ほどなくして）運命の犠牲となり、タルセー（テルザ）の町に葬られた」（八・三〇七）ですませます。ここでわたしが「運命」の訳語を与えたギリシア語はクレオーンですが、日本語ではヘイマルメネーやテュケーと同じ「運命」の訳語が与えられます。バアシャ王の最期が預言者の期待どおりのものであったのかどうか、その辺りのことはヨセフスにも想像できなかったようです。

バアシャ王の後継者エラとクーデターの発生

北王国のバアシャ王の後を継いだのはその子エラです。

列王記上一六・一〇によれば、エラは、二年後、ジムリの謀反に遭って殺されます。またもクーデターです。それは紀元前八八二年のことです。ヘブライ語テクストによれば、ジムリは「戦車の半部隊の指揮官」です。ギリシア語訳のルキアノス版でも同じですが、ラールフス版では「騎兵隊の半分の隊長」です。ヨセフスでは「騎兵の半部隊の指揮官」（八・三〇七）です。彼はここでラールフス版に収斂するテクストを使用しているのでしょうか？　それともルキアノス版に収斂するもろもろのテクストの中にそのような読みをするテクストがあったのでしょうか？　戸惑います。

王を僭称したジムリの最期

北王国でクーデターに成功したジムリは王を僭称《せんしょう》します。彼はバアシャの一族全員を殲滅します。列王記上一六・一二はこの事態を指して、「主が預言者イエフを通してバアシャに告げた言葉」どおりになったとします。この理解では、ジムリを主の言葉を実現させた「神の器」と見なさなければならなくなりますが、彼の天下はわずか七日で終ります。全イスラエルはジムリのクーデターを知ると、軍団の長オムリをイスラエルの王に立てたからです。

オムリはジムリの立て籠もるティルツアの町を包囲します（図1参照）。すると、ジムリは、王宮の高殿に入るとそこに火を放って自害いたします。ギリシア語訳ではラールフス版もルキアノス版も、王は王宮の穴蔵に入り込み、自分の頭の上にある王宮に火を放ったとします。ヨセフスは王宮の「一番奥まった所に逃げ込み、そこに火を放って焼身自殺した」（八・三一一）とします。岩波版の訳者が正しくも指摘するように、これは聖書における数少ない自害例のひとつです。なお余計なことを申し上げますが、ユダヤ教が自害とか自決を認めるのは、神の名を穢すことを強制されたときだけですから、後のラビはおそらくここでの自害例には戸惑いを覚えたはずです。

北王国でオムリ王朝が誕生する

オムリはすんなりと北王国の王になったのではありません。

列王記上一六・二一以下によると、ジムリの自害後、イスラエルの民は二派に分かれて抗争するからです。ティブニと呼ばれる人物が一方の派の王になれば、もう一方の派はオムリを王にするのです。これは紀元前八七八年のこととされますから、ジムリ死後の両派の抗争は数年つづいたようです。

オムリは王になるとイスラエルを一二年間支配します。最初の六年（前八七八―八七二）はバアシャが北王国を治めたティルツァと呼ばれる土地で国を治めますが、残りの六年（前八七二―八六六）はシェメルと呼ばれる人物からサマリアの山を買い取り、そこに町を築き、そこで統治をいたします。

列王記上一六・二五以下によれば、オムリもまた「主の目に悪いことを行い、彼以前の誰よりも悪を行った」そうです。彼は「空しい偶像」をつくってイスラエルの神・主を怒らせたそうですが、その具体的な事例は挙げられてはおらず、読者は士師記を読んでいるような気にさせられます。ヨセフスは殲滅の神が「激昂して彼らを敵対者の手で滅ぼし、一族の者を一人も生かしておかなかった」（八・三一三）とし、少しばかり突っ込んでおりますが、それ以上ではありません。

オムリの子アハブ王の統治

北王国では、オムリの死後、その子アハブが王になります。紀元前八六六年のことです。ヨセフスはアハブ王も歴代の王にならって悪事を働いたことを語りますが、その前置きとして、「ひとはこれら一連の事件から、神がいかに世事に関心をもち、善人を愛し、悪人は根絶やしにするほど憎んでいるかが分かるであろう。イスラエルの歴代の多くの王や一族は無法と不義のために短期間のうちに次から次へと滅びるべく定められた」(八・三一四)と述べます。彼はときに統治期間の長短を、神が定めたものであると見なすことがあります。エルサレムで二部族の王として統治したアサの統治は四一年の長きにわたったので(前九〇八―八六八)、彼は「敬虔と正義を実践したために神から長命にあずかった」(八・三一四)とします。

ヨシャファト、南王国の王となる

南王国のアサ王の後を継いだのはその子ヨシャファトです。紀元前八六八年のことです。歴代誌下一七・一以下は、実に四章の紙幅を費やして、富と繁栄をもたらし、民に律法を教え、軍拡にも精を出したヨシャファトの治世について長々と語りますが、ヨセフスは彼を「曾祖父のダウィデース(ダビデ）の勇気や敬虔を範にした」（八・三一五）と述べるにとどめております。

北王国のアハブ王、歴代の王の無法を見習う

ヨセフスはここで、北王国のアハブ王の悪事を語ります。

列王記上一六・二九以下によれば、アハブはサマリアで二二年間統治しますが（前八七一―八四九）、この王もまた「彼以前の誰よりも主の目に悪いことを行った」そうです。列王記下はその悪事を少しばかり詳細に記します。すなわち彼はシドンびと（フェニキア人）の王エトバアルの娘を妻に迎え、バアル神に進んで仕え、サマリアの聖所にバアルの祭壇をつくったばかりか、アシェラ像をもつくったそうです。ヨセフスはアハブの愚行の細部を想像し、その実践躬行者《じっせんきゅうこうしゃ》として彼をとことん罵ります。

「彼は歴代の王のやり方を変更するわけではなく、それを強力に推し進め、いっそうたちの悪い醜行を創意工夫し、それを実践躬行した。そして、歴代の王が犯したいっさいの悪事と、神にたいする無礼千万な態度を忠実に模倣し、とくにイェロボアモス（ヤロブアム）の無法を手本にしてその熱心な実践者となった。彼はイェロボアモスが造った雄牛に跪拝し、その他愚劣極まりないものを

つくって礼拝した。彼は……イェザベレーを妻にし、彼女からその国の神々の礼拝を学んだ。彼女はしたたかな女で、ツロびとがベリアス（バアル）と呼んでいる彼らの神を祭る聖所を建て、そこにあらゆる種類の樹木を植えて拝所にするといった厚かましい醜行をやってのけた。彼女はこの神に奉仕する祭司や預言者も立てた。王自身もこの手の愚劣な人間を多数腹心にしたので、愚行と醜行を率先実行し、歴代のすべての王を凌駕した。」（八・三一六―三一八）

ヨセフスがここでツロびとが「ベリアスと呼んでいる神」に言及しておりますが、その神はメルカルトだとされます。お見せするのは、イベリア半島のカディズ出土のメルカルト神とされるものです（図8）。

預言者エリヤフ、旱魃を預言する

ここから先の物語の展開では、ギルアド地方に住むエリヤフと呼ばれる預言者が突如登場いたします。列王記上一七・一以下は、彼がアハブ王に旱魃《かんばつ》を預言した話や、貧しい寡婦から食べ物を恵まれたエリヤフが十分な食べ物を与える奇跡を働いたことなどを語ります。

ヨセフスは最初この預言者の名前を明かさず、「いと高き神を信じる預言者」とします。この預言

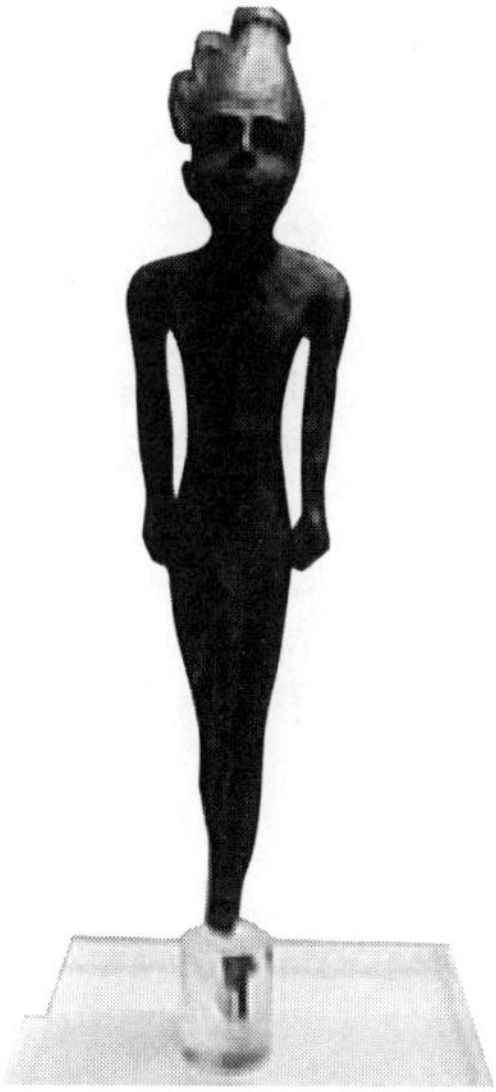

図8●カディズのバアルの神殿に祭られていたメルカルト神

者がアハブ王に向かって、「神は今後数年雨を降らさない」と告げます。当然ながら何らかの反応が王にあったと想像しなければなりませんが、列王記上はこの告知にたいする王の反応を書いておりません。ヨセフスであれば、当然ここで想像力を働かせて王の反応を記したと期待したいのですが、彼も何もしていないのです。不思議です。不可解です。

列王記上によれば、エリヤフは旱魃の到来を王に告げると、神の預言にしたがい、東に向かい、ケリトの涸れ川に身を隠します。食事は、毎日、カラスが運んできます（図9）。実際、ヘブライ語列王記下によれば、カラスは「朝にパンと肉を、夕にもパンと肉を運んできた」というのです。いくら何でも朝から「肉」はないだろうと思ってギリシア語訳のラールフス版とルキアノス版に目をやりますと、そちらは「朝にはパンを、夕には肉を」と常識的なことを書いております。それはともかく、神の芸の細かさには圧倒されますが、このあたりの光景は後にキリスト教美術が荒れ野に入って修行した聖アントニオスの生涯の一齣を描くときに利用されます（図10）。毎日鳥が食事を運んで来るというのです。

しばらくすると川が干上がってしまいます。神は飲料水のデリヴァリー・サービスをカラスにもとめません。人間は、水さえあれば二、三週間もつかもしれませんが、水がなければ途端にアウトです。神はエリヤフにシドンのツァレファトに行き、一人の寡婦に養ってもらうように命じます。預言者はその町へ行くと、薪を拾い集めている貧しい寡婦に出会います。彼は彼女に小さな菓子をつくって持

図9●「エリヤフとカラス」
図10●聖アントニオスのもとに食事を運んでくるカラス

ってくるように指示します。
ヨセフスも物語の展開にしたがっておりますが、彼は預言者が寡婦の子を生き返らせた話を再話する前に、異教徒のメナンドロスがこのときの旱魃を「テュリオイ（ツロびと）の王イトーバロス（エテバアル）の事績の中で言及している」として、その言葉を引用し、イトーバロスをアカボスの治世中のツロびとの王とします。彼は次のように言います。
「イトーバロス（エテバアル）の治世中、ヒュペルベレタイオスの月から翌年のヒュペルベレタイオスの月まで、日照りが続いた。彼が（神々に）雨乞いすると、激しい雷雨になった。フェニキアにボトリュスを、リビアにアウザの町を創建したのはこの王である。」（八・三二四）
すでにたびたび見てきたように、ここでのヨセフスは異民族の者の言葉を証言として引くことで、自分が語る物語の史実性を高めようとしております。なお、ここでの「ヒュペルベレタイオスの月」は、前出三・二三九や八・一〇〇ですでに登場しました。このマケドニア暦の月名はヘブルびとの暦での「第七の月」に相当するもので、太陽暦では九月から一〇月に相当します。

預言者エリヤフ、寡婦の子を生き返らせる

預言者の世話をしている女の息子が重い病気に罹り、息を引き取ります。彼女は息子の死期を早めるために自分のもとへやって来たと難癖をつけて預言者エリヤフを責め立てます。彼は亡くなった女の息子を自分が借りている二階の部屋に連れて行くと、そこで神に祈り、息子を生き返らせます（図11）。母親は生き返った息子を見て、エリヤフが神の人であることを信じます。旧約聖書における奇跡はしばしば信じない者を信じさせるための小道具ですが、奇跡物語が語られた後は、「Aはそれを見て信じた」となります。福音書の奇跡物語にもその類いのものがあるかもしれません。

ヘブライ語列王記上一七・二一によれば、死んだ子を甦生させようとした預言者エリヤフは子の上に「三度身を重ねて」神の加護を求めますが、ギリシア語訳（ラールフス版とルキアノス版）では「三度息を吹きかけ」て神の加護をもとめます。「身を重ねる」と「息を吹きかける」とでは、その甦生術の仕方に大きな違いがあります。「息を吹きかける」行為は、創世記二・七の記事を思い起こさせるものとなります。主なる神はアダムを塵からつくるにあたり、「その鼻に命の息を吹き入れた」からです。甦生のために心臓マッサージも必要かもしれませんが、ここは創世記の蘇生術なのです。

ヨセフスは列王記上のギリシア語訳の訳文を念頭に置いて、預言者に「……神よ、お願いです。この子にもう一度生命（プシュケー）を送り込み、生（ビオス）を与えて下さい」（八・三二六）と言わ

図11●エリヤフと寡婦の死んだ子

せます。ここで「生命」の訳語を与えたギリシア語プシュケーには「魂」の訳語を与えることも可能なもので、ここには、人は死ねば霊魂（生命）と肉体は分離され、霊魂は肉体を離れるとする思想が認められます。もしかしてヨセフス自身もそのような思想の持ち主だったのかもしれません。『戦記』七・三二二以下に見られるマサダの要塞に立て籠った叛徒たちの指導者エレアザルの自決を促す演説を分析したら面白い結果が出るかもしれません。こちらの演説もヨセフスの創作と思われるもので、それだけにヨセフス自身の思想が浸潤《しんじゅん》しているものと見なして構わないものだからです。

なお、余計なことを申し上げますが、後の時代のキリスト教は、霊魂と肉体は死後分離し、霊魂はみ使いたちの導きで天に昇って行くとする思想を生み出しましたが、ヨハネの黙示録が描く「最後の審判」では、霊魂が取り去られて朽ち果てた肉体も復活するようですが、それでは天に一足先に昇って行った霊魂はどのようにして元の肉体に呼び戻されるのでしょうか？　わたしはキリスト教の神学に不案内な者ですが、このあたりの肝心要《かんじんかなめ》となる部分に現代のキリスト教の神学者は触れようとしないでいるのではないでしょうか？

どちらの神が本物か

さて、飢饉がつづいて三年目のことです。

列王記上一八・一以下によれば、雨をこの地に降らす主の言葉が預言者エリヤフに臨みます。預言者は神の言葉を告げにサマリアに住むアハブ王のもとへ向かおうとします。一方、王は王で大飢饉の原因がエリヤフにあると考えて、彼を見つけだそうとします。王は預言者を捜させるために宮廷長のオバデヤフを遣わすとともに、王自身も捜しに出かけます。オバデヤフは途中で預言者に出会います。預言者はオバデヤフに先に行って王にエリヤフを見つけ出したと告げるように命じますが、宮廷長はその間にエリヤフが姿を消すのではないかと恐れます。王がエリヤフを捜しに来て彼がいなければ、自分は処刑されるというのです。エリヤフは必ず王の前に姿を現すと宮廷長に約束します。オバデヤフの通報を受けた王は預言者に会いにやって来ます。王が預言者に「イスラエルを煩わす者はおまえか？」と尋ねると、預言者は反論して「王は主の命令を捨ててバアルにしたがっている」と非難し、バアルの預言者四五〇人とアシェラの預言者四〇〇人をカルメル山の自分のもとに集めるよう要求します。彼は王と民に向かって、主なる神が唯一の神であるならばそれにしたがい、バアルが唯一の神であるならばそれにしたがうのだ、と言って、彼らを挑発します。そして預言者は彼らに一頭の雄牛を用意させると、火をつけずにおかせます。その雄牛の犠牲に火をつけるのは神なのかバアルなのかを見るためです。バアルの預言者たちは一日中祭壇の周りを踊り狂います。これでは全員、「踊る宗教」の狂い咲き、北村サヨです。しかしバアルからは何の応答もなく、雄牛は何の反応も示しません。ところが、供え物をする夕方の時刻になって預言者が「アブラハム、イサク、イスラエルの神・主」

の名で祈ると、「あーら不思議」現象が起こります。主の火が天から祭壇上に降りてきて祭壇上の供え物を焼き尽くすのです（図12）。民はこれを見て、主こそ唯一の神であると告白します。いかさまか何かがあったような印象を読む者はもちますが、この物語を再話するヨセフスはここで、「エーリアス（エリヤフ）は、自分が犠牲を捧げるときになると、彼らのある者には引き下がるように命じ、ある者には近寄って自分が焚き木にこっそりと火を投じたりしないことをしかと確かめよと命じた」（八・三四〇）とします。そしてさらに彼はそのとき祭壇に「大勢の者が近寄って来た」とします。エリヤフがいかさまをしたのでない証拠は大勢の証人だというわけです。大勢の者の見守る中での主なる神が顕現したというわけです。ヨセフスはさらにバアルを捨てて主なる神だけを認めた者たちの反応を想像して、彼らはイスラエルの「神こそが至高で、唯一の真の神であり、他の神々の名は愚劣な大ばか者が考えついたものにすぎないと認めた」（八・三四三）とします。

さて、ここで預言者は一気に攻勢をかけます。

彼は民にバアルの預言者全員を捕まえるように命じます。そして彼はバアルの預言者たちをカルメル山（図13）の麓を流れるキション川（図14）に連れて行くと（図1参照）、彼ら全員を殺します。はなはだ荒っぽい仕方ですが、これはイスラエルの主なる神「容認」の大量殺戮です。まあ後の時代のキリスト教の宣教師たちが異教の地に出かけ、改心しないと分かると異教徒を殺しましたが、彼らキリスト教徒はヨシュア記ばかりか、こうした記事にも影響を受けているはずです。欧米のキリスト教

図12●エリヤフと真の神

図13●カルメル山
図14●キション川

のファンダメンタリストは、今でも、異教徒は虫けらにすぎないという信仰を護持しております。まあ、わたしたち日本人は彼らの目には虫けらにすぎないのです。なお余計なことを付け加えますが、福島を襲った過日の津波ですが、欧米のファンダメンタリストの多くは、あれは聖書の神を信じない虫けら同然の日本人を罰した「神の天罰」だと見なしております。こういう愚かしい考えを臆面もなく口にするファンダメンタリストに下される天罰はないのでしょうか？

ヨセフスは物語をテクストにほぼ忠実に再話いたします。ただしそのさい彼は、王がオバデヤを呼び出して預言者を捜してこいと命令するときの言葉やオバデヤが預言者に吐いた言葉などを列王記上のそれよりもはるかに生彩に富むものにします。なお彼はヘブライ語列王記上一八・一九の「アシェラの預言者」を「拝所（アルソス）の預言者」としておりますが、それはギリシア語訳にしたがっているからです。先行する八・三一八でアハブの妻となったイゼベルが、異教の神々を祭る神殿を建て、そこに「あらゆる種類の樹木を植えて拝所」にしたとすでに告げているからかもしれません。

旱魃の終り

列王記上一八・四一以下によると、エリヤフはバアルの預言者たちを殺害すると、アハブ王に向かって「上って行って飲み食いしてください」と告げ、激しい雨足の音がすると言います。

「上って行く」とはどこからどこへ上って行くのでしょうか？
岩波版はその註で「キション川からもう一度カルメル山の頂上に戻る」ことだと指摘してくれます。アハブ王はバアルの預言者たちがキション川のほとりで殺害されたとき、そこにいたことが示唆されます。王はエリヤフの殺害を止めようとはしなかったのでしょうか？　あるいはエリヤフはなぜアハブを殺さなかったのでしょうか？　主なる神も喜ばれたのでは？

エリヤフは飲み食いするためにカルメル山に登ります。大量殺人をした後の食事です。並の神経ではありません。彼とそのしもべは、そのとき、カルメル山の頂上から雨雲が近づくのを認めます。ヘブライ語列王記上一八・四四によれば、それは最初「人の手のひらほど」のもので、ギリシア語訳によれば「人の足裏ほど」のものだったそうですが、ギリシア語訳にしたがっているヨセフスは「人間の足跡ほど」のものだったとします。小さな雨雲のたちまちにして大きなものとなり、篠《しの》突《つ》く雨となります。預言者はアハブ王には親切で、大雨になる前に町に戻るように助言いたします。

アハブ王の妻、預言者に激怒する

アハブ王は妻のイゼベルに、エリヤフが自分たちの預言者を殺害したと報告します。列王記上一九・一以下によると、彼女は、早速、使いの者を預言者のもとへ遣わし、明日の今時分までにおまえの命を頂くと恫喝いたします。預言者は報復を恐れて、ユダ部族の土地の最南端に位置するベエル・シェバ経由で南の荒れ野に入って行きます。預言者は荒れ野の中で倒れ、ただ死だけを待つことになりますが、ヘブライ語列王記上一九・五―六によると、そのときひとりのみ使いが現れて預言者に食糧と水を与えます（口絵3）。これはアブラハムのもとを追い出されて荒れ野の中を放浪しているハガルとその子にみ使いが現れて、ハガルの革袋に水を満たしてやったときの光景を思い起こさせるものです（創世記二一・一九）。ギリシア語訳のラールフス版とルキアノス版では「み使い」ではなくて「だれか」です。食糧と水を与えられて体力を回復した預言者はそこから「四〇日四〇夜歩きつづけて、神の山ホレブ（＝シナイ山）に到着いたします（図15）。ここでの「四〇日四〇夜」はモーセがホレブ山に留まった期間（出エジプト記二四・一八、三四・二八）と関係がありそうです。イエスの荒れ野での滞在期間も「四〇日四〇夜」でしたが、これもこちらと関係がありそうです。モーセもイエスも、そしてここでの預言者も「四〇日四〇夜」何も口にしていなかったというのです。実際荒れ野に口にできるものなどおりません。いるとすればサソリくらいでしょうか？　しかし、サソリを食料にできるのはごく一部の爬虫類しかおりません。モーセやイエスは特殊な爬虫類だったのでしょうか。

ヨセフスはここでのホレブ山が主なる神とモーセの間で律法の授受があったかの山であることを読者に想起させようとして、預言者が神の山ホレブに行ったとするのではなくて、彼が「モーセース（モーセ）が神から律法を授けられたシナイ山に行った」とします。なお、ヨセフスは「四〇日四〇

図15●ホレブ山とされる山

夜」にわざとらしさを見たのでしょう、荒れ野での彷徨期間には触れません。

預言者エリヤフ、ホレブ山で人の声と神の声を聞く

列王記上一九・九以下によると、シナイ（ホレブ）山（図15）に到着したエリヤフは洞穴に入り、そこでその夜を過ごしたそうですが、ヨセフスはエリヤフの入った洞穴を「奥行きの深い」ものだったとします。奥行きのある洞穴ですとアハブの妻の遣わす追っ手がやって来ても安全だということを読者に想像させますし、荒れ野に徘徊する獣たちの襲撃からも身を守れるかもしれません。

主の言葉が洞穴の中でエリヤフに臨みます。列王記上一九・九によると、主が「おまえはここで何をしているのだ？」と尋ねると、エリヤフは、自分は万軍の神・主のために戦ってきたが、今は命を狙われていると訴えます。

ヨセフスはエリヤフが洞穴の中で「おまえはなぜこんな所にやって来たのだ？」と尋ねる「何者かの声」を耳にしたとします。列王記上によれば、エリヤフは自分の命が狙われている理由を説明しませんが、ヨセフスはそれを説明して、「わたしがここにいるのは、外国の神々を崇拝する預言者たちを殺してしまい、民に向かって、彼らが最初に仕えていた神だけが唯一の存在されるお方だと説いたからです。それで王妃の怒りを買い……」とします。ここでの神の「存在するお方」は「存在」の状

態を表すギリシア語の動詞エイミの現在分詞からつくられるものです。それはすでに出エジプト記三・一四で使用され、神がその名をモーセに啓示したとき、「わたしはホ・オーン」であると口にしております。ヨセフスは『古代誌』二・二七六で「神は呼び名をはじめてモーセース（モーセ）に明らかにされたが、それはかつて人びとが一度も耳にしたことのないものである。それについては、わたしもまた口にすることが許されていない」ともったいをつけております。いずれにしても、ヨセフスがここでモーセのことを考えていることは明らかです。

列王記上一九・一一以下によると、エリヤフは主に「外に出て主の前に立つのだ」と言われ、そのとおりにすると、彼の前で烈風が起こり、地震が起こり、さらには火が起こります。さて、さて神のお出ましであるのかと想像しますが、そうではないのです。神はこれらの事象の中にはいなかったのです。しかし、エリヤフはこの間に洞穴に戻っておりますが、彼はその入り口で神の声を聞くのです。主はエリヤフに向かって、ダマスコに行き、ハザエルに油を注いだアラムの王にせよ、イエフに油を注いだイスラエルの王にせよ、エリシャに油を注いでおまえに代わる預言者にせよ、ハザエルの剣を逃れた者をイエフが殺し、イエフの剣を逃れた者をエリシャが殺し、バアルに跪かなかった者七〇〇〇をイスラエルに残すと言うのです。主なる神もいろいろと注文をつけたものです。ヨセフスは主がエリヤフに語りかけた言葉の冒頭部分を創作して、「（エーリアスよ）、おまえを見舞っている不幸に心を騒がせてはならぬ。敵におまえをどうこうできる者などいないからだ」（八・三五一）と申します。

そこまで言われれば、エリヤフも勇気百倍になろうというものです。なお神なる主の言葉の末部にある「バアルに跪かなかった者七〇〇〇をイスラエルに残す」の部分ですが、ヨセフスはそれを再話の中に入れません。なぜなのでしょうか？

預言者エリヤフ、国へ戻る／エリシャ、エリヤフの弟子になる

預言者エリヤフは国に戻ると、一二軛の牛を使って畑を耕作しているエリシャに出会います。列王記上一九・一九以下によると、エリヤフは彼に近づくと、自分のマントを彼に投げます。マントを投げられた者は預言者として召し出されたことを自覚してそれを投げた者にしたがうそうですが、ずいぶんと安直なリクルート法です。後になってイエスが弟子たちをつくったときも、「おまえを人間をすなどる者にする」とか何とかわけの分からぬことを言ってガリラヤの漁師たちをリクルートしましたが、それが思い起こされます。エリシャはエリヤフに牛を置き去りにしてしたがいますが、しばらく行くと両親に別れの口づけをしたいと言って、しばらくの猶予《ゆうよ》をもとめます。ラールフス版では「わたしの父に別れの口づけをしたい」ですが、ルキアノス版ではヘブライ語のテクストと同じで、「わたしの父」ではなくて「両親」です。列王記上によると、帰宅したエリシャは一軛の牛を屠り、その肉を調理して民に振る舞いますが、ヨセフスはこの調理に関する記事を無視いたします。彼はエ

リヤフに同行したエリシャが前者の存命中は「彼の弟子であり、従者であった」とします。

ここから先のテクスト上の問題

さて、ここから先では、ヘブライ語の列王記上とそのギリシア語訳では大きく異なるものとなります。

ヘブライ語列王記上二〇・一－四三は、アラムの王ベン・ハダドが北王国の首都サマリアを攻撃した話を伝えます。ギリシア語訳（ラールフス版とルキアノス版）では、ヘブライ語テクストの第二一章に相当するものが第二〇章として語られておりますが、ルキアノス版はラールフス版に見られる第二一章と第二二章を欠落させております。

ヨセフスはギリシア語訳の順序にしたがって再話を進めます。彼はここから先でルキアノス版に欠落している箇所はラールフス版に収斂される写本で補っているのか、それともヘブライ語の列王記上にしたがっているのか、それともそれに対応するヘブライ語の歴代誌のギリシア語訳にしたがっているのか、難しい問題が次から次にわたしたちを襲います。

アハブ王とナボトの葡萄畑

ヘブライ語列王記上二一・一以下で語られる物語は、第二〇章の物語に接続するものですから、その冒頭は「(以下は) これらの出来事の後のことである」ではじまります。ラールフス版はこの連結の語句を欠きますが、ルキアノス版は第一九章の物語につづけて「これらの出来事の後のことである」ではじめます。

列王記上によると、イズレルの町にナボトと呼ばれる男が住んでおりました。彼はアハブ王の宮殿に隣接する区域に畑をもっております。王はその土地がほしくて仕方がありませんが、売買交渉に失敗して落ち込みます。その落ち込み方が尋常なものでないだけに、彼の妻イゼベルは策略を用いて土地を手に入れてやろうとします。その策略とは、イゼベルがアハブの名で町の長老と貴族の者に書簡を送り、集会を召集させ、二人のならず者をナボトの前に座らせ、ナボトが神と王を呪ったと偽証させ、彼を町の外に引き出して石打ちにするのです。

列王記上二一・九によれば、アハブの名で書かれた書簡は長老や貴族たちに、召集された集会ではナボトを民の一番前に座らせるよう命じております。

ヨセフスは「一番前に座らせる」とあるところから、ナボトが「集会の進行役」を担ったとし、その資格として「彼は由緒ある出自であった」とします。彼はまた、列王記上二一・一〇に見られる、ナボトの前に座らせられて偽証することになるならず者の数を「二人」から「三人」にしております。この「三人」という数はヘブライ語列王記上のテクストばかりかそのギリシア語訳も支持しないものだけに、わたしたちを戸惑わせるものとなりますが、すでに亡くなって久しいユダヤ教学者のL・ギンズバーグは、ヨセフスの「三人」には、死罪が求刑される場合には三人の証人――ひとりの告発人とふたりの証人――を必要とすると規定したハラハー的前提が認められると巧みに指摘しております。この指摘は正しいかもしれません。

ヨセフスはナボトが「神と王を呪った」とするのではなく「冒瀆した」に改めます。ここでの彼の念頭には出エジプト記二二・二八に見られる戒め、すなわち「おまえは神を罵ってはならないし、また民の指導者を罵ってもならない」があるはずですが、岩波版の訳者がその註で指摘するように、ヘブライ語列王記上の早い時期の転写生は「主を呪う」という表現を回避するためにそれとは正反対の意味をもつ表現「おまえは神と王を祝福した」に改めてしまい、そのギリシア語訳も改竄されたヘブライ語テクストにしたがって偽証の内容を「彼（／おまえ）は神と王を祝福した」としたため、ヘブライ語テクストと同様、文脈の意味がまったく取れないちんぷんかんぷんの代物にしてしまったようです。

ヨセフスがここで出エジプト記二二・二八を念頭に置いて、あらかじめ用意されたならず者に「神と王を冒瀆した」と偽証させたと述べたのは、彼がギリシア語訳がヘブライ語テクストの改竄を引き継いでいることに気づいていることを示しております。

列王記上二一・一三によれば、ナボトが石打ちの刑で殺され、アハブ王がナボトの土地を手に入れようとすると、主の言葉がエリヤフに臨みます。エリヤフが神の指示で王に会いに行きます。列王記上二一・二〇によれば、そのときの王の言葉は「わが敵よ、ついにわしを見つけたのか」ですが、ヨセフスはそのときアハブがエリヤフに罪の告白をさせ、「わたしは恥ずべき行為をし、その上、罪を犯した現場をおまえに押さえられたのだから、いかなる処罰も甘んじて受けよう」に改めます。

列王記上二一・一七以下によれば、エリヤフはアハブ王に、災いが彼やイゼベルに下り、その子孫が根絶やしにされると、非常に激烈な調子で告げるのです。王はエリヤフの言葉を聞いて仰天し、自分の衣を裂き、粗布をまとい、断食します。主なる神はその改悛の様子を見て、王が生きている間は災いを下さない、その子の時代に災いを下すと前言を翻します。神は前言を翻す、非常に人間くさい方のようです。

ヨセフスはアハブの悔い改めの振る舞いには言及せず、たんに「預言者は神の言葉を王に取り次いだ」と述べてこの物語を締めくくりますが、尻切れトンボの感がいなめません。

アラムの王ベン・ハダド、アハブ王を包囲する

ヘブライ語列王記上二〇・一(=ラールフス版では二一・一)以下は次に、アラムの王ベン・ハダドが同盟関係にある三二人の王の加勢を得て、全軍を率いてサマリアにやって来ると、そこを包囲します。この来襲の時期は不明です。

ベン・ハダドは北王国イスラエルの王アハブに使者を送り、「金や銀、それにおまえの妻たちや息子たちはすべておれのものだ」と通告します。それにたいしてアハブは最初から下手に出て、自分がもっているものすべてを引き渡すと使者に告げます。それを聞いたベン・ハダドは再び使者を遣わし、明日自分の家来たちを遣わして、アハブ王の家や家来たちの家を捜索させ彼らが欲するものすべて奪うと通告します。アハブ王は国中の長老を召集してこの非常事態を告げると、彼らはベン・ハダドの要求をのんではならないとします。そしてこのため両者の間で戦いが不可避になるのですが、このとき主なる神がひとりの預言者を介してアハブ王に現れ、戦いでは王が勝利し、自分が主であることを知るであろうと告げます。

アハブ王は地方の首領たちの所有する若者たち二三二人とイスラエルの子ら七〇〇〇人を動員してベン・ハダドを襲撃します。彼と彼に加勢にきた三二人の王たちは昼間から酒を飲んでいたのですから、どちらが勝利するかは明らかです。アラムの王は敗走し、イスラエルの子らはその後を追います。

これが第一回目の戦いです。

ヨセフスもこの包囲に触れます。

彼はまず「アカボス（アハブ）は、アダドスの子（ベン・ハダド）と対等の軍隊がなかったので戦闘隊形を整えることができず、そのため国の富をすべて最強の要塞都市に疎開させ、自分はサマリアにとどまった。この町の周囲には非常に堅固な城壁がめぐらされ、他の点でも難攻不落と思われたからである」（八・三六四）としますが、富を移した最強の要塞都市がどこであるのかを明らかにいたしません。彼はさらに二回目の要求で、ベン・ハダドが遣わす彼のしもべたちが捜索する家を「王宮や……友人や家族の家」として、アハブ王が憤激した理由を当然なものにします。列王記上の「王宮と……家来たちの家」では王の憤激の理由とはなりにくいものです。

使者を介してのベン・ハダドとアハブの間の前哨戦は分かりにくいものです。たとえば、列王記上二〇・一〇によると、ベン・ハダドは使者をアハブ王のもとへ送って、「もしサマリアの塵が、わたしと行動をともにするすべての民の手のひらを満たすことができるならば、神々がわしを幾重にも罰してくださるように」と言わせるのですが、そのギリシア語訳では「もしサマリアの塵が狐たちやすべての民、（そして）予の歩兵たちにとって十分であれば、神が幾重にもわたしを罰してくださるように」であり、その意味はますます分かりにくいものとなっております。たとえ読者が、ギリシア語訳の訳者がヘブライ語テクストに見られる「手の平ほどの」を意味するリシュアリームを「狐たち」

を意味するレシュアリームと読み違えたことを承知していたとしてもです。しかし、ヨセフスはベン・ハダドがアハブ王のもとへ「三度目の使者を送って脅迫的言辞を吐いた。すなわち、彼は自軍（の各兵士）に一握りの土をつかませて、アカボス（アハブ）が絶対の信頼を置く城壁よりも高い土塁を築いてみせる」（八・三七一）とパラフレーズするのです。これならだれでもが分かります。アハブ王はベン・ハダドの使者にたいして「武具を帯びようとする者は武具をとく者のように勝ち誇ることはできない」と告げます。これはヘブライ語の諺だけに何とも分かりにくい意味内容ですが、ギリシア語訳では「背中を丸くしている者（ホ・クルトス）に、背筋を真っ直ぐに伸ばしている者（ホ・オルトス）のように誇らせてはいけない」です。こちらも今ひとつ分かりにくいものですが、ヨセフスは「一戦も交えぬうちから得意になるとは！　大きな顔をするのは戦争に勝ってからにしたらどうだ」（八・三七二）とします。非常に分かりやすいものとなっております。

アラムの王ベン・ハダドの使者が彼のもとに戻って来たときの光景です。

ベン・ハダドは加勢にやって来た王たちと酒盛りの最中ですが、ヨセフスはそのときベン・ハダドが「同盟者である三二人の王と食事をしている」（八・三七二）最中に改めます。素面《しらふ》であれば、彼が命令を下せる状態になります。列王記上二〇・一二によれば、へべれけのベン・ハダドの命令は「配置につけ」です。この短い言葉にろれつのまわらぬ王のへべれけぶりを読み取ることは可能ですが、ヨセフスの創作する素面のベン・ハダドの命令は「町の周囲に塹壕《ざんごう》を掘り、土塁を高くして、蟻の這い出る隙間もないほど包囲を徹底せよ」（八・三七二）というものです。素面であるがゆえに、その命令の内容は具体的なものになります。そしてヨセフスによれば、このため「この命令が実行にうつされている間、アカボス（アハブ）とすべての民は、恐怖と不安のどん底に突き落とされた」となります。ヨセフスはここで一人の預言者を登場させ、神が彼の手に敵の大軍を引き渡すと言わせ、「アカボス（アハブ）は勇気を取り戻し、恐怖から解放された」（八・三七三）とします。恐怖のどん底に突き落とされた北王国の王がそれから解放される。これは列王記上からは引き出せないものです。

ヨセフスは「知事たちの息子約二三二人」が先導する出撃についても想像を巡らせて、「アカボス（アハブ）のもうひとつの軍勢は城壁の中で待機していた。知事たちの息子は、見張りに襲いかかって多数の者を殺し、残った者を幕舎まで追撃した。イスラエルの王は、味方の優勢を認めると、残りの軍勢をすべて城外に送り出した」（八・三七六）とします。この時点でのベン・ハダドの指揮官たちは酔いつぶれていますから、列王記上が書き記すように、アハブ王の軍勢はたちまち優勢になりますが、ヨセフスは王の軍勢がベン・ハダドの軍勢を「遠方まで」追尾し、多数の者を「撃ち殺した」とし、さらには「少なからぬ富と大量の金銀のあった彼らの陣営を略奪し、……戦車や馬を奪って町に帰った」（八・三七八）とします。彼はここで、対ローマのユダヤ戦争が開始される直前、シリア知事のケスティオス・ガロスがエルサレムを陥落させようとしてやって来たがその目的をはたさずに退却を試み、そのため逆に追尾されたという話（『戦記』二・五四〇）、すなわちヨセフス研究者が「ケスティオスの不可解な退却」と呼ぶその光景を思い起こしているのかもしれません。

アラムの王ベン・ハダドの二回目の遠征

アラムの王が二回目の北王国侵攻を試みます。

列王記上二〇・二二以下によると、「かの預言者」が再びアハブ王の所にやって来ると、年が改まるとアラムの王ベン・ハダドが再び攻め込んでくると王に告げます。一方、アラム王の家来たちは自分たちの王ベン・ハダドに向かって、イスラエルの神は山の神であり、そのためわれわれよりも強い、われわれは平地でイスラエルの軍勢と戦うべきだと進言します。ベン・ハダドは彼らの助言にしたがい、三二人の王を退けて軍を再編いたします。年が改まると、すなわち翌年の春になると、ベン・ハダドの軍勢がアフェクと呼ばれる場所に進軍してきます。アフェクはガリラヤ湖の東約五マイルの、現在のアフィクとされますが、これには異論もあるようです。

神の人が再びアハブに神の言葉を伝えます。それは、イスラエルの主である神は山の神であって平野の神ではないとアラムの王に言ったので、主はベン・ハダドの大軍をイスラエルに引き渡すというものです。

ヨセフスは、アラムの王に再度の軍事遠征について進言した者たちを彼の友人たちとし、その助言に見られる「山の神」やラールフス版に認められる「渓谷の神」という言葉を避け、彼らに「山地での戦闘は避けた方がよい。何しろ彼らの神はそういう場所では強い。そのために(前回の戦いでは)敗北を喫したのだ。しかし、平地で戦えば打ち破ることができる」(八・三七九)と言わせます。

ベン・ハダドの軍勢とアハブの軍勢が七日間、陣を張って対峙し、それから戦いを交えますが、アハブの軍勢が圧倒的な勝利を収めます。ベン・ハダドの家来はアハブに命乞いをいたします。そのため彼らは腰に粗布をまとい、首に縄をつけてアハブの前に出るのです。思わず笑ってしまう、珍にして妙な光景です。

ヨセフスは「これは古代のスリアびとが嘆願者になるときの作法であった」(八・三八五)と説明します。彼らはアハブから「ベン・ハダドはわが兄弟である」という言質を取り付けると、王を連れてきます。アハブはベン・ハダドに何の危害も加えることなく、兄弟の扱いをします。ベン・ハダドは自分の父がアハブの父から奪った町々を返還し、さらには彼の父がサマリアでしたようにアハブもダマスコで市場を開くよう勧めます。二人の間で契約が結ばれ、ベン・ハダドは解放されます。

ヨセフスも列王記上の物語の展開にしたがいますが、細部を少しばかり改めます。ベン・ハダドのしもべたちが嘆願者の姿でアハブの前に現れて王の助命を願い出ると、それを聞いたアハブは「アダドスの子(ベン・ハダド)が戦闘で傷ひとつ負わずに生き延びていたのを喜び、兄弟に与える同じ名誉と好意を与える、と約束した」(八・三八六)とした上で、さらにはベン・ハダドが隠れ家にいて、そこからアハブのもとへ連れて行かれたと想像し、そのときのアハブは「戦車に座っていた」とします。アハブが圧倒的に有利な立場にいることが強調されますが、この強調は列王記上では見られないものです。ヨセフスはまたベン・ハダドがアハブにサマリアで市場を開くよう勧めたとするヘブライ語列王記上とそのギリシア語訳を改め、「……ダマスコを解放し、アカボス（アハブ）の父祖たちがサマリアに行けたように、イスラエルびとのもとに行けるようにする、と約束した」（八・三八七）とします。市場の開放と往来の自由とでは随分と内容が異なるものとなりますが、後の時代に書かれた旧約聖書の外典文書のひとつマカバイ記下などによると、エルサレムの市場の監督権は大祭司が握っていたりします。ヨセフスの時代、すなわち紀元後一世紀のエルサレムの市場の監督権はだれが握っていたのか、知りたいものです。多分、大祭司かその一族の者だったでしょう。

ヘブライ語の列王記上によれば、アハブはベン・ハダドが契約を結ぶと、彼を「釈放した」そうです。これではいかにもアハブがベン・ハダドを拘束していたような印象を読者に与えますが、ギリシア語訳は「送り出した」とし、ヨセフスは「多数の贈り物を贈って彼の王国に帰らせた」（八・三八八）とします。

預言者ミカヤフの警告

ある日のことです。

列王記上二〇・三五以下によると、「預言者たちの息子たち（＝預言者たちの集団）」に属するひとりの男が、主の言葉にしたがって、仲間の預言者に自分の頭を撃ってくれとおかしな注文を出します。仲間の者はその要求に応じません。すると彼は「おまえは主の言葉に聞きしたがわなかったので、わたしから離れたらライオンがおまえを殺す」と告げます。実際、そのとおりになったそうです。男は別の預言者仲間を見つけると同じ注文を出します。仲間の者は男を撃ち、負傷させます。男は目に包帯をして、王を待ち受けます。イスラエルの王が通りかかると、男は王に訴え出ます。「あなたのしもべが戦いの最中に出て行きました。するとある者が持ち場を離れてひとりの男を連れて来て、彼を見張っていろと命じ、もし逃したらわたしの命を差し出すか、一キカルの銀を払えと申します。自分が忙しくしていると男が姿を消してしまいました」と。

さてどうしたらいいのか？　これが、男が王に尋ねたかった事柄になるのですが、王は「おまえの裁きはおまえ自身が決定したとおりになる」と答えます。そこで男は目から包帯を外し、自分が預言者のひとりであることを明かします。預言者は王に「わたしが滅ぼし去ろうとした人物をあなたは手元から解き放ったのですから、あなたの命が彼の代わりとなり、あなたの民は彼の民の代わりになる」と告げます。王は不機嫌になり、怒りを爆発させながらサマリアへ帰って行きます。

ヨセフスもこの話を再話しますが、列王記上とは異なり、ここでの預言者をミカヤフとします。このミカヤフの名前は列王記上二二・八でその名前が挙げられている、イスラエルの王が嫌っていた預言者「イムラの子ミカヤフ」からだとされます。自然な推測であるかもしれません。

ヨセフスは自分の要求どおり頭を撃った男はミカヤフの「頭蓋骨を傷つけた」とします。ミカヤフを「傷つけた」ではなくてその「頭蓋骨《ずがいこつ》を傷つけた」ですから、その撃ち方が非常に強烈なものであったことになります。したがってまたここから列王記上の「目に包帯をして……」は「頭を（包帯で）縛って……」となります。ヨセフスは預言者が王に訴える言葉を平易な意味の通りやすいものにします。

「わたしはあなたの軍隊に仕えている者で、下士官から捕虜のひとりをあずかり、監視しておりましたが逃げられてしまいました。捕虜を引き渡した下士官は、逃せば処刑すると恫喝していましたので、わたしには今、殺される危険があります。」（八・三九〇）

ヨセフスは列王記上二〇・四〇に上に見られる王の言葉「おまえの裁きは、おまえ自身が決定したとおりになる」を改めて、「死刑は当然である」と簡潔にして分かりやすいものにします。そしてさらに預言者の言葉を改めて次のように言います。

「あなたは神を冒瀆したアダドス（ハダド）を処罰しなかった。そこで神は（怒り）、アダドスの手であなたを殺し、民も彼の軍隊に（滅ぼされます）。これが神の処罰です。」（八・三九一）

非常に分かりやすいものです。

列王記上二〇・四三によれば、北王国の王アハブは預言者の言葉に憤慨しますが、預言者を拘禁したりはしません。ヨセフスは王が預言者を「拘禁した」とします。しかし、その後の運命については何も語られておりません。

南王国のヨシャファト王の治世について

歴代誌下一七・一以下によると、南王国のユダではアサに代わってその子ヨシャファトが王となります。紀元前八六八年のことです。彼は北のイスラエルに対抗するためにユダやエフライムの町々に守備隊を置き、その勢力を増強させます。歴代誌下の記者はヨシャファトがバアルを求めず、先祖の神を求め、その戒めにしたがって歩んだと想像したためでしょう、彼の治世を好意的な筆致で描きます。ヨセフスも歴代誌下の記述を簡潔にまとめます。突飛なことは何も言いません。

歴代誌下一七・七以下によると、その治世の三年目に、ヨシャファト王は祭司たちをユダの各地に派遣します。彼らは律法の書を携え、民に律法を教えたそうです。もしこの記述になにがしかの真実があれば、これは律法の転写がはじまっていたことを示唆するものとなるかもしれません。しかしわれわれはここでも、「律法の結集はすでに終っていたのか」と、今一度、疑問を呈しておこうと思います。

ヨセフスはヨシャファト王がその治世の三年目、すなわち紀元前八六六年に、「国の知事や祭司たちを召集し」(八・三九五)、彼らにユダの町々を経巡ってモーセの律法を民に教えるように命じたとします。歴代誌下一七・八によれば、民に教えるよう命じられた者たちの中にはレビびとも入っておりますが、ヨセフスは彼らを落とします。彼はまたここで次の一文「彼(ヨシャファト)は彼ら(民)が律法を遵守し、神への奉仕に熱心になるように(心がけたのである)。民はみな(それを)心から喜び、競って律法を遵守した」(八・三九五)を創作して挿入いたします。

ユダの周辺の属国は南王国のヨシャファト王と良好な関係を築こうとして、定められた貢を納め、また贈り物を携えてくるようになります。贈り物の内容やその分量が異なる箇所があります。たとえば、ヘブライ語歴代誌下一七・一一によれば、アラブ人が携えた贈り物は「雄羊七七〇〇頭と雄山羊七七〇〇頭」ですが、そのギリシア語訳では雄山羊の贈り物は欠落し、「雄羊七七〇〇頭」だけが挙げられております。ヨセフスは彼らが「毎年三六〇頭の子羊と同数の子山羊を持ってきた」とします。ヨセフスがどこからこの控え目の数を引き出したのかは不明ですが、この贈り物の記述につづくヨシャファトの軍団の兵力やその指揮官たちの名前についての記述にも、ヘブライ語歴代誌下と比較するとギリシア語訳にはいくつかの相違が認められます。

ヨセフスはこの記事につづけて、ヨシャファト王がその子ヨラムを十部族（＝北王国）の王アハブの娘オトリアと結婚させたと述べます（八・三九八）。ここでの人名ヨラムとオトリアは列王記上二二・二以下でも、歴代誌下一八・一以下でも挙げられておりません。彼がここで二人の名前を挿入したのは、歴代誌下一八・一にヨシャファトがアハブと「姻戚関係を結んだ」とあり、また同書二一・六にヨラムは「アハブの娘を妻としていた」とあるからです。彼は、名前を挙げることで、その細部に立ち入ろうとしたのです。ここでの二人の名前はヨセフス自身が創作したか、聖書以外の文書資料からのものだと思われます。

南王国のヨシャファト王、北王国のアハブ王との同盟をもとめる

歴代誌下一八・二によれば、その後「何年かたって」、列王記上二二・二によれば、その後「三年経って」、南王国の王ヨシャファトは北王国の王アハブの所へ赴きます。ヨセフスは「その後しばらくして」（八・三九八）ヨシャファトがアハブのもとへ出かけたとしますが、先に進んでその訪問は両王朝の間で平和がつづいた「三年目の出来事」であったとし、「この三年とは、アカボス（アハブ）

が彼を捕虜にした後に釈放したときからである」（八・四〇〇）と説明します。

なぜヨシャファトがアハブのもとへ下って行ったのでしょうか？

岩波版の訳者は、「彼の父アサの時代から続いていたイスラエルとの戦いを止め、和解を求めて」出かけて行ったと想像します。歴代誌下一八・二によれば、アハブはヨシャファトと彼に同行した民のために「多くの羊と牛を屠って」歓迎します。列王記上はこの歓迎には言及しません。

ヨセフスは、歴代誌下の記述にもとづいて、アハブがヨシャファトを「あたたかく迎え、同行した軍団にも小麦や、葡萄酒、肉などを潤沢に与えて歓待した」（八・三九八）とします。アハブがヨシャファトを歓待したのは両王朝の間に姻戚関係が生まれていたからか、アハブにヨシャファトを利用する下心があったからのどちらかでしょう。彼はヨシャファトにアラムの王に奪われたヨルダン川東岸の地であるラモト・ギルアド（図1参照）に自分と一緒に攻め込んで戦うよう提案します。ヨシャファトはその提案にのります。

ヨセフスはここで、軍事的支援を約束したヨシャファトが「エルサレムから自分の軍隊をサマリアに呼び寄せた。二人の王は町の外に出てそれぞれの玉座にすわり、自軍の兵士に給料を配った」（八・三九九）とします。これは列王記上にも歴代誌下にも見られない詳細ですが、ヨセフスの創作でしょう。彼はローマ軍のキャンプで、兵士たちが給料や分捕り品を配られている光景を何度も目にしているはずです。

偽預言者、アハブ王に勝利の預言をする

列王記上二二・五以下、および歴代誌下一八・五以下によれば、南王国のヨシャファト王は北王国のアハブ王に、預言者たちを集め、彼らの託宣を聞くことを提案します。召集された主の預言者四〇〇人は一致して勝利を預言しますが、一致に不自然さを見て取ったヨシャファト王は彼らを偽預言者と見なします。イムラの子ミカヤフと呼ばれるもう一人の預言者が呼び出されます。この預言者は不都合なことばかり預言する男です。

ヨセフスは預言者ミカヤフがアハブ王により「監獄に放り込まれていた」とします。ミカヤフは連れて来られると、アハブ王の軍隊は破れ、王は戦闘で斃《たお》れると預言します。

アハブは困惑したと思われます。

列王記上二二・二四によれば、このとき「ケネアナの子ツェデキヤフがミカヤフに近づいて、彼の頬をなぐり」、「どのようにして主の霊がわたしから離れ、おまえに語ったのか?」と問いつめます。歴代誌下一八・二三でも同じです。ヨセフスはこの一文から想像力を膨らませて、「(しばらくして)偽預言者のひとりであるツェデキヤフがアハブのもとへやって来て、ミカヤフは真実など語っていないのだから、(彼の預言に)くよくよしないようにと慰めた」(八・四〇六)とし、さらにミカヤフよりも将来のことをよく洞察していたエリヤフを引き合いにだして、ツェデキヤフが次のように言ったと

して彼の言葉を創作します。

「エーリアス（エリヤフ）がエズレルの町のナボートス（ナボテ）の畑で預言したとき、ミカイアス（ミカヤフ）は次のように預言していました。すなわち、ナボートスはアカボス（アハブ）の血も犬どもになめられるだろう、と。これで、彼がでたらめを言っているのは明らかです。彼はあなたが三日以内に死ぬと申しましたが、それはすぐれた預言者である（エーリアスの言葉）と相容れないものです。

この男が真実（の預言者）で、神の霊の力をもっているかどうかは、やがてわかります。わたしが彼を打ちますから、ただちに、わたしの（右）手を麻痺させてみせるように彼に命じてください。かつてヤダオス（ヤドン）は、イェロボアモス（ヤロブアム）王に捕らえられようとしたとき、王の右手を麻痺させましたが、ちょうどそのときのようにさせるのです。もちろん、あなたもその出来事を知っていると思いますが……。

セデキアス（ツェデキヤフ）は（このように言って）ミカイアスを（はげしく）打ったが、（彼の手は）何の痛みも感じなかった。」（八・四〇七－四〇九）

ヨセフスはここで随分と長い一文を創作したものです。彼はさらに、預言者ツェデキヤフの言葉と彼の打擲《ちょうちゃく》の結果に励まされたアハブ王についても想像し、王が「（それに）勇気づけられ、（一刻も早く）軍隊を率いてスリアびと（＝アラムびと）に立ち向かいたい衝動にかられた。思うに、運命は過酷でありアカボス（アハブ）の最期を早めるために、偽預言者を真実の預言者よりも正しいと思わせた」（八・四〇九）とします。ここで「運命」の訳語を与えたギリシア語はクレオーンです。クレオーンは託宣が宣告した必然的に起こる出来事を指して用いられるギリシア語です。ヨセフスはすでにこの言葉を前出七・三八三、八・三〇七で使用しておりますが、ここではこのギリシア語が八・四一二で「しかしクレオーンは、アカボス（アハブ）が王の姿をしていなかったにもかかわらず、彼を見つけだした」、八・四一九で「わたしたちはまた、王（アカボス）を見舞った百般の事件を教訓して、クレオーンの力を（けっして侮ってはならぬと）肝に銘じなければならぬ」などと集中的に使用されておりおります。わたしはここで彼のギリシア語助手の介入、すなわち彼の書いたギリシア文の添削があったのではないかと想像します。これはギリシア語訳聖書では一度として使用されない言葉です。なお引用したヨセフスの一文中には「偽預言者」と「真実の預言者」を示すギリシア語が使用されております。そのため、ヨセフスの「偽預言者」と「真実の預言者」の判断基準は何かとなりますが、これについては先に進んでダニエル書を取り上げるときの議論が少しばかり参考になるかもしれません。

預言者ミカヤフ、投獄される

アハブ王の不興を買った預言者ミカヤフは投獄されます。

この情報を与えてくれるのは、列王記上二二・二六―二七（＝ラールフス版では二一・二六―二七）と歴代誌下一八・二五ですが、そのどちらにおいてもアハブの投獄命令は「（わたしが戦地から凱旋するまで）苦悩のパンと苦悩の水でも与えておけ」です。ヨセフスはたんに「パンと水だけを与えておけ」とし、メタファーを構成する要素「苦悩」は取り除かれております。それを直訳したところで、それを聞く者やそれを読む者にはすぐにピントくるものではないからです。もしかして彼の助手が削除したのかもしれません。

北王国のアハブ王の敗北と死

北王国のアハブ王と南王国のヨシャファト王は軍を率いてラモト・ギルアドに攻め上りますが、戦闘前に、二人の王の間で、世にも奇妙な取り決めがなされます。

列王記上二二・三〇および歴代誌下一八・二九によれば、その取り決めは、アハブは変装して戦いに臨むが、ヨシャファトは「自分の服」を着て臨むというものです。ヨセフスも二人の間の合意について説明します。わたしたちはそれを読んで初めてその奇妙な取り決めに納得します。彼は次のように言うからです。

「それはアカボス（アハブ）が王の姿をせず、エルサレムの王がアカボスの（王）衣を着て戦列に立ち、この小細工によってミカイアス（ミカヤフ）の預言が実現するのをまぬかれようというのである。しかし運命（クレオーン）は、アカボスが王の姿をしていなかったにもかかわらず、彼を見つけだした。」（八・四一二—一三）

先ほど説明したギリシア語のクレオーンがこの一文中でも使用されております。列王記上二二・三一によれば、二人の王に立ち向かうアラムの王は戦車隊の三二人の指揮官に向かって「イスラエルの王だけを標的にして戦え」と命じますが、歴代誌下一八・三〇は、戦車隊の指揮官の数「三二人」を欠落させております。ヨセフスは指揮官たちに発せられた命令には言及しますが、その数には触れません。

戦闘では戦車隊長たちがヨシャファトの姿を認めますが、彼がイスラエルの王でないと分かると、彼を攻撃目標から外します。

こんな戦闘があるのかどうか、知りたいものです。

いずれにしても列王記上二二・三三—三四と歴代誌下一八・三三—三四によれば、アラムの王の軍勢はアハブを追尾し、イスラエルの王はその軍勢の中の「一人の兵士／ある者」が放った矢に「うろこ鎧のとじ目を射貫かれて」重傷をおい、日没とともに戦車の中で死に絶えます。ヨセフスはアハブの首を取った列王記上の「一人の兵士」、歴代誌下の「ある者」に「アダドス（アハブ）の王付き小姓のアマノス」と具体的に名前を与え、次にこの男が殊勲を立てたと判断したからでしょう、列王記上や歴代誌下に見られる「何気なく弓を引くと」から「何気なく」を落として、アマノスが「敵に向かって矢を放った」とするのです。列王記上と歴代誌下は、矢を射込まれた後のアハブは日没まで戦車の中に立ち尽くして相手を威嚇しようとしたことを書き記しておりますが、ヨセフスもほぼ同じ記述です。

エリヤフの預言の成就

アハブの遺体はサマリアに運ばれ、その地に埋葬されます。列王記上二二・三七―三八によれば、人びとがサマリアの池で（王の）戦車を洗うと、「犬たちが彼の血をなめ、遊女たちがそこで身を洗った」そうです。「犬たちが彼の血をなめる」は、先行する列王記上二一・一九で、主の預言の言葉として語られているもので、ここでは主の言葉の成就とされているのです。それにしても、こんな薄汚い表現の中に、主の言葉の成就を見ようとするのですから、主の言葉も安っぽいものです。

ヨセフスもここでの列王記上にしたがい、ほぼ忠実に物語を再話いたします。そして彼はさらに次のようなコメントを加えます。

「アカボス（アハブ）の運命は（このように）二人の預言者の言葉どおりになったわけであるから、わたしたちは当然のことながら神の偉大さを認め、（わたしたちが）どこにいようと神を崇敬しなければならない。また、真実よりも世辞や追従を尊んではならず、預言やそれにもとづく予知（プログノーシス）ほど有益なものはない、と心得るべきである。なぜなら、神はこのような仕方で、警戒すべきものは何かをわたしたちに教えてくれたからである。

わたしたちはまた、王（アカボス）を見舞った百般の事件を教訓にして、運命の力を（けっして侮ってはならぬと）肝に銘じなければならない。わたしたちは自分の運命を事前に知り得ても、それから逃れることはできない。なぜなら、それは人間の魂（プシュケー）の中に忍び込み、もっともらしい希望で喜ばせたあげくに、その希望を摘むことができるからである。

結局、アカボスはこの運命の力に欺かれ、自分の敗北を預言した連中を信ぜず、逆に、自分に都合のよいことを預言した連中を信じて身を滅ぼしたように思われる。

彼の後継者になったのは、息子のオコズィアス（アハズヤフ）であった。」（八・四一八－四二〇）

先に進んで取り上げるダニエル物語を先取りすれば、ヨセフスはここで、運命とか摂理を認めないエピクロス派の者たちを念頭に置いているのです。
『ユダヤ古代誌』の第八巻はこの一文をもって締めくくられます。

第2章 ユダ・イスラエル王国史（Ⅱ）

『ユダヤ古代誌』の第九巻は、引き続きその前半で南王国ユダと北王国イスラエル王国の歴史を交互に語ります。北王国の首都サマリアの陥落後はイスラエル王国の歴史は終焉を見ます。そのため、第九巻の後半と第一〇巻はユダ王国の通史となります。

南王国のヨシャファト王の改革

歴代誌下一九・一以下によれば、エルサレムに戻った南王国の王ヨシャファトが予見者――ギリシア語訳では予見者は預言者です――ハナニの子イエフに、なぜ彼が悪人のアハブと同盟を組んで彼を助けたのかと詰問されますが、同時に彼は偶像のひとつであるアシュラ像を取り除き、神を求めようとしたことが称賛されます。

ヨセフスはここまでで北王国のアハブ王を「不信仰な悪徳漢」として描き、それにたいして南王国のヨシャファト王を「モーセの律法に忠実な敬虔な者」として描いてきましたが、ここでも同じです。彼が紹介するイエフの言葉は「神はこの(同盟)を快く思ってはいない。あなたはとんでもないことをしてくれたが、神はあなたの本来のよき性格に免じて、あなたを敵の手から救って下さるであろう」(九・一)であり、この後「そこで王(ヨシャファト)は神に感謝の祈りと犠牲を捧げた」と歴代誌下に見られない場面をつくり出して、王がモーセの律法に忠実であったことを強調します。

歴代誌下によれば、あるとき、ヨシャファト王はエルサレムを出ると、「ベエル・シェバからエフライムの山地」まで経巡り、人びとを父祖たちの神である主に立ち帰らせたそうです。何だか王は宣教師のようです。王は宣教師のようにちょこまかするのではなくて、どっしりと構えていてほしいものです。

ヨセフスは王が「統治下の全地を精力的に巡った。モーセース(モーセ)を介して神から与えられた律法と敬虔の念を民によく教えるためであった」とします。「ベエル・シェバからエフライムの山地」では限定的ですが、ヨセフスはそれを「全地」に拡大し、そうすることで副詞句「精力的に」を生き生きとしたものにします。

ヘブライ語歴代誌下一九・六―七は、ヨシャファト王がユダの町々で裁きびとたちを任命し、彼らに次のように訓戒したとします。

「おまえたちは人のためではなく主のために裁くのであるから、自分が何をしているのかよくわきまえるのだ。判決を下すときには、主がおまえたちとともにいて下さるように。今、主にたいする恐れがおまえたちの上にあるように。細心の注意で行うのだ。われわれの神、主のもとには不正も偏りも袖の下もない。」

歴代誌下のギリシア語訳もほぼ同じです。ヨセフスは王の訓戒の言葉を次のように改め、公平と公正をより強調いたします。

「民を裁くにあたっては、ただ公正と正義だけに留意し、賄賂を受け取ったり、富や出自のよさで名士扱いされている者にけっして手心を加えてはならない。神は秘密裏に行われたこともすべてお見とおしなのだから、そのことをよく心得て、すべての者にたいして公正な裁判をするのだ。」（九・三）

ヨセフスの一文には、歴代誌下からは引き出せない「富や出自のよさで名士扱いされている者にけっして手心を加えてはならない」が見られます。ここでの「富や出自の良さで名士扱いされている者」とはだれなのでしょうか？

ヨセフスの念頭にあるのは、ローマ社会の貴紳たちであり、彼らに極力甘い裁判をしている裁判官たちだと思われます。彼はここで、自分たちの民族の歴史を語ることで、寄留先のローマの貴紳や裁判官を批判しているのです。彼は巧みにローマ社会に生きる自分に放たれる批判の矢をかわしながら、彼らに批判の矢を放っているのです。

他方、歴代誌下一九・八以下によれば、エルサレムに戻った王はそこでもレビびとや、祭司、そしてイスラエルの一族の頭たちの中から裁きびとを任命し、彼らに、「主を恐れ、誠実に、心を尽くして裁きを行うよう」命じます。

ヨセフスは歴代誌下に見られる王命の言葉を、神殿があり、王が暮らすエルサレムの特殊性を意識して、次のように申します。

「もし他の町の同胞が重要な（係争）事項をめぐって意見が食い違い、そのためおまえたちのもとに（使者を）遣わしてきたならば、おまえたちはその紛争を正義に則って審理するために、最善の努力をしなければならない。なぜなら、神のための神殿があり、王が暮らすこの都における裁判は、格別の配慮と至高の正義にもとづいて行わねばならぬからである。」（九・五）

ここでの記述の背景にはヨセフスの時代の裁判制度があるように思われます。彼の時代のパレスチナは確かエルサレムを含む五つの行政地区に分かれておりましたが（『戦記』一・一六九以下）、そのそれぞれに裁判所がもうけられ、エルサレムを上級裁判所の所在地とすると、他の四つの地域の裁判所は下級裁判所であり、そこでの審理結果に不服があれば、エルサレムの上級裁判所に係争事項を持ち込んで争うことができました。実際に地方の四つの地方裁判所とエルサレムの上級裁判所がどの程度機能していたかは不明ですが、ヨセフスはここでその地方裁判所と上級裁判所を念頭において再話しているようです。もちろん、歴代誌下が言及するエルサレムの裁判所の性格はヨセフスの再話するエルサレムの裁判所のそれとは大きく異なるものであったはずですが。

モアブびととアンモンびとの同盟軍、ヨシャファト王に戦争を仕かける

歴代誌下二〇・一以下によれば、「この後」、モアブびととアンモンびとの同盟軍（図2参照）が「アンモンびとの一部」を引き連れてヨシャファト王討伐のためにやって来ます。

最初にテクスト上の問題。

アンモンびとが「アンモンびとの一部」を引き連れてとは奇妙な表現です。ギリシア語訳では「ミナイオイ（ミナイオスびと）の一部」とあるところから、岩波版（と新共同訳）は、歴代誌上四・四一ほかに登場する「メウニムびと」に改めます。

ヨセフスはこの「ミナイオイの一部」を「アラブ人の大部隊」（九・七）とします。彼はさらに歴

代誌下二〇・一六の記事から推測して、彼らがエン・ゲディに幕舎を張ったとし、「そこはエルサレムから三〇〇スタディオン離れた、アスファルティティス湖（＝死海）に面した町で、極上の棕櫚とオポバルサモンの木が自生している」（九・七）と書き記します。

ヨセフスはなぜここでエン・ゲディ（図16）の町が棕櫚とオポバルサモンの木が自生している町であると説明したのでしょうか？　そこまでで語っている主題から離れて、そこに登場する土地の特徴や特色について書き記すのをギリシア語でエクバシス（脱線）と申しますが、ヨセフスは『戦記』でそれを盛んに行います。エリコは棕櫚とオポバルサモンで有名ですが（プリニウス『自然史』参照）、彼はそのための脱線を『戦記』四・四六八－四六九で行っております。彼がローマで『戦記』を執筆していたのが七〇年代の後半であり、今この『古代誌』を執筆しているのが九〇年代の前半ですので、彼が七〇年代後半に著作された『戦記』の中でエクバシスを行う背景と九〇年代の前半になされた『古代誌』の中でエクバシスを行う背景は随分と異なるものだったと思われます。七〇年代のヨセフスのエクバシスには『戦記』の読者にパレスチナの地理やトポグラフィーについてより正確な情報を与えようとしたのにたいし、ここでの彼のエクバシスには彼自身の望郷の念を読み取るべきでしょう。何しろ彼はパレスチナを離れてからすでに二〇年以上になるのですから。

歴代誌下二〇・三以下によれば、南王国の王ヨシャファトはモアブとアンモンの同盟軍の襲来を恐れ、「全ユダ」の町々に断食を呼びかけます。王は、主の神殿の前に集まってきたユダとエルサレム

図16●エン・ゲディ

の会衆に向かって、彼らモアブびととアンモンびとを裁いてくれるようにと祈ります。王の祈りにはヤハジエルと呼ばれる人物を介して主なる神の応答があります。それは「恐れるな、おののいてはならない。明日、彼らの前に出て行け。主がおまえたちとともにいる」というものです。次の日、ヨシャファト王の一行は「讃えよ、主を。まことに、その恵みは永遠なり」と神を讃美しながら敵に立ち向かいます。この光景は後の時代の十字軍のそれです。ここでは戦闘の詳細はいっさい書かれておりません。

ここで奇妙なことが起こります。アンモンびととモアブびとは、セイル山の住民を滅ぼし尽くすと、今度は互いに滅ぼしあったというのです。ユダの者たちが「荒野を見渡す場所」に来てみると、「彼らは死体となって地に横たわっていた。生きている者は一人もいなかった」というのです。「分捕り品はあまりにも多く、略奪するのに三日を要した」というのです。濡れ手に粟の勝利です。棚からボタモチの勝利です。ヨシャファト王とその一行は神を讃美しながらエルサレムに戻ります。

ヨセフスはまずモアブびととアンモンびとがアスファルティティス湖（＝死海）を横断して自分の領内に侵入したことを聞いて、ヨシャファト王が不安になったとします。彼は王がユダの全土から住民を集めたとする歴代誌下の記事に誇張を認めたからでしょう、王がエルサレムの神殿に召集したのは「エルサレムの住民」（九・八）だけとしております。歴代誌下二〇・一四によれば、王に神の言葉を告げたヤハジエルは「レビびと」ですが、ヨセフスは「神は見る」の意を内包する彼の名前から判断したためでしょう、彼を「預言者」とします。ヨセフスはこの濡れ手に粟の勝利の原因を歴代誌下とは違う仕方で説明します。

歴代誌下二〇・二〇以下によれば、主が緒戦でモアブびととアンモンびとの同盟軍に「伏兵を向けたために」、彼らは敗れ、しかも彼らは同盟者としていた「セイル山の住民」を全滅させた上で、仲間内で殺し合ったそうですが、ヨセフスは、ヨシャファトの軍勢が戦闘隊形をけっして取らず、「ラッパをもって祭司たちと讃歌をうたう者たち」をレビびとの前に立てて神に感謝の祈りをあげ続けていると、敵たちは「恐怖と混乱に落とし入れられ」、そのため彼らは「互いを敵と見誤って殺戮合戦を演じた」（四・一三）とします。ヨセフスのイメージの中には本書五・二八以下で語っているエリコ陥落（図17）があるように思われますが、どうでしょう？

ヨシャファト王の信望と周辺諸国の恭順

歴代誌下二〇・一九以下は、戦わずして勝利したヨシャファト王がラッパを吹き鳴らしながらエルサレムへ凱旋したとします。

ヨセフスは彼らがエルサレムに戻ると、「何日にもわたって祝宴を開いて（神に）犠牲を捧げた」（九・一六）とします。これは彼の想像の産物ですが、彼らが「三日間にわたって倦み疲れるまで

図17●エリコ陥落

……精を出した」（九・一五）略奪物の分配の詳細などについても想像力を働かせて書き記してもよかったかと思われます。戦場での略奪物の分配などは指揮官ヨセフスがローマ軍のキャンプで日常的に目撃していたものだからです。

歴代誌下二〇・二九によれば、「地のすべての国」は主がヨシャファトと一緒に戦ったことを聞いて、恐れをなしたそうです。歴代誌下は「神の恐れが臨んだ」とし、そのためヨシャファトの王国は「平穏であった」とします。ヨセフスは歴代誌下の「地のすべての国」を「異邦の諸民族」に改めはするものの、少しばかり大袈裟に記します。

「いっぽう、味方が殲滅《せんめつ》されたとの知らせが異邦の諸民族に伝えられると、彼らは一様に驚愕し、王を恐れた。それ以後は神が王の同盟者になって公然と戦いに乗り出してくると思われたからである。そして、その後のヨーサファトス（ヨシャファト）は、正義と神への敬虔な態度のために、大きな信望を得たのである。」（九・一六）

船の建造と難破

歴代誌下二〇・三五以下と列王記上二二・四一以下によると、南王国のヨシャファト王は北王国の新王となったアハブの子アハズヤフとも友好関係を保ち、タルシシュ行きの船を共同で建造します。ところが、建造した船は難破します。やはり、イデオロギーの違う二つの国が共同で事業をするのはムリだと、現代の韓国と北朝鮮の共同事業を引き合いに出して茶々を入れたくなります。エリエゼルと呼ばれる預言者は、ヨシャファトがアハズヤフと同盟関係をもったためにそれを怒った神によって船は破壊されたと彼を告発します。

ヨセフスは歴代誌下に見られる「タルシシュ行きの船」を「ポントスやトライケー（トラキア）の商港に航海させる船」とします。ここでのポントスは黒海に臨む小アジア北東部の古代国家であり、トライケーはバルカン半島の東部のトラキアを指します。彼は本書一・一二七でタルシシュを小アジアの南東部にあった古代のキリキアとし、本書九・二〇八以下の「ヨナ物語」の再話でもタルシシュを「キリキアのタルソス」と呼んでおります。これから明らかなように、彼はタルシシュをポントスやトラキアと区別しております。彼は自分自身の判断でその二つを区別をしたのか、それとも彼が使用したテクストにポントスとトラキアとあったからなのか、それともその二つの地名を暗示する別の固有名詞があったからなのか、いろいろと興味深いテクスト上の読みの問題が浮上してきますが、ヨセフスがここで省略するのはこの船の造船場所です。歴代誌下によれば、それはエツヨン・ゲベルです。岩波版の註によれば、その場所は今日のエイラート港の南約六五キロメートルのジェジラト・ファウラン島だそうです。

ヨセフスは歴代誌下とは異なり、建造した船の難破を神の怒りにもとめるのではなくて、建造した船が「大きすぎために」難破し、ヨシャファトは「所有物（である船）を失った」（九・一七）とし、「これにこりた」王は、「以後二度と船に興味を示すことはなかった」とします。物語の説明としては、だれもが納得できる非常に常識的なものです。

歴代誌下はタルシシュ行きの船の建造と難破の話をもってヨシャファト王の治世の出来事の記述を終えます。

ヨシャファト王の埋葬と、その子イェホラムの即位

歴代誌下は、第二一章の冒頭で、南王国のヨシャファト王が先祖たちと一緒に「ダビデの町」に葬られ、その子イェホラム（＝ヨラム）が王に即位したと述べます。紀元前八四七年のこととされます。列王記上二二・五一は、ヘブライ語テクストでもそのギリシア語訳でも、歴代誌下二一・一をほぼ同じ言葉で語ります。ヨセフスは「以上は、エルサレムの王ヨーサファトス（ヨシャファト）治下の出来事である」と述べますが、ヨシャファトの死にはこの先の本書九・四四で触れます。彼の子が王になったことには触れません。

アハズヤフ、北王国の王になる

列王記上二二・五二―五四は、アハブの子アハズヤフが南王国の王ヨシャファトの治世の第一七年、すなわち紀元前八五二年に北王国の王になり、その治世が二年つづいたこと、王は主の目に悪いことを行い、主を怒らせたことなどを述べております。五二節から五四節までの二節だけを読めば、アハズヤフの統治が簡潔すぎるほど簡潔にまとめられているかのような印象を受けますが、列王記下二三・一以下がアハズヤフの時代を詳細に語ります。ヨセフスは第八巻の最終章の最終節で、アハブ王の後継者になったのは「息子のオコズィアス（アハズヤフ）であった」と述べます。

歴代誌下二一・二以下は、南王国ユダの王イェホラムの時代（前八四七―八四五）を語りますが、その平行箇所は列王記下八・一七以下です。

アハズヤフ王の病いと預言者エリヤフの言葉

ヨセフスは、列王記上二二・五三―五四の記述にもとづいて、北王国の王アハズヤフがとんでもない悪徳漢であり、その悪辣非道ぶりは両親のそれと同じで、ヤロブアムに似ていたとし、さらに列王記下一・一にもとづいて、モアブびとが背き、彼の父アハブに納めていた貢を納めなくなったと語ります。列王記下はその時期を「アハブの死後」と曖昧にしておりますが、ヨセフスは「彼の治世の二年目が終わったとき」（九・一九）と具体的です。ここでの「二年目」は、列王記上二二・五一にアハズヤフ王のイスラエルでの統治期間が「二年間」とされていることと無関係ではないと思われます。なお、ここでの記述は、先に挙げた「モアブ碑文」と関係するように見えますが、年代上の整合性が見られないのが難です。碑文が紀元前八五〇年ころにつくられたからです。

列王記下一・二以下によると、アハズヤフ王はあるとき王宮の二階の格子窓から転落し、それが原因で病気になります。王は使者の者たちをエクロンの神バアル・ゼブーブに遣わし、その病が癒されるかどうかを尋ねさせます。バアル・ゼブーブは「蝿のバアル」の意で、ペリシテびとが礼拝していた神ですが（図18）、主の使いはエリヤに王の使者たちに会わせ、なぜアハズヤフ王がエクロンの神に伺いを立てるのかと尋ねさせ、さらに王の病が癒されることはないと告げます。ヨセフスは王の「格子窓からの転落」を不自然だと考えたからでしょう、王宮の「屋上からの転落」に改めます。彼はまたエクロンの神バアル・ゼブーブがギリシア語訳列王記下で「アッカローンびとのミュイア・バアル」と表記されているためでしょう、それを「アッカローンの神ミュイア」とし、これが彼らの「神の名である」告げます。彼はまた、「主のみ使い」を「ヘブルびとの神」に改め、その神が「預言者エーリアス（エリヤフ）」に顕現したとします。これまですでに見てきたように、ヨセフスは神と預言者の間に介在する「主のみ使い」を回避する傾向がありますが、ここもその箇所のひとつです。

図18●Collin de Plancy の『地獄事典』(1863) に描かれた「蠅のバアル」の挿絵

さて、アハズヤフ王は使者たちが早く戻ってきたことを不審に思い、その理由を問いただし、さらにはエリヤフの風体を言わせます。使者たちが男は「毛衣を着て、腰に革帯を締めた人でした」と答えると、王は彼がエリヤフであることを認め、五十人隊の指揮官と配下の者五〇人を遣わします。エリヤフは自分が正真正銘の「神の人」であることを示すために天から火を下らせます。たいしたパフォーマンスですが、そんなことを人間はできるものなのでしょうか？　人間にできるのは、せいぜいガソリンを口に含んで、それを火として吹き出す曲芸ぐらいではないでしょうか？

それはともかく、物語によれば、火は遣わされて来た者たち全員を焼き尽くします。王は新たに五十人隊の隊長とその部下五〇人を遣わしますが、彼らも同じ運命に遭います。王は三人目の隊長とその部下の五〇人を遣わします。隊長はエリヤフに命乞いをし、そのため「主の使い」はエリヤフに隊長と一緒に王のもとへ行き、イスラエルに真の神はいないのかと問わせ、王が必ず死ぬと告げさせます。アハズヤフ王はエリヤフが告げた主の言葉どおりに死にます。

ヨセフスはエリヤフの風体を「革の腰帯を締めた毛むくじゃらの男」とします。この表現はギリシア語訳列王記下からのものです。何となく福音書に見られる洗礼者ヨハネの風体「らくだの毛衣を着、腰に革帯を締め……」（マタイ三・三、マルコ一・六）に似てなくはありません。ヨセフスはエリヤフが天から火を下らせた仰天もののパフォーマンスを、彼が「正真正銘の預言者であることを見せるため」行ったとします。そのさい列王記下に見られる言葉「神の人」を回避します。彼はエリヤフのもとに遣わされて命乞いをした三人目の隊長の性格を先の二人の隊長の性格と対照させます。最初の隊長にはエリヤフに山から降りて来るのだ、この王命にしたがわなければ「不本意だが、無理にも連行する」（九・二三）と言わせ、次の隊長は「すすんで降りてこなければ力ずくで引っ張って行くぞ、と脅しをかけた」（前掲箇所）としますが、三番目の隊長はそれとは対照的に「利口な上に性格もきわめて穏和だったので」、エリヤフに「穏やかに話しかけた」とし、この隊長がエリヤフに語りかけた言葉をつくり直します。ヨセフスがここで目を通したと思われるギリシア語訳列王記下一・一三―一四を最初に紹介します。

「神の人よ、お願いです。わたしの命と、これら五〇人のあなたさまのしもべどもの命を、あなたさまの目に尊いものにしてください。ご覧下さい。火が天から降りて来て、先の二人の五十人隊の隊長と、彼らの配下の五〇人の者を焼き尽くしました。お願いです。あなたさまのしもべたちの命をあなたさまの目に尊いものにしてください。」

ヨセフスはこれを次のように書き改めます。

「（エーリアス＝エリヤフよ、）承知のことと思うが、わたしがあなたのところにやって来たのは、自分の意志からではなく、王に命じられたからです。わたしの前に遣わされた者も同じで、自分からすすんで来たのではなく、（わたしと）同じ理由で来たのだ。そこでお願いする。どうか、わたしや部下を憐れみ、（山を）降りて（一緒に）王のもとに来てほしい。」（九・二五）

見てきたように、エリヤフに下山を勧めたのは「主の使い」でしたが、ヨセフスはここでもその言葉を回避し、「エーリアス（エリヤフ）は、その部隊長の丁重な言葉遣いや穏やかな物腰をよしとし、（山を降りて）彼の後にしたがった」（九・二六）とします。

アハズヤフ王の死とその後継者

ヨセフスは北王国のアハズヤフ王が預言者エリヤフの言葉を聞いてから「間もなくして」（九・二七）死んだとします。ヘブライ語列王記下一・一七によれば、王に子がなかったために、イェホラム（ヨラム）と呼ばれる人物が王になったそうです。紀元前八五一年のころとされます。ヨセフスはこのイェホラムを「王の兄弟」とします。

預言者エリヤフの最期

列王記下二・一以下の長い記述は、エリヤフとエリシャが行動を共にし、ベテルやエリコ、ヨルダン川のほとりなどを経巡っていたことや、エリヤフがエリシャと二人でいるときに、「火の戦車と火の風が現れて、二人の間を分け……エリヤはつむじ風に乗って天に昇って行った」と語ります（口絵4、5、図19、20）。ここでの記述はファンタシーの世界の光景ですが、それは、後の時代の福音書に認められるファンタジー物語のひとつ、あの滑稽なイエスの昇天物語の背景となるものなのでしょうか？　知りたいものです。

ヨセフスは歴代誌下で語られているようなエリヤフの最期についての非合理的な話を好みません。もし彼がそれを再話したとすれば、語った後でことの真偽のほどの判断を読者に委ねますが、彼はここで次のように言います。

「このころ、エーリアス（エリヤフ）は人びとの間から姿を消したが、今日に至るも、彼の最期を知る者はいない。あとに残されたのは、既述した弟子のエリッサイオス（エリシャ）であった。聖なる文書には、エーリアス（エリヤフ）と、洪水前に存在したエノーコス（エノク）は姿を消したが、彼らの死を知る者はいなかった、と記されている。」（九・二八）

図19●エリヤフの昇天（3）
図20●エリヤフの昇天（4）

ここでの「既述した」箇所とは、本書八・三五〇以下を指すものと思われます。そこではエリヤフとエリシャがつねに行動を共にし、エリシャがエリヤフの「弟子であり、従者であった」とされております。二人の間の関係について同じ理解がここでも繰りかえされていることになります。ここでの「聖なる文書」は創世記五・二四を指すもので、ヘブライ語創世記では「エノクは神とともに歩み、神が取られたのでいなくなった」とあり、そのギリシア語訳には「エノクは神を喜ばせた。そして(彼の死んだ場所は)見つからなかった。神が彼を(どこかに)移したのである」とあります。ヨセフスはここに見られる表現「神が取られた」とか「神がどこかに移した」を回避しております。

ヨセフスが「神のもとへ帰った」(本書一・八五)人物の例として創世記のエノクを引くのは適切ですが、彼が本書四・三二五でモーセの最期に触れて、「突然、一団の雲が彼の上に降りて来たかと思うと、そのまま渓谷の中に姿を消した。もっともモーセース(モーセ)自身は、聖なる文書において、自分がそこで死んだと書いている。彼のあまりにも高い徳のために、彼は神のもとへ帰ったなどと人びとが口にするのを危惧したからである」(四・三二六)と言っている以上、ここでモーセの名前を挙げてもよかったかもしれません。

北王国のイェホラム王、モアブびとの王のもとへ遠征

北王国のイェホラム（ヨラム）王は、モアブの王メシャのもとへ遠征します。列王記下三・四以下によると、アハブの生前中、モアブの王はイスラエルに莫大な量の羊と羊毛を貢ぎ物として納めていたそうですが、それをストップしたからです。モアブが北王国の属国であったならば、これは謀反です。イェホラム王は南王国のヨシャファト王のもとへも使者を遣わし、同盟軍としての出陣をもとめます。

列王記下はイェホラム王とヨシャファト王がどこで合流したかを記しておりませんが、モアブの地がエルサレムの南にある以上、イェホラム王がサマリアから南下してエルサレムに到着したと想像するのは自然です。

ヨセフスは、イェホラム王が軍勢を率いてエルサレムに到着すると、「エルサレムびとの王から盛大な歓迎を受けた」（九・三一）とします。エルサレムにはエドムの王もヨシャファト王のために軍勢を率いて到着しております。三人の王とその軍勢は、迂回した道を七日間にわたって進み、モアブびとのもとへ接近しようと試みますが、途中道に迷い——こんなことってあるのでしょうか？——、水不足に苦しめられます。そのため、イェホラム王は主なる神が自分たちをモアブに引き渡そうしているのではないかと疑いはじめとします。

主の預言者エリシャの登場

列王記下三・一〇以下によると、ヨシャファト王はイェホラム王の疑念を払拭するために、主の預言者に伺いを立てようとします。王が「ここには……主の預言者はいないのか？」と尋ねると、イスラエルの王の家来のひとりが「ここには……エリシャがいる」と答えます。

ヨセフスは細部を想像し、ヨシャファト王が人を幕舎にやって神の預言者が同行していないかを確かめさせ、一行にはエリヤフの「弟子」エリシャが同行していて幕舎の外に天幕を張っていたとします（九・三四）。エリシャは、軍勢に同行するが、彼らとは天幕を共有せず一線を画してみせる従軍牧師ならぬ従軍預言者です。

エリシャは自分のもとにやって来た王の中に北王国の王イェホラムを認めますと、彼に向かって父や母の預言者たちのもとへ行ったらいかがなものかと皮肉を飛ばします。ギリシア語訳では「父や母の預言者たち」でなくて「父の預言者たち」です。

ここでのヨセフスはヘブライ語テクストを参照するか、「母の預言者たち」が脱落する前のギリシア語訳テクストを参照しながら、預言者がイェホラム王に向かって「どうか、わたしをわずらわさずに、（直接）あなたの父上や母上の預言者たちのところへ行ってください。彼らは正真正銘（の預言者）なのですから」（九・三四）と答えたとします。

列王記上一八・一九によれば、イェホラム王のお抱えの預言者とはバアルの預言者やアシェラの預言者ですから、ヨセフスがエリシャに彼らが「正真正銘（アレテイス）」の預言者たちであると言わせるとき、それは事実とは正反対のことを言わせているのですから、わたしたちはヨセフス自身が相当な皮肉屋であることを認めねばなりません。彼は他の場所でも相当な皮肉屋です。彼はそれだけ人間観察にたけており、余裕をもって皮肉を飛ばしたりしているわけです。

ヨセフスはここでさらにイェホラム王とヨシャファト王を対比させます。イェホラム王がエリシャに向かって頭を下げ、このさいは預言をして自分たちを危局から救ってくれと言わせると同時に、そのとき「エリッサイオス（エリシャ）は、聖人君子であるヨーサファトス（ヨシャファト）のためでなければ自分は返事をしない、と神の前に誓った」（九・三五）とします。ヨセフスは「神の前に正しい（ディカイオス）」（九・三三）男であったとされるヨシャファト王をここでは「聖人君子」（ホシオン・オンタ・カイ・ディカイオン）に格上げして、イェホラム王との対照を際立たせたばかりか、「神の前に誓った」とすることで、ヨシャファトを「聖人君子」とする言葉を絶対のものとしております。

列王記下によれば、そのとき竪琴の奏者が召し出されます。

奏者が竪琴を奏しはじめると、「主の手」がエリシャに臨んだそうですが、「主の手が臨む」は、たとえメタファーだとしても不自然です。そのためヨセフスは「神の霊が（エリシャに）宿り」（九・三五）といたします。預言者は風も雨もみないのに涸れ谷に水が溢れるばかりか、モアブびとに勝利すると告げます。

モアブびとの敗北

列王記下三・二〇以下によると、翌朝、水がエドムの方から流れ込んできて、モアブの地を水で溢れさせます。ヨセフスは神がその日イドゥーマイア（エドム）地方に豪雨を降らせたからであると説明し、「軍隊と駄獣は大量の水に恵まれた」とします。彼らは生き返ったのです。列王記下によると、モアブの者たちには流れ込んだ水が太陽に照らされて赤い水に見え、そのため彼らは「これは血だ」と勘違いし、それを侵入者たちの間で流血の争いがあったと想像し、勇躍決起しイスラエルの王の軍勢に立ち向かいますが、結局は、彼らの前から逃げ出します。しかし、太陽の照り返しで、水が血のように赤く見えることなど起こり得ることなのでしょうか？

イスラエルの軍勢はモアブの町に入り込むと、そこを破壊し、肥沃な耕地を石で満たし、すべての水源を塞ぎ、木を切り倒し、「土器の町」と呼ばれるキル・ハレセトを、投石機で攻撃を加えます。モアブの軍勢はイスラエルの軍勢の前になす術《すべ》もありません。そこで彼らは次にエドムの王に立ち向かいますが勝利を得られず、最後にモアブの王は自分の息子を城壁の上で生け贄として献げたというのです。ここで読者が分からなくなる記述が入ります。物語の展開としては当然三人の王、すなわち北王国の王、南王国の王、それにエドムの王とその軍勢が大勝利を得てモアブの町を手にしたと想像したくなるのですが、モアブの王が長男を生け贄に捧げたために、主の怒りがイスラエルの上に臨み、そのため彼らイスラエルの軍勢はモアブの土地から離れざるを得なくなり、それぞれ自分の土地に戻って行ったというのです。

なんだかおかしくありませんか？

神の怒りが生け贄を捧げたモアブの王に臨むのであれば分かるのですが、それがイスラエルの王に臨んだとされているのです。イスラエルでの風習こそが生け贄の遠因だとされて、神が怒りを爆発させたのでしょうか？

さてヨセフスです。

彼は列王記下三・二二の記述にもとづいて、「太陽が昇りはじめたとき、モアブの領地からそれほど離れていない川の水が血のような色に変わった」としますが、奇跡物語を回避するか、それができなければ合理的に説明しようとして、「この時刻の川の水は太陽に照らされると、とくに赤色になる」とつづけます。列王記下はモアブびとが、敵が同士討ちしてそのためその血が水に流れ込んだとしましたが、ヨセフスは同士討ちした理由にまで立ち入り「敵が喉の渇きに耐えかねて殺し合い……」とし、さらにその先を想像し、列王記下三・二四に「彼らがイスラエルの陣営にやって来ると、イスラエルは立ち上がってモアブを撃ち、モアブは彼らの前から逃げた」としか書かれていない一文を次のように改めます。

「早合点した彼らは、敵の身ぐるみをはぐために自分たちを送り出してくれ、と王に要求した。そして、全員が、目の前に置かれた略奪物に向かうように（勢いよく）飛び出し、敵が斃《たお》れたとばかり思い込んで幕舎に入って行った。しかし、敵兵に包囲され、彼らの期待はもろくも崩れてしまった。切り倒される者（が続出し、そうでない）者は、雲を霞と消え去り、自分の国へ逃げ帰った。」（九・四〇）

ヨセフスも、列王記下にしたがって、モアブの町への攻撃を記します。彼はそのさい、肥沃な畑を耕作できないようにした石を川から集めてきた石として、大量の石を集めた印象を読者に与えるために、川を複数形にします。彼は列王記下三・二五に「残ったのはキル・ハレセトの石だけであった」とあるのを――ギリシア語訳では「残されたのは崩れ落ちた城壁の石だけだった」です――「町の城壁の基礎まで引き抜いた」（九・四一）とします。

ヨセフスは、多分ここで、エルサレムのローマ軍の手によって都が破壊されていく光景を思い起こしているようです。彼はモアブの王が息子を城壁上で生け贄として献げた理由を「それは敵のすべてに見えるようにするためであった」とし、三人の王が包囲を解いた理由を「窮地に置かれた（モアブの）王を憐れみ、慈悲と惻隠の情から」（九・四三）だったとします。

さてここまででモアブ（とアンモン）についての記述を見てきたので、ここで脱線して、一八六三年にヨルダンのディパンと呼ばれる土地でエルサレム在住のドイツ人宣教師によって発見された「メシャ碑文」とか「モアブ碑文」と呼ばれる碑文に触れておきます（図21）。これは紀元前八五〇年ころ——この時代こそはわたしたちがここで扱っている時代です——、メシャと呼ばれたモアブの王によって、イスラエルにたいする反乱の勝利と独立を記念してつくられたものです。その碑文の一部は「神ケモシュの怒りのため、いかにしてモアブがイスラエルの王オムリに征服されたか。メシャの勝利はオムリの子（欠落）に臨み、ガドのアタロト、ネボ、ヤハスの住民に臨む。……」と読んでおります。列王記下三・四―二七にメシャ王についての記述が見られるだけに、この黒色玄武岩に刻まれた碑文は非常に重要なものとされます。これは現在ルーブルで保管されております。

この碑文の内容を背景に歴代誌下の記述を読むとき、それがどの程度碑文の内容と整合性をもつのかが問題にされます。もしかして列王記下の記述の大半部分はがたがたと崩れ落ちたりして……。しかし、それ以上に興味深いのは、モアブはモアブで彼らの信じる主神ケモシュを持ち出していることです。ケモシュがモアブに勝利をもたらしたとすれば、ケモシュはイスラエルの「主なる神」に勝利したことになります。これはこれで面白いではありませんか。人間の歴史解釈などは、古代も現代も、その者がたまたま生まれた土地や国の神や神々が引き合いにだされて都合よくなされるのです。

図21●メシャ碑文

南王国のヨシャファト王の死とその後継者

歴代誌下二一・一は、南王国の王ヨシャファト（＝ヨラム、北王国のヨラムと同名）の死と埋葬に触れ、同書二〇・三一は、彼が「三五歳で」ユダの王となり、エルサレムで「二五年間王位にあった」とします。

ヨセフスはここで、歴代誌下二一・一と同書二〇・三一にもとづいて、ヨシャファト物語を締めくくり、王は「エルサレムに帰って平穏に暮らしたが、この遠征後しばらくして死んだ。享年六〇、在位はそのうちの二五年であった」とし、そればかりか「エルサレムでの彼の埋葬は盛大であった」とし、その理由として、「彼がダウィデース（ダビデ）の徳行をよく見ならったからである」（九・四四）を書き加えます。

ヨシャファトの後継者になったのは彼の子イェホラムです。

ヨセフスはすでに本書の先行箇所で「ヨーサファトス（ヨシャファト）は息子のヨーラモス（イェホラム）を十部族の王アカボス（アハブ）の娘オトリア（アタリア）と結婚させた」（八・三九八）と述べておりますが、彼はここで「ヨーサファトス（ヨシャファト）の遺児は大ぜいいたが……」とか、イェホラムが「アカボス（アハブ）の子でイスラエルびとの王である妻の兄弟と同名であった」（九・四五）と述べて、細部へのこだわりを見せます。

歴代誌下二一・四―七は、イェホラムが王国の支配を強めていく過程で自分の兄弟たち全員と北王国イスラエルの指導者たちの一部を殺害した話や、彼の妻がアハブの娘であったためにアハブの家が行ったようにイスラエルの王たちの道を歩み、主の目に悪いことを行ったが、主はダビデと結んだ契約のゆえにダビデの家（ダビデ王朝↓ユダ王国）を滅ぼすことをしなかったことなどを述べます。神はどうもダビデと結んだ契約を優先するようで、必ずしも正義を優先するようではないようです。

列王記下八・一七―一九は、王による兄弟たちとイスラエルの指導者たちの殺害には触れておりませんが、それを別にすれば、歴代誌下と同じ趣旨のことを言っております。

ヨセフスはそこでの記述を意識的に避けるか無視します。彼は「イスラエルびとの王は、モアブの土地からサマリアへ帰るとき、預言者エリッサイオス（エリシャ）を伴った。わたしはここで、聖なる文書に書かれているとおりに、この預言者の事績を語りたいと思う。それはこの物語にふさわしい、素晴らしいものだからである」（九・四六）と述べて、列王記下四・一―七で語られているエリシャが預言者の妻を救った話に移ります。

エリシャの奇跡

列王記下によれば、あるとき「預言者の仲間たちの妻のひとり」がエリシャのもとへやって来ると、彼女の夫が死んだことや、債権者が押しかけて来て彼女の二人の子を奴隷にしようとしていると訴えます。エリシャが彼女のために何をしてやれるかと問うと、彼女は自分には油の小瓶ひとつしか残されていないと訴えます。それを聞いたエリシャは彼女に近所の者から空の器を借りてくるよう、そして家の戸を閉めたら空の容器に（自分の小瓶に残された？）油を注ぐのだと指示します。小瓶から器にいくら注いでも油は減ることはなく――これはわたしの言う「あーら不思議」現象のひとつです――、彼女がそのことをエリシャに報告すると、彼は器にたまった油を売って負債を払い、残りで息子たちと生活するようにと指示します。「めでたし、めでたし」で終る物語です（図22）。

ヨセフスはここで「（聖なる文書で）伝えられている話は次のようなものである」と切り出します。彼は「預言者の仲間たちの妻のひとり」を「アカボス（アハブ）の酒人オーベディアス（オバデヤ）の妻」（九・四七）と特定します。ラビ伝承でも、ヨセフス同様、エリシャのもとへやって来た女をオバデヤの妻としますが（アッガダー『ヤルクート』二・二二八参照）、その同定の根拠は、「あなたのしもべは主を恐れ敬う人でした」（列王記下四・一）が、エリヤフに向かって「……しかしあなたのしもべは幼いころから主を恐れている者です……」と告白したオバデヤの言葉（列王記上一八・一二）と類似するところに求められます。ヨセフスや後の時代のラビたちの読み込みが正しいかどうかはともかく、彼はエリシャへの女の訴えの言葉の冒頭部分を次のようにヴィヴィッドなものに書き改めます。

図22●エリシャ、寡婦の油壷を満たす

「あなたは、アカボス（アハブ）の妻のイェザベラ（イゼベル）が預言者たちを殺そうとしたとき、わたしの夫がどのようにして彼らを救ったか、ご承知のことと思います。夫は借りた金で一〇〇人の預言者を養い、匿《かくま》ってやりました。ところが、夫が死んだ今、その金を貸した者が（押しかけ）わたしや子供たちを引っぱって行って奴隷にしようとしているのです。どうか夫のこの善行を忘れず、憐れみをかけ、何ほどかの力になってください。」（九・四七）

この一文の「ところが、夫が死んだ今、……奴隷にしようとしているのです」は、列王記下に見られる記述に対応しますが、それでも押しかけてきた債権者が奴隷にしようとして引っぱって行こうとしている者を、ヨセフスは、「わたしの二人の子」から「わたしや子供たち」へと拡大させ、そうすることで、彼女の訴えの緊迫度を高めております。彼女が奴隷にされるということは彼女が娼婦として売られることを意味するからです。ここから先では、ヨセフスは、列王記下にしたがい、困窮している女が所持する容器に油が次ぎ次ぎに注がれた話をします。

わたしたちはここまで何度もヨセフスには奇跡物語を回避する傾向があることを見てきましたが、そして、事実、ここでも彼は列王記下四・八―六・七で語られているシュネムの女の歓待と彼女の亡くなった子を生き返らせたエリシャの奇跡（四・八―三七）、ギルガルの地の飢饉とエリシャによる大釜の中の毒物の除去（四・三八―四一）、二〇個のパンを一〇〇人の者に分け与え、なお余りを出させたエリシャの奇跡（四・四二―四四）、アラムの王の軍勢の指揮官ナアマンが患っていたレプラとエリシャによる治癒（五・一―二六）、ヨルダン川へ落ちた斧の鉄頭を浮かび上がらせたエリシャの奇跡（六・一―七）などの奇跡譚には目もくれないだけに、なぜヨセフスがここでこの最初の奇跡物語にだけ飛びついたのかが説明されねばなりません。

ヨセフスは彼の時代のパレスチナ（もっと狭めて言えば、ガリラヤ）では、四アンフォラ（一アンフォラは取手付きの壺に入る量）の油を四アッティカ・ドラクメー相当のツロの貨幣で業者に売られその八倍の値段で独占的に転売されていたことを、彼の敵対者で油を売っていたギスカラのヨハネのあこぎな商売から知っており（『戦記』二・五九一以下参照）、油が高値で売れる以上、壺にいくら注いでも尽きない油の話はあり得ないことだとしても、油を売って借金を返済する話はあり得る話だと判断し、そのためヨセフスはこの奇跡譚を取り上げたのではないでしょうか？

エリシャ、アラムの王の陰謀をヨラムに警告する

ここでエリシャの奇跡からアラムの王の来襲へと、唐突な仕方での場面転換が起こります。

列王記下六・八以下によると、アラムの王はイスラエルの王ヨラムに襲撃をかけようとしますが、事前にそれを察知したエリシャは人を遣わして王にどこそこの場所には行かないようにと警告します。

ヨラムはその警告にしたがい、警戒いたします。

ヨセフスはヨラムが「預言者の言葉を守り、二度と狩に出かけなかった」(九・五一)とします。ヨラムの趣味を王族に相応しい狩猟にしております。好きなことを日常的に控える事態は、警戒心の高まりを意味します。

アラムの王は自分の家僕たちがヨラムと通じているのではないかと疑い、彼らを呼び寄せて問い詰めると、彼らのひとりがイスラエルの預言者エリシャが「王の寝室で話す言葉をイスラエルの王に知らせている」と告げるのです。ヘブライ語列王記下の「王の寝室」であれ、ギリシア語訳の「寝室の奥まった部屋」であれ、エリシャがアラムの王の寝室の近くにいて王の(王妃との?)会話の一部を立ち聞きしたとするのはそもそも不自然な場面設定ですが、アラムの王は家臣にエリシャの所在を問いただすと、彼がドタンの町にいると告げられます。王は軍馬と戦車と大軍をそこへ差し向けます。彼らの到来を聞いたエリシャが神に祈ると、エリシャの召使いは彼を囲んで「火の馬と戦車」が山に満ちているのを目にしたと告げるのです。

ヨセフスです。

彼は機密の漏洩《ろうえい》を疑ったアラムの王の感情の動きをヘブライ語列王記下の「ひどく荒れ」や、ギリシア語訳の「動揺し」から一歩立ち入って「激怒した」とし、さらに王は、召使いたちを呼び寄せると彼らに向かって、「わしの機密を売り渡したな!」と罵り、機密を漏らしたかどで、彼らを「処刑すると恫喝した」（九・五二）とします。王が怒りのあまり荒れ狂っている様子が目に見えてきます。そしてヨセフスはここで王の家臣の言葉に入っていくわけですが、そのさい彼はエリシャが王の寝室――「寝室」ではなくて「天幕」とした方がベターであるのですが――の前で立ち聞きしていたとする列王記下の記述上の不自然さには触れず、またエリシャがいつ、どこで、どういう仕方で機密を入手したかには触れずに、王の家臣に次のように言わせます。

「（王よ、）あなたは見当違いのことを口にされておられる。暗殺者たちを送り込む秘密を敵に漏らしたなどと、わたしたちを疑ってはいけません。敵に通じ、何もかももらしたのは、ほかならぬエリッサイオス（エリシャ）だからです。奴があなたの仕組んだ計画を明らかにしてしまったのです。」（九・五三）

アラムの王の軍勢の到着

すでに見てきたように、列王記下六・一六によれば、アラムの王の軍隊の到着を知ったエリシャは、自分の召使いに向かって「恐れてはならない」と励ました後、神に祈ったそうですが、ヨセフスもそれに触れて、「彼には（神という）同盟者がいるので、（目睫《もくしょう》の危険を）蔑視し、泰然と構えていられたのです。そして彼は、神がその力と臨在（の証し）を十分に示し、召使いが挫けずによき希望をもつことができるようにと嘆願した」（九・五五）とします。そしてエリシャの召使いが主により目を開かれて見ることを許された「火の馬と戦車」ですが、ヨセフスはそれを「戦車と馬の大群」に改め、わけの分からぬ形容語句の「火の」を取り除きます。「火の馬と火の戦車」という表現は列王記下二・一一で、エリヤが天に上げられた光景の中で見られたものですが、すでに見てきたように、ヨセフスはそこでのエリヤフが「つむじ風」に乗って昇天したとする非合理的な説明の中に登場する「火の戦車と火の馬」にはまったく触れておりません。列王記下は神からの援軍を目にしたエリシャの召使いの反応を何も記しておりませんが、ヨセフスは「すると、しもべの恐怖心はとれ、同盟者と思われる大軍の登場に、彼の勇気は百倍になった」（九・五五）とします。

主なる神、目くらましでアラムの軍勢を撃つ

列王記下六・一八によると、エリシャはアラムの軍勢が接近して来ると、主に向かってさらに祈り、彼らを「目くらまし」で撃ってくれるよう嘆願いたします。ここでの「目くらまし」のヘブライ語はサンヴェリームであり、岩波版の訳者が指摘するように、それは創世記一九・一一でしか認められない稀語（レア・ワード）ですが、ギリシア語訳では本箇所においてもまた創世記においても、「目に見

えないもので」を意味するギリシア語アオラシアイが使用されております。「目くらましで撃つ」とか「目に見えないもので撃つ」はよく分からない表現ですが、主なる神はそれでもってアラムの軍勢を撃ったそうです。

アラムの軍勢、サマリアに連れて行かれる

エリシャは目くらましにあったアラムの兵士たちに向かって、彼らが探している人物はサマリアにいると告げて、彼らをそこへ連れて行き、イスラエルの王の見ている前で彼らの目を開かせます。エリシャはイスラエルの王に命じて彼らを飲み食いさせ、その上でアラムの王のもとへ返します。アラムの王の略奪隊は二度とイスラエルの地には来なかったというのです。

ヨセフスはアラムの軍勢を「目くらましで撃った」神の手段を合理的に説明しようとします。彼はエリシャが、「敵の目をくらませ、自分が識別されないように、霞をかけて下さいと神に嘆願した」(九・五六)とし、そのとおりになると、彼らをサマリアに連れて行ったとします。彼はさらに、「神によって目と判断力をくもらされていた彼らは、喜々として預言者の案内にしたがった」(九・五七)とし、エリシャはサマリアの町に彼らを導き入れると、王に指示して「町の城門を閉めて軍隊をスュロイ(=スリアびと↓アラムびと)の周囲に配置」させたとします。城門を閉められれば逃げ場がなく

なります。

旧約聖書の偽典文書のひとつである第三マカベア書三・一一によれば、アレクサンドリアのユダヤ人を憎んだプトレマイオス王朝のプトレマイオス四世フィロパトール（？―前二〇五）はスケディアと呼ばれる町の近郷の競馬場にユダヤ人を閉じ込めると、大量の象を動員して彼らを踏み殺させようとしたそうです。『戦記』一・六六六によれば、自分の死期が近づいたヘロデ王はユダヤ人たちをカイサリアの競馬場に閉じ込め、実行されなかったものの、逃げ場を失った彼らを殺すよう命じたそうです。はるか後のことですが、一九四二年の七月、ヴィシー政権下のフランスで大量のユダヤ人が競輪場に閉じ込められ、そこから強制収容所にまで送り込まれたことがあります。

そしてこの措置を取った後、エリシャはアラムの軍勢の前から霞を取り去るようにと神に祈ります。そしてヨセフスは、「彼らは（再び）目が開かれると、自分たちが敵のただ中にいるのを知った。当然のことであったが、スリアびと（＝アラムびと）は、神の手によるこの意想外の出来事になす術も知らず、茫然自失した」（九・五八）とします。列王記下よりもはるかに生き生きとした場面描写です。

ヨセフスはアラムの軍勢の処遇について記述します。彼は、王ヨラムがエリシャに向かって、なぜアラムの軍勢を撃ち殺すように自分に命じないのかと尋ねると、まず「戦争の掟」の概念を持ち出させて次のように応答させます。「なるほど、戦争の掟では捕らえた者を殺しても（いっこうに）差し支えない。しかし、この連中はあなたの土地に何の禍ももたらしてはいない。彼らは神の力に導かれて、知らずにあなたがたの所へやって来ただけです」（前掲箇所）と。

ヨセフスは、『戦記』においても『古代誌』においても、「戦争の掟」とか「戦争の法」の訳語を与えることができるギリシア語ホ・ノモス・トゥー・ポレムーを多用しておりますが（『戦記』三・三六三、四・二六〇、三八八ほか、『古代誌』一・一三五、六・七七ほか）――この掟ないしは法は絶対的なものであるかのように、つねに単数扱いで定冠詞がついております――、これは戦争での勝者は降伏した敵をどんなに残虐な仕方で扱っても構わない、敵の女たちをレイプしても構わない、何を略奪しても構わない、それは当然のことであるとする理解ですが、ヨセフスはその理解をここで持ち出すと同時に、それを越えるのは「神の力」であるとしているようです。神の力に導かれて彼らがやって来た以上、彼らを無罪放免してもおかしくないとする論理です。彼は列王記下六・二三の「彼らは食べて飲んだ後」を、ヨラムが「彼らに豪華な食事を振る舞い」に改め、エリシャの勧告の適正さとヨラムの寛大さを強調します。

列王記下は、歓待を受けた後に送り返された兵士たちを目にしたアラムびとの王の反応を記しておりませんが、ヨセフスはそれを記します。ここで注意してほしいのは、列王記下六・二三―二四が「アラムの略奪隊は二度とイスラエルの地に来なかった」としながら、「その後、アラムの王ベン・ハダドは全軍を率いてサマリアに攻め上った」としていることです。ヨセフスがそこをどう説明するかです。

彼は次のように言います。

「スリアびと（＝アラムびと）は（王のもとへ）帰ると、アダドス（ベン・ハダド）は意想外の出来事や、イスラエルびとの神の顕現とその力、さらに預言者（の働き）――神は明らかに預言者とともにおられた――などに驚嘆した。彼はエリッサイオス（エリシャ）を恐れ、イスラエルびとの王には二度と陰謀を働くまいと決意し、堂々と一戦を交えることにした。軍隊の数と力が敵に優ると信じたからである。」（九・六〇）

ヨセフスは列王記下に認められる二つの矛盾する記事を見事に調和させております。

サマリアの包囲と飢饉

さて、北王国に攻め上ってきたアラムの王ベン・ハダドはサマリアを包囲すると、そこを兵糧攻《ひょうろうぜ》めにします。パレスチナでポリス（都市）をつくるときの基本は、兵糧攻めの事態を想定し、城内に貯水槽をいくつかつくり、城外への脱出ができるよう地下道を何本か掘っておくことです。貯水槽と地下道がなければ、町を包囲されれば、たちまちにして深刻な事態に陥ります。わたしはサマリア地方の考古学的発掘調査の結果に精通しておりませんが、はたしてサマリアには包囲にたいする十分な備えがあったのでしょうか？

列王記下六・二四以下によれば、この包囲中にサマリアは「大飢饉」に見舞われます。ヘブライ語列王記下六・二五によれば、このとき、「驢馬の頭ひとつ」の値段が銀八〇シェケルに高騰します。ギリシア語訳では五〇シクロス（＝シェケル）です。「鳩の糞」も高騰します。ここでの「鳩の糞」の意味が判然としませんが、岩波版はそれを「いなご豆のさや」ではなかろうかと説明してくれます。ヨセフスは高騰した驢馬の頭ひとつの値段を銀八〇シクロスとします。彼はここで「鳩の糞」を「いなご豆のさや」とするのではなくて「塩の代用品」としております。

鳩の糞はしょっぱいものなのでしょうか？

なお余計なことを付け加えますが、ヨセフスは『古代誌』三・三二〇以下で、対ローマのユダヤ戦争中城内の物資がいかに高騰したかに触れ、一アッサローンの小麦粉が四ドラクメーで売られたと言っております。

ヨセフスはここで対ローマのユダヤ戦争中のエルサレム籠城を脳裏に描きながら物語を再話します。彼の時代のエルサレムにはいくつかの貯水槽があり、城外に脱出できる地下道もいくつか掘られておりましたが、ローマ軍によって完全に包囲されたその状態が七〇年の初夏から秋口までつづくと、さすがに食糧は底をつき、城内は悲惨を通り越した状態になります。ここでのサマリアの記述では、ヨセフスはそのときの悲惨な光景を悪夢のように思い起こしているはずです。

わが子を食べた女は

列王記下六・二六以下によると、北王国の王ヨラムが城壁の上を歩いていると、一人の女が現れてもうひとりの女を指しながら、女がわたしの息子を煮て食べ、次の日に自分が残った息子の肉を食べようとするとそれを隠してしまったと訴え出たのです。

ヨセフスは、最初に王の巡回について次のように述べます。

「そこでヨーラモス（ヨラム）は、この飢饉のために町を敵に売り渡す者が出るのを恐れ、連日、歩哨たちと城壁を巡回し、市中に敵が潜伏していないかどうかを探った。こうして彼が姿を見せて警戒を怠らなかったために、そのような企てはだれも考えなかったし、また考えてもそれを実行することは不可能であった。」（九・六二）

次に女の訴えです。

ヨセフスは訴えのなされたときを特定せず、「あるときのこと」とします。彼は申命記二八・五三―五七やエゼキエル書五・一〇が語る光景、すなわちあまりの飢餓の苦しさに耐えかねた親が息子や娘の人肉を口にする光景を知っていたはずです。彼はまたユダヤ戦争で都の中の飢餓が極限に達したとき、城内に住むマリアと呼ばれる女がわが子をローストにして貪り食った出来事（『戦記』六・一九九以下）を承知しております（図23）。

ヨセフスは王に訴え出た女に、自分が求めているものは食べ物ではなくて、もうひとりの女――彼は彼女を「近所の女友だち」とします――との間を裁いてほしいと訴えさせます。列王記下によれば、女の訴えを聞いた王は「自分の衣を裂き、そのまま城壁の上を歩いた」そうですが、ヨセフスはもう少し描写的で、そのときの王は「ひどく苦しみ、着衣を裂くと、恐怖の声を上げた」（九・六七）とします。彼は多分ここで王を、わが子をローストにした女についての報告を受けたとき苦渋の声を発したローマ軍の指揮官ティトス（『戦記』六・二一四以下参照）と重ねているはずです。

さて、王はこのような状況に立ち至ったのは、預言者エリシャが本来の務めをはたさないからだと、怒りを彼にぶつけます。八つ当たりです。ヘブライ語列王記下六・三一以下によれば、王はエリシャの首を取るために人を遣わします。王自身もエリシャのもとへやって来ます。ギリシア語訳ではやって来たのは、使いの者です。

ヨセフスも最初にエリシャを殺害するために王が「手下の者」を遣わしたとし、次に王自身もエリシャのもとへやって来たとしますが、その動機を説明して、「いっぽうヨーラモス（ヨラム）は、預言者に怒りを爆発させたことを後悔し、（預言者を）殺せと命じた男がすでにことを実行しているの

図23●わが子を食べるマリア

ではないかと恐れ、その殺人をやめさせて預言者を救おうと（彼のところに）急いだ」（九・七〇）とします。ヘブライ語のテクストが預言者のもとへやって来た人物を王とし、そのギリシア語訳が使いの者としている以上、ヨセフスはここでヘブライ語列王記下を使用しているか、後の時代の転写の過程で「王」から「使いの者」へ代えられてしまったギリシア語訳を使用しているとしなければなりません。列王記下六・三三によれば、王（使いの者）が開口一番エリシャに言った言葉は、「見よ、これは主からの災禍である。これ以上主に何を期待できるのか」ですが、ヨセフスはそのとき王が預言者を「現下の災禍からの救いを祈願せず、災禍に滅ぼされていく人びとを見過ごしにしているとなじった」（九・七〇）とします。そのときのヨセフスの場面描写は具体的です。

明日になれば

ヘブライ語列王記下七・一によれば、エリシャはそのとき王に向かって、主の言葉として「明日の今ごろ、サマリアの城門で上質の小麦粉一セアが一シェケルで、大麦二セアが一シェケルで売られている」と告げます。ギリシア語訳はヘブライ語テクストに見られる「城門」の単数形を複数形に改め、主なる神の心遣いがすべての民に行き渡るような印象を読む者に与えます。なおそこでは、乾量単位と思われる「セア」は「メトロン」で、「シェケル」は「シクロス」です。岩波版によれば、一セアは約七・七リットルだそうです。

ヨセフスは「明日の今ごろ」という曖昧な表現を避け、「明日になれば、王が彼（預言者）のもとへやって来た同時刻に、食べ物が潤沢に与えられ、市場では二サトンの大麦が一シクロスで売られ、一サトンの上質の小麦が一シクロスで買うことができる」（九・七二）とします。奇跡が奇跡となるのはそれが予期しないある日の出来事と「同時刻」に起こることですから、「今ごろ」に認められる曖昧さがあってはなりません。ヨセフスは、「同時刻に」に改めることにより、この出来事を文学的パターンにのっとって奇跡物語として語ろうとしていることが明らかになります。なおここで、横道にそれますが、ヨセフスの理解する奇跡発生の「同時刻性」へのこだわりが明確に見て取れるのは、彼がソロモン王に訴え出た二人の遊女の訴えについて語る場面です。列王記上三・一六以下によると、二人の遊女は「三日」の差でわが子を産み落としますが、ヨセフスは二人が、同じ年の、同じ月の、同じ日の、同じ時刻にわが子を産み落としたとしているのです（詳細は『神の支配から王の支配へ』三六四頁以下参照）。

ヨセフスが「城門」での売買を「市場」での売買に改めたのは理解できますが、乾量単位をサトンに改める必然がどこにあったのでしょうか？　彼は先に進んで「一サトンは、一・五イタリア・モディオス（の乾量）に相当する」（九・八五）と述べておりますが、ここからヨセフがローマの読者の存在を意識していたことが分かります。

ヨセフスはさらに「預言者の約束は、ヨーラモス（ヨラム）やそこにいた人びと（の滅入った気分）を一新させ、欣喜雀躍させた。彼らはそれまでの体験から、預言者（の言葉）が真実であると固く信じたからであり、また、明日になればという思いがその日の困苦の思いを軽くしたからである」（九・七二）とします。

ヘブライ語列王記下七・二によれば、預言者の約束を聞いた王のお付きの者のひとりは「見よ、主が天に窓をつくられたとしても、そんなことは起こらないであろう」と口にしたそうですが、これは意味の取りにくい言葉です。ギリシア語訳では「見よ、たとえ主が天に水門をおつくりになったとしても、こんなことが起こるはずがないではないか」です。ここでの「水門」を意味するギリシア語はカタラクテースで、この言葉の複数形は、ノアの箱船物語を語るギリシア語訳創世記七・一一の一文「神が天の水門を開け放ったために、地の上に大雨が四〇日四〇夜降り続いた……」や、同書八・二の一文「（神は）……天の水門を閉ざされて、天からの雨はせき止められた」に見出されるものです。ここでのギリシア語訳列王記下の「天の水門」の背後にあるのは、大麦や小麦が、突如、天から大雨のように降ってくるというメタファーかと思われますが、岩波版はここでの水門の背後にあるメタファーを読み込むことはせずに、「荒野彷徨時代のイスラエルの民が体験したように、神が天からパンを降らせる（出エジプト記一六・四）ことをいうのであろう」としております。これもひとつの解釈でしょう。

ヨセフスはギリシア語訳列王記下から想像したのでしょう、王の近くにいた男――彼はこの男を「第三分団の指揮官」とします――に次のように言わせます。

「預言者よ。おまえのほざいていることはとても信じられない。神には天から大麦や上等の小麦の雨を降らすことなどできぬ。同様に、おまえが今言ったことなぞ起こるはずがない。」（九・七三）

列王記下七・一九によれば、エリシャは王のお付きの者に、「見よ、おまえは自分の目でそれを見るが、それを食べることはない」と応酬します。ヨセフスは「おまえはわしの預言が実現されるのを見るが、それにあずかることはできぬ」（九・七三）とします。

サマリアの四人のレプラ患者の行動

列王記下七・三以下は、どのようにしてエリシャの預言の実現が確認されたかを語ります。物語に登場するのはレプラを患う四人の男です。

男たちはレプラを患っておりますから、都に入ることができません。入ったところで、都は飢饉に見舞われているだけですから、だれも食べ物を恵んではくれません。そこで彼らは、殺されてもともとと腹をくくり、アラムの陣営に投降することにしますが、その陣営には人っ子ひとりいないのです。

ヨセフスは「エリッサイオス（エリシャ）の預言は、次のようにして実現した」（九・七四）と切り出して、物語の再話をいたします。レビ記第一三章と第一四章はレプラとその清めについて語っております。そこにはレプラ患者は「宿営」から隔離されると定められておりますが、都の中に入れないとは書かれておりません。法の解釈は時代が進むにつれて拡大され細部がより詰められていくのが普通ですから、ヨセフスの時代、レプラ患者は都の外に追放されていたのかもしれません。

エルサレムの都の外は荒野です。

都の外への追放は死を意味しますから、むごいものです。ヨセフスは彼の時代の規定があたかもサマリアの法律であったかのように、「サマリアの法律によれば、レプラを患っているために身体が清浄でない者は町の外にとどまらねばならないが、……」（九・七四）とか、「彼らは法律の定めるところにより、城内に入ることもできなかった」（九・七五）と書き記します。

先に進んでから見るように、サマリアびと嫌いのヨセフスがサマリアの法律に精通していたとは思われません。彼は多分彼の時代のユダヤの規定をサマリアびとの法律としているのです。

ヨセフスは、四人のサマリアびとが「城内に入ることができなかった」とし、彼らに「食べ物を（城内から）運んでやる者はいなかった」とします。ここに彼の時代の規定が反映されていると想像すれば、「レプラを患っていると判明した（あるいは「判定された」）者は都の外に追放される」が主文となり、「ただし彼らには食物が城内から運ばれる」が副文であったのかもしれません列王記下七・五によると、四人のレプラ患者がアラムの陣営のひとつに忍び込みますが、そこには人影が見えません。彼らは町に戻ると、門衛にかくかくしかじかと説明いたします。門衛の報告を聞いた王はアラムの陣営で略奪を働きます。おかげでエリシャの言葉どおり、上質の小麦粉一セアが一シェケルで、大麦二セアが一シェケルで売られることになったというのです。

なぜアラムの王は逃走したのでしょうか？

列王記下七・五以下によると、「主が戦車の音や軍馬の音や大軍の音をアラム（ギリシア語訳ではスリア）の陣営に響かせた」ために、彼らはイスラエルが大軍で押しかけて来るものと錯覚して、逃げ出したというのです。これではアラムの陣営の至る所に高性能のスピーカが仕かけられ、そのためハリウッド的な音響効果があったのかと想像してみたくなりますが、こんなばかばかしい話にヨセフスが乗ることはあるまいと思って読み進めると、さにあらず、彼はここでの話に乗ってしまうのです。彼は「神は……スリアびと（＝アラムびと）を恐怖と混乱の中に落とし入れていた。彼らに軍隊が進軍して来るかのように、戦車（の轟音）や馬（蹄）の音を聞かせ、まるですぐ近くまで接近しているかのように思わせたのである。彼らはついに、（神の仕かけた）この罠にはまり、……」（九・七六－七七）と書くのです。

エリシャの預言の成就

列王記下七・六によると、逃走中のアラムの兵士たちは「見よ、イスラエルの王がわれわれを攻めるために、ヘト人の王たちとエジプトの王たちを雇ったに違いない」と、とんちんかんな当て推量をします。

ヨセフスはここでの兵士たちの遣り取りをアダドス（＝ベン・ハダド）王のもとへ駆け込んで事態の急変を告げる兵士の言葉に改め、「（大変です。）イスラエルびとの王ヨーラモス（ヨラム）がエジプトの王や島々の（王）を同盟者に雇い、われわれに立ち向かって来ます。彼らの接近して来る物音が（確かに）聞こえました」とします。彼はここで少しばかり混乱しているようです。ギリシア語訳列王記下七・六はヘブライ語テクストの「ヘトびとの王たち」を「ケッタイオイの王たち」と表記します。ここには何の問題もありませんが、ヨセフスはここでギリシア語訳のケッタイオイを、キプロス島またはギリシアの島々を指して使われるギリシア語ケッティイムと混同してしまうのです。もっとも彼が使用したギリシア語訳にすでにして混同があり、彼がその混同に気づかなかっただけの話かもしれませんが。

ここから先のヨセフスは、列王記下の物語をほぼ忠実になぞり、その略奪ではイスラエルの人びとが王の許しを得て略奪を開始したが、彼らは、そこにあるとは「夢にも考えなかった大量の小麦と量りしれないほどの大麦を手にしたので、かつての災禍から解放された」（九・八五）とし、そこにエリシャの預言が成就したとします。

列王記下八・一―六は、先行する四・三四―三七で語られたエリシャがその息子を生き返らせたことのあるシュネムの女の「その後の話」を語りますが、ヨセフスはその話をカットいたします。

アラムの王ベン・ハダド、自分の病状を尋ねさせる

列王記下八・一七以下は、ダマスコに戻ったアラムの王アダドス（＝ベン・ハダド）のその後を語りますが、物語は唐突な仕方で展開します。「エリシャがダマスコへやって来たとき、アラムの王ベン・ハダドは病気であったが、……」で始まるからです。列王記下はなぜベン・ハダドが病気になったのかを説明せずに、いきなり「病気であったが、……」です。

ヨセフスは説明いたします。

「いっぽうダマスコに落ちのびたスリアびと（＝アラムびと）の王アダドス（ベン・ハダド）は、自分や軍隊を恐怖と大混乱におとしいれたのは神であって敵の接近のためではないと知ると、神の不興を買ってしまったことにすっかり元気をなくし、（ついに）病に倒れた。」（九・八七）

これはこれで納得のいく説明です。

本当は意気消沈からくる食欲不振、その上での鬱《うつ》だったのかもしれません。ヨセフスは、これにつづけて、「そのころ、預言者エリッサイオス（エリシャ）はダマスコに向かっていた」とします。列王記下八・九によれば、エリシャの到来を知った王はハザエル――ヨセフスは彼を「もっとも信頼のおける家僕」とします――を四〇頭の駱駝《らくだ》に贈り物を満載させてエリシャのもとへ遣わします。

エリシャ、アラムの王ベン・ハダドの死を告げる

エリシャは、ハザエルから病気の王の回復の見込みを尋ねられると、王は回復するが、死ぬ運命にあると告げます。列王記下八・一二によれば、そのとき預言者はハザエルに向かって、「あなたがイスラエルの子らに禍をもたらす、あなたが彼らの砦に火を放ち、若者たちを剣にかけて殺し、幼子たちを八つ裂きにし、妊婦たちを切り裂く」と告げるのです。ハザエルは王のもとへ戻ると、王に向かって「あなたさまは治る、と預言者は言いました」と報告するのですが、翌日ハザエルが水に浸した布を王の顔にかぶせたので、王は死にます。ハザエルが彼に代わって王になります。クーデターの成功です。

ヘブライ語列王記下もそのギリシア語訳も、王が殺害されたのかどうかを曖昧にしておりますが、

ヨセフスは「しかし翌日、彼は水に浸した網を王の上にかけて窒息死させ、……」(九・九二)と述べます。

ハザエルに好意的なヨセフス

ヨセフスはハザエルに好意的に見えます。次のように言うからです。

「アザエーロス(ハザエル)は(なかなかの)行動の人で、スリアびと(=アラムびと)やダマスコびとの市民から大きな好意を勝ち得た。そして彼らの間では、アダドス(ベン・ハダド)と、次の王になったアザエーロスの二人が、神々として奉られている。彼らに恩恵を施し、ダマスコびとの町を飾った神殿を建てたからである。そして、人びとはこの二人の王に今日まで敬意を払って連日(祭礼の)行進を行い、両王が一一〇〇年足らず前の(比較的)最近の人物だったことを知らずに、最古の人だなどと(とんでもない勘違いをして)栄光を帰しているのである。

いっぽう、アダドスの死を知ったイスラエルびとの王は、彼の存在のために(日ごろ)感じていた脅威や不安から(解放されて)安堵し、平和を心から歓迎した。」(九・九三―九四)

ベン・ハダドとハザエルを神々として奉り、神殿か聖所を建て、町の人びとが連日祭礼の行進をする。そして、神になったからにはと犠牲獣を祭壇に捧げる……。これはヘレニズム・ローマ時代の都市のごくありふれた日常的な光景のひとつにすぎないものですが、ヨセフスはいつダマスコでそれを目撃したのでしょうか？

おそらくそれはローマが対ユダヤの戦争に勝利した七〇年の冬か七一年のはじめのことです。ローマは開戦するにあたり、同盟関係にあった属国の王たちから軍事的支援を受け（『戦記』三・六）、そのためティトスは戦争が終わると彼らのもとへお礼参りに出かけたのですが、そのさいヨセフスはティトスに同道しているのです（『戦記』七・一六以下参照）。ティトスがダマスコの町に立ち寄ったときには、ヨセフスはダマスコでこれらの神殿を、そしてアンティオケイアでもこれらに類した神殿や聖所を目撃しているのです。アンティオケイア近郷のダフネに寄り道でもしていれば、ギリシアの神々であるアポロンやキュピットを祭った杜を目にしていたはずです。ヨセフスが本書一・一五九でダマスコびとニコラオスの『世界史』第四巻の言葉を引き、アブラハムがダマスコで王として支配し、その名前が「今なお有名であり、彼の名にちなんでアブラモス（アブラハム）の住まい、と呼ばれる村がある（ほどである）」と述べていることもここで想起したいものです。

ここでの伝承を背景にして想像すれば、ダマスコス市民が二人の王ベン・ハダドとハザエルをアブラハムにつぐ彼らの英雄として、彼らの神として奉る神殿か聖所を建てていたことは十分に予想されます。なお、ヨセフスはここで両王が「一一〇〇年足らず前の」人物としておりますが、ベン・ハダドとハザエルの統治時代は一般に紀元前八五〇年前後とされますから、ヨセフスが本書を著作している時期が紀元後九〇年代のはじめであるとすると、その時点から逆算すれば「一〇〇〇年足らず前」としなければおかしくなります。

ヨラム王の悪事と王妃アタリヤ

列王記下八・一六以下によると、「イスラエルの王アハブの子ヨラムの治世の第五年に――ヨシャファトがユダの王であったが――、ユダの王ヨシャファトの子イェホラムが王となった」そうです。その即位は紀元前八四七年のこととされます。

ここでの「イスラエルの王アハブの子ヨラム」のヨラムは、先行する列王記下一・一七によれば、イェホラムの別名でもあることが分かりますが、同名の王の登場はわたしたちを混乱させます。しかし、岩波版の註によると「物語の語り手は、イスラエルとユダの同名の王について、イェホラムとヨラムの両方を全く自由に使用しているし、それは聞き手たちにとっても少しも気にはならなかった」と説明してくれますが、本当にそうだったのでしょうか？

ヨセフスは列王記のギリシア語訳が「イェホラム」を「ヨーラム（ヨラム）」としているために読者の側に起こる混乱を予想して、「エルサレムの王ヨーラモス（ヨラム）――既述のように、この王は（イスラエルの王と）同名である——は、……」と断り書きを入れております。

列王記下八・一八によると、ユダの王イェホラムは主の目に悪しきことを行ったそうです。「主の目に悪しきことを……」であれば、主なる神は早い時期に彼を王位から追放するとかして葬り去ればよかったのではないかと思われますが、三二歳で王になった彼は何と八年間も王位にあるのです。紀元前八四七年から八三九年までです。列王記下八・一九は、「主はそのしもべダビデのゆえに、ユダを滅ぼすことを欲しなかった。主はダビデとその子孫に絶えずともしびを与えると言ったからである」とします。これは主なる神のネポティズムであり、神は明らかに「偏り見る方」であることが分かります。彼の治世中にエドムやリブナが反逆に成功して、その属国支配から脱出します。

ヨセフスはヨラムが王位につくと「自分の兄弟や、指導的な地位にあった父の友人たちを（次ぎ次ぎに）片付けたが、それこそはその後の悪事のはじまりであった」と述べて、列王記下と同じく、王を悪事に走らせたのは王の結婚相手アハブの娘アタリヤであったとします。彼女は外国の神々への跪拝を王に教え込んだりしたとんでもない悪妻だったようです。

ヨセフスはエドムの反乱には関心があるようです。『古代誌』の中で大きな紙幅をさいて書くことになるヘロデ大王はこのエドム出身ですから、彼に関心がないわけがありません。彼は彼の時代の表記を用い、ギリシア語訳に見られるエドームではなくて、イドゥーマイアとします。そこの住民はイドゥーマイオイ（イドメヤびと）です。彼は列王記下の記述にしたがって、エドムへのイェホラム

(＝ヨラム)の遠征を語りますが、列王記下に見られる、ヨラムの軍勢がエドムの戦車隊を撃って優勢であったにもかかわらず「(ヨラムの)民は自分たちの天幕に逃げ帰った」とする不可解な記述を改め、ヨラムは「……イドゥーマイアに侵入し、王国の国境近くにいた者たちを殺したが、それから奥には進まなかった」(九・九七)とします。

イェホラムの撤退が、エドムの南王国ユダからの独立になったというのですが、ここでヨセフスがエドムをすでに「王国」扱いしているのが気になります。なお彼は、周辺民族の離反に激怒したイェホラムが民に当たり散らし、彼らを「山々のもっとも高い所へむりやり上らせて、異教の神々を礼拝させた」(九・九八)としますが、これは歴代誌下二一・一一の記述「イェホラムはユダの山々に聖なる高台を造り、エルサレムの住民に淫行を行わせ、ユダの人びとを堕落させた」にもとづくものでしょう。

アラブ人とペリシテびととの侵入

ヘブライ語歴代誌下二一・一六以下によると、主なる神は、イェホラムを滅ぼすために「ペリシテびととクシュびとの近くに住むアラブ人の、イェホラムにたいする敵意をあおった」そうです。この一文は注意を払うに値します。神が正義の遂行にあたって自ら乗り出し、自らの手を汚すのではなくて、他民族の者を自分の代理として起こすとしているからです。神は他民族を自分のインストルメントとして使用するというのです。この解釈は後になって歴史解釈の中に入り込んできますが、それについてはバビロン捕囚からの解放を扱うときに論じます。ギリシア語訳は、主は「ヨラム（＝イェホラム）にたいして、アロフロイと、アラブ人と、エチオピアの国境に住む者たちを起こした」とします。ここでの「他種族の者たち」を意味するアロフロイは、ヘブライ語聖書のギリシア語訳ではほぼ一貫してペリシテびとを指すのに用いられる言葉です。そこには二、三の例外しかありません。

ヨセフスは「それからしばらくすると、エチオピアにもっとも近い所に住むアラブ人とアロフロイの軍隊が、ヨーラモス（ヨラム）の王国に侵入してきた」（九・一〇二）とします。ここでのアロフロイの使用からして、彼がギリシア語訳歴代誌下にしたがっていることは間違いなさそうですが、彼はヨラムの王国に侵入した者たちが「王の息子や妻たちを惨殺した」（九・一〇二）とします。ヘブライ語歴代誌下は、侵入者たちは王の「息子たちや妻たちを拉致した」とし、そのギリシア語訳は「息子たちや娘たちを拉致した」としております。どちらもその時点では殺害を暗示してはおりません。

ヨセフスは、ヘブライ語歴代誌下二一・一に、侵入者たちはイェホラムの末子を除く「上の息子たちをすべて殺害した」とあるところから、多分、それにもとづいて、彼らが「王の息子や妻たちを惨殺した」としております。

イェホラム王の最期

　歴代誌下二一・一八によれば、これらすべての出来事の後、神がイェホラム王の内臓を打ったために、彼は不治の病にかかり、エリヤフの預言どおり（歴代誌下二一・一五）、その最後は内臓が飛び出し、非常な苦しみのうちに死に、その死体は粗末に扱われたそうです。

　ヨセフスもほぼ同じことを言っておりますが、彼は内臓が飛び出して王が苦しむさまに、神の怒りを認め、その怒りを二つのギリシア語、オルゲーとメーニスを使用して表現します。どちらも非常に強い言葉です。「憤怒」とか「激怒」の訳語を与えるのが適切な言葉です。

　ここで注意しておきたいのは、このイェホラムに見舞った災いで、彼の「内臓が外に飛び出す」と描写されていることです。これは後の時代の教会の物書きたちが、キリスト教徒を迫害した異教の為政者の最期は内臓が飛び出したりする惨めなものであるとした描写した文学的パターンに発展するものです。その聖書的源流は、一般に、旧約聖書の偽典文書のひとつであるマカベア第四書に求められるとされますが、この歴代誌下二一・一五─一九の記述にも見出されるとするのが正しいかもしれません。ヨセフスも、教会の物書きたちよりも前に、このような死に方を神が悪人を罰するひとつの仕方であると理解しているふしがあります。たとえば『戦記』七・四五一─四五三で、戦後ヨセフスの敵対者となったリビアのペンタポリスの知事カテュロスの最期の描写にも見られることからも分かります。なお、余計なことをつけ加えますが、使徒言行録一・一八によれば、イエスを裏切ったとされるユダは「不正を働いて得た報酬で土地を買ったのですが、その地面にまっさかさまに落ちて、体が真ん中から裂け、腹わたがみな飛び出てしまった」そうです（図24、25）。新共同訳聖書の訳文「その地面にまっさかさまに落ちて……」とは何を言おうとしているのかさっぱり分からない描写ですが――原文でも同じです――、「腹わたがみな飛び出てしまった」とするのは文学的パターンにしたがっているからにすぎず、それゆえユダの最期がどんなものであったかは分からないとするのが正解なのです。

歴代誌下二一・二〇によれば、イェホラムは、死後、ダビデの町に葬られますが、王たちの墓に葬られる名誉は与えられなかったとされます。ヨセフスは人びとが彼に何の名誉も与えず、「一介の私人のように彼を埋葬した」（九・一〇四）とします。彼はさらに列王記下ではなくて歴代誌下二二・一にもとづいて、エルサレムの住民がイェホラム（＝ヨラム）の子アハズヤフを王にしたとします。紀元前八四五年の出来事です。

北王国のヨラム王の負傷

ここからは話は少しばかり前に戻ります。

図24●ユダの最期（1）
図25●ユダの最期（2）

列王記下八・二八以下と歴代誌下二二・五以下によると、南王国ユダの新王アハズヤフは、北王国イスラエルの王ヨラム（列王記下は南王国のイェホラムとの混同を避けるために、一貫してヨラムと表記）と一緒になってアラムの王ハザエル（＝ベン・ハダド）と戦うためにラモト・ギルアドへ遠征しますが、ヨラム王はその遠征で負傷します。

ヨセフスはこの遠征の目的を少しばかり明確にして、それは「スリアびと（＝アラムびと）からガラアディティス地方にあるアラマテーの町を取る」（九・一〇五）ためだったとします。列王記下も歴代誌下も、イェホラムの負傷の原因を明らかにしておりませんが、ヨセフスは「町を包囲中に……矢を射込《いこ》まれてしまった」とします。イェホラム（ヨラム）は傷を癒すために、戦闘での指揮をニムシの子イエフに任せて、イズレルに戻ります。アハズヤフは彼を見舞いにイズレルに下って行きます。

エリシャ、若者のひとりを遣わし、イエフに油を注ぐ

列王記下九・一（＝歴代誌下二二・七）以下によると、このとき預言者エリシャは仲間である若者をラモト・ギルアドにいるイエフのもとに遣わしたそうです。彼は若者に、イエフに油を注ぎ、「主がおまえをイスラエルの王にする」と宣言したら急いで逃げ帰るよう命じます。若者はイエフのもとへ出かけると、彼の頭に油を注ぎ、（アハブの王妃）イゼベルによって流された主の預言者たちの血に

復讐するためアハブの家を撃つよう訴えると逃げ帰ります。イエフの周りにいた者たちは彼を王と宣言します。ヨセフスもほぼ列王記下に忠実に物語を再話いたします。

イエフの謀反

列王記下九・一四以下によると、イエフは北王国のヨラム王にたいして謀反を起こします。紀元前八四五年のことです。彼らはイズレルびとナボトの地所で出会います。列王記下によると、ヨラム王がイエフに見《まみ》えたときに発した言葉は「イエフ、変わりはないか」で、それにたいしてイエフは「何が変わりないですか。あなたの母イゼベルの姦淫と、彼女の呪術が盛んに行われているのに」だったそうです。

ヨセフスはヨラム王がイエフに「陣営内はうまくいっているか」と尋ねさせたとし、それにたいしてイエフは王を激しく罵り、彼の母を「魔術師にして売女《ばいた》」と呼び捨てにしたとします。ヨラム王は、この言葉でイエフに謀《はかりごと》があることを知り、戦車を反転させ逃げ出そうとしたとします。

イエフはヨラム王を矢でもって射《い》殺します。彼は主の言葉の成就だとばかりにヨラム王の死体をナボトの畑に投げ捨てます。ユダの王アハズヤフはその場から逃げ出しますが、イエフに追尾され、メギドに逃げ込みます。しかし彼はそこで死にます。紀元前八四五年のことです。歴代誌下二二・九は、アハズヤフ王はメギドで死んだのではなくて、イズレルからサマリアに逃げ込み、人びとに潜伏中を発見されてイエフのもとに突き出されて殺されたとします。王の遺体はエルサレムに運び込まれると、先祖の墓に埋葬されます。

ヨセフスは在位一年に満たぬ彼の支配を総括して、彼は「父親に勝るとも劣らぬ性質《たち》の悪い、始末に負えぬ王であった」（九・一二二）と言い放ちます。

イゼベルの最期はエリヤフの預言どおり

列王記下九・三〇以下によると、イエフはイズレルにやって来ます。アハブの王妃イゼベル（列王記上一六・三一）は厚化粧をし、髪を結って正装すると、城門から入って来るイエフに向かって王宮の窓から「お変わりないこと、主君殺しのジムリ」と言って彼を挑発します。列王記上一六・九―二〇によれば、ジムリはバアシャの子エラを殺して王位についていたからです。イゼベルはここでそのジムリの王殺しを念頭に置いて、イエフに一発かましているのです。

ヨセフスは、本書八・三〇七以下ですでにジムリの主君殺しに触れておりますが、ここで今一度「主君殺しのあっぱれなしもべよ」（九・一二三）とイゼベルに言わせます。イゼベルはイエフの命令により、彼女の側にいた三人の宦官によって（窓から？）突き落とされて死にます。イエフは王宮に入って飲み食いし、その後で、彼女の埋葬をするようにと周りの者たちに言うのですが、彼らが埋葬のために出て行くと、その死体はすでに犬に食い荒らされて「頭蓋骨と両足と両の手の平」しか残されていなかったそうです。そのことを知らされると、イエフはイゼベルの最期はエリヤフの言ったとおりのものになったと言うのです。ヨセフスは物語をほぼ忠実に再話いたします。

イエフ、サマリアの指導者たちに書簡を送り、アハブの子らの処刑を命じる

列王記下一〇・一以下によると、北王国のアハブ王にはサマリアに七〇人の息子がいたそうです。イエフはイズレルの指導者や、長老たち、アハブの子らの養育係の者たちのもとへ書簡を送り、息子たちの中の「もっとも優れた正しい人物」を選んで父王の座につけ、彼らの主君の家のために戦えと檄を飛ばします。書簡を受け取った者たちはビックリ仰天します。彼らはイエフのもとへ人を遣わして、彼に従順であることを誓います。イエフは再度書簡を送り、主君の首を取り、イズレルにいる自分のもとへもって来いと命じます。彼らは七〇人の息子全員を殺し、その首を籠に入れ、それをイズレルのイエフのもとへ送ります。

この話はここから先の展開が面白いのですが、最初に述べておきたいのは、物語自体には歴史性がないということです。すでに繰り返し述べてきた事柄ですが、七とか、一二、四〇、七〇は聖数であ

り、その数の入った物語は、歴史性を疑えるものとなります。新約聖書でも聖数は使用されております。十二弟子です。イエスには本当に十二弟子いたのか、怪しいものです。七〇人の使徒です。イエスに七〇人の使徒がいたとするのです。こちらは笑えてしまいますが、聖数の悪しき影響を示す事例としては面白いものかもしれません。

アハブ王に戻ります。

もし彼に七〇人の息子がいたとすれば、彼には正妻イゼベルのほかに何十人という側室がいなければおかしなことになりますが、ここまでの物語展開ではそれを示唆するものは何ひとつありません。

ヨセフスです。

彼は書簡の送り先をイズレルではなくてサマリアとします。いくらフィクションであっても、イズレルでは不自然です。ルキアノス版を含むギリシア語訳は「サマリア」としております。ヨセフスもそれにならっております。イエフが最初送った書簡の数ですが、ヘブライ語列王記下ではセフェルの複数形スファリームが使用されておりますので、その数は一通以上であったと想像しなければなりません。ギリシア語訳では単数形のビブリオンが使用されておりますから一通とされます。しかもそこでのギリシア語がビブロスではなくてビブリオンですから、わたしたちのギリシア語の感覚では非常に短い内容のものだったと想像されます。ヨセフスは「二通の書簡」（ドゥオ・エピストラス）としま す。彼は二通の書簡がそれぞれ一通ずつ七〇人の息子の家庭教師とサマリアの指導者たちに送られたと想像するのです。

列王記下一〇・三によれば、イエフの書簡での注文は、息子たちの中の「もっとも優れた正しい人物」を王に任命しろというものでしたが、ヨセフスは彼らに「アカボス（アハブ）の子供たちの中で一番勇気のある者を任命し、……それが終わりしだい、主君の（死）に復讐するよう指示した」とします。復讐には「勇気」が必要です。列王記下はなぜイエフがこの書簡を書いたのかを説明しておりませんが、ヨセフスは「イェーウース（イエフ）がこの書簡を書いたのは、（自分にたいする）サマリアびとの気持ちを探りだすためであった」（九・一二六）とします。

列王記下によれば、書簡を受け取った者たちは使いの者をイエフのもとへ遣わしたそうですが、ヨセフスは彼らがイエフのもとへ使いの者ではなくて、書簡を送ったとします。イエフの第二の書簡で七〇人の息子が惨殺されることになるのですが、ヨセフスは彼らが「我身の感情を少しもたずに」殺害を実行したとします。人間が冷酷な殺害者になり得ることはヨセフスの戦場の観察ですが、彼自身も冷酷な殺害者になっていたことも覚えておきたいものです。ヨセフスは七〇人の息子の首がイエフのもとへ運び込まれたのは、彼が「友人たちと食事を取っていた」（九・一二八）ときとします。なかなか巧みな場面設定です。イエフは食事を取りながら、次の指示を出すことになるからです。

イエフの弁明と殺害の継続

列王記下九・七以下によると、イエフの指示は、「それらをふた山にして、朝まで門の入り口の所に置け」というものでした。これではまるで朝市のためにカボチャやスイカなどの農作物の搬入の指示です。朝になるとイエフは門の入り口のところへ行き、そこに集まっていた者たちに向かって、自分は主君であるアハブに向かって謀反し彼を殺したが、主がエリヤフを介してアハブの家に告げた言葉はすべて成就すると告げ、イズレルに残っていたアハブの家の者全員や、その有力者たち、祭司たち全員を殺し、さらにはサマリアへ向かう途次で出会った南王国の王アハズヤフの身内の者四二人を殺します。

殺戮、殺戮、殺戮……。

ヨセフスも物語に忠実に再話いたします。

イエフ、アハブの縁者らをも殺害する

列王記下一〇・一五以下によると、イエフはサマリアへ向かってさらに進みますが、レカブの子ヨナダブに出会います。イエフはヨナダブに互いの忠誠心を確認すると、彼を戦車に乗せ、「わたしと

一緒に来て、主にたいするわたしの情熱を見てくれ」と言って彼をサマリアへ連れて行き、そこへ着くと、アハブの家の残党を全員殺害します。ヨセフスは文脈から判断して、ヨナダブをイエフの「旧来の友人で、善良かつ廉直な男であった」(九・一三二)とし、さらにイエフが「万事神の意志どおりに行動して」アハブの家を絶滅させたことを称賛したとします。これは文脈から引き出せない状況ですが、彼はさらにイエフがヨナダブにサマリアに一緒について来るように勧める言葉を次のように改めます。

「(もしおまえがついて来れば、)わたしがどのように悪人どもをやっつけ、偽預言者や偽祭司、民をだましていると高き神への礼拝を捨てさせ外国の神々を跪拝させている輩を罰するのかを見せてやろう。(神に)奉仕している者には、悪人が処罰される光景は胸のわくわくする素晴らしい見物だ。」(九・一三三)

ヘブライ語列王記下一〇・一六の「主にたいするわたしの情熱」こそは——ルキアノス版では「主サバオート(万軍の主)にたいするわたしの熱心」です——、「胸のわくわくする素晴らしい光景」を生みだす源《みなもと》らしいのですが、この熱心は「ピネハスの熱心」に遡るものであり(民数記二五・六以下参照)、そこから主への熱心に由来する行動であれば、すべての行為が許され、残虐な行為は残虐でなくなり、神の栄光をあらわす「胸のわくわくする素晴らしい光景」を誕生させるという思想が生まれ、この思想はキリスト教に継承されていくものになります。キリスト教徒がこの二〇〇〇年の宣教の過程で虫けら扱いして殺した異教徒の数は、すでに述べたように億を超えるものでしょうが、それができるのもこの手のいかがわしい思想が背後にあったからです。

イエフ、バアルに仕える者たちを殺す

列王記下一〇・一八以下によると、イエフはバアルに仕える者たち全員を策略を用いてバアルの神殿に集めると、八〇人の男——ルキアノス版では「三〇〇〇人の男」です——を使って彼らを殺し、バアルの神殿を徹底的に破壊し、そこを「厠」にいたします。バアルの神殿を厠にすることはそれへの侮辱を表そうしたためでしょうが、これは神殿の跡地につくられた「公衆便所」の第一号かもしれません。後のキリスト教の時代になりますと、破壊した異教の聖所や神殿跡に、公衆便所ではなくて、修道院が建てられ神の栄光が称えられます。ヤレヤレ。

ヨセフスも列王記の物語を忠実に再話します。

彼は列王記が書き記す「八〇人の男」を「イエフにもっとも忠実な八〇人の武装した兵士」に改め、列王記下の「彼らはバアルの石柱を破壊してから、バアルの神殿を破壊し」を——多分、紀元後七〇年のエルサレム破壊を思い起こしながら——「バアルの神殿を焼き払った」（九・一三八）に改め、

「こうしてこの外国の慣習はサマリアから一掃された」とします。彼はさらにバアルについて説明し、「このバアルはツロびとの神であり、アカボス（アハブ）が、義父であったツロびととシドンびとの王イトーバロスの歓心を買おうとして、サマリアにその神殿を建てたのである。そして彼は預言者たちを任命し、あらゆる種類の祭儀でバアルに名誉を与えていた」（九・一三八）とします。ヨセフスはすでに『古代誌』八・三一七以下で、サマリアでのバアルの祭儀の導入の経緯を語っております。

イエフの治世

こうしてイエフは北王国イスラエルからバアルを一掃しますが、面白いことに、ベテルとダンにある二体の金の子牛を退けることはしません。

列王記上一二・二八以下によれば、この二体の金の子牛はヤロブアム（在位、前九二六－九〇七）によってつくられエジプトから父祖たちを導き上げた神とされて北王国で崇められていたものです。人びとはその子牛を祭る祭壇をつくり、その上で香を焚いていたりしていたのです。ですからこれも立派なバアルの祭儀のひとつと見立てることができるのですが、主なる神はそれをなじるわけではなく、イエフを「よくやった」と褒め、彼の子孫は、「四代にわたってイスラエルの王座につく」と告げる始末です。ピネハスの場合もそうですが、聖書の一神教の神は、過激な仕方で自分への熱心を示した者には相応の報酬を与えるようです。

イエフはヤロブアムの罪から離れることはなく、二八年の統治の後に亡くなると、サマリアに葬られ、その子イェホアハズが彼に代わって王になります。これは紀元前八一八年のことだとされます。

アタリヤの復讐をまぬかれた幼子

ここでひとりの女性の復讐物語が語られます。

南王国ユダの王アハズヤフの母アタリヤです。

列王記下一一・一（＝歴代誌下二二・一〇）以下によれば、彼女は、息子のアハズヤフが殺されたと聞くと、（ダビデ王に連なる）王族の者すべてを滅ぼそうと目論《もくろ》みます。しかしそのとき、ひとりだけ殺されずにすんだ者がおります。まだ幼かったアハズヤフ王の子ヨアシュです。アハズヤフ王の姉妹であるイェホシェバが、惨殺されようとしていた王子たちの中から幼子を秘かに連れ出し、乳母と一緒に彼を寝室で匿ったというのです。

幼子は、アタリヤが国を支配していた六年の間、乳母と一緒に神殿の中で秘かに養育されたそうです。エジプトの宮殿の中で秘かに養育されたのはナイル川から拾い上げられたモーセでしたが、神殿もときに養育所に様変わりするようです。

ヨセフスはアタリヤの復讐後に王宮に足を踏み入れたイェホシェバが「惨殺された者たちの中に乳母と隠れていたヨアシュを発見した」とします。列王記下によれば、ヨアシュが救い出されたのは凶行前ですが、ヨセフスは凶行後とします。ヨセフスはヨアシュを神殿の中で六年間養育したのはイェホシェバと彼女の夫である大祭司イェホヤダであったとします。この人物はギリシア語訳列王記下一一・七が「祭司ヨーダエ」として言及する人物ですが、ヨセフスはここで彼を「祭司」から「大祭司」に格上げします。夫が大祭司であれば、神殿内で秘かに幼子を養育するのも可能になるはずです、少なくとも物語の上では。

祭司イェホヤダ主導のクーデター

列王記下一一・四(=歴代誌下二三・一)以下によると、アハズヤフの母アタリヤが王位を簒奪して七年目、祭司イェホヤダは護衛兵の百人隊長たちを召集すると、彼らに「これから目にするものを口外しない」と誓わせた後、王の子息ヨアシュを紹介し、その警護について事細かに指示いたします。ついでイェホヤダはヨアシュに油を注ぎ、冠をかぶせて南王国の王にします。他方、歴代誌下二三・一六(列王記下一一・一七)以下によれば、祭司イェホヤダは自分とすべての民と王との間に「主の民となる契約」を結ばせると、バアルの神殿に向かい、その像と祭壇を破壊し、バアルの祭司マタンを殺害し、他方主の神殿の監督を祭司とレビびとに委ねます。そして彼は王になったヨアシュと一緒に神殿から王宮に向かいます。このクーデターの発生は紀元前八四〇年ころとされます。

さてヨセフスです。そして彼は、アタリヤ打倒の陰謀に加わるようにと彼らを説得し、彼らからその陰謀を暴露しないという誓約を取り付けたとします。歴代誌下にはイェホヤダが彼らと「契約を結んだ」とありますが、この誓約こそはヨセフスが想像する「契約」の内容であろうかと思われます。歴代誌下によると、彼ら百人隊長はユダを経巡り、そのすべての町から「レビびととイスラエルの長を集めて」エルサレムに連れ帰ります。ヨセフスでは、連れ帰ったのは「祭司やレビびとや部族の指導者たち」です。そしてイェホヤダは彼らと「契約」を結ぶと、彼らの前に王の子息を引き出すのです。

ヨセフスは歴代誌下にしたがって、イェホヤダが引き出した王の息子がダビデの子孫の子であることを全会衆の前で強調したとし、さらにはイェホヤダが神殿の武器庫に保管されていた武器を百人隊長らに渡して武装させ——ヨセフスでは百人隊長ばかりか、祭司やレビびとたちにも武器は配られている——、不審な者たちが神殿内に侵入しないように警戒したのち、祭司イェホヤダは王の息子ヨアシュに油を注いで、その子が王であることを宣言します。その場に居合わせた者たちは「王万歳」と叫んだそうです。

アタリヤ、殺される

歴代誌下二三・一二（＝列王記下一一・一三）以下によると、クーデターの発生に気づいたアタリヤは王宮を飛び出して神殿に向かいます。彼女は人びとがクーデターの成功を祝っているのを目にして衣を裂き「謀反だ、謀反だ」と叫びますが、後の祭りです。彼女は取り押さえられ、王宮の城門で殺されます。

ヨセフスはアタリヤが「予想もしなかった人びとの騒ぎや賑やかな万歳三唱を聞いて錯乱状態となり、私兵をしたがえて」（九・一五〇）王宮を飛び出し、神殿に向かったとします。ここでの付加は、そのときの混乱した情景を生き生きとしたものにします。彼はまたアタリヤが着衣を裂いたのは、彼女が「少年が王冠をつけて台の上に立っているのを認めた」からだとし、彼女がそのとき「恐ろしい声を上げ、兵士に向かって自分に陰謀を働いて王権を簒奪《さんだつ》しようとする男を（即刻）殺すよう命じた」（九・一五一）とします。歴代誌下と列王記下は、神殿が彼女の処刑で汚されてはならないとして、「王宮の馬の出入り門」で殺されたとします。

ヨセフスはアタリヤが捕えられると祭司イェホヤダが彼女を「キドロンの渓谷へ引いて行って処刑するよう命じた」（九・一五一）とします。キドロンの渓谷（図5）はエルサレムの東、オリーブ山と神殿との間を走り、南はヒンノムの谷（口絵6）に連なります。

ヨセフスはなぜ歴代誌下や列王記下が挙げてもいない「キドロンの渓谷」に触れたのでしょうか？ この渓谷は対ローマのユダヤ戦争のとき、城内で斃れた無数の者たちが投棄された渓谷です（『戦記』六・五六八以下参照）。ヨセフスは多分その光景を思い浮かべながら、彼女を「この罪に染まった女」と呼びながら、彼女が侮辱的な扱いを受けても当然だとしているのです。

ヨセフスは、先に触れた歴代誌下の「主の民となる契約」を「モーセース（モーセ）の律法を破らないとする誓約」（九・一五三）に改めます。ここまでで何度も指摘しているように、彼の理解ではモーセの律法の遵守こそはユダヤ民族に幸せをもたらすものですから、ここで彼が抽象的な表現「主の民となる契約」を具体的なものに改めたのは当然のことかと思われます。しかし、何度も申しますように、この時代に律法は結集されていたのでしょうか？ ヨセフスは彼らが破壊することになったバアルの神殿について「この神殿は、オトリア（アタリヤ）と夫のヨーラモス（ヨラム）が父祖たちの神を侮り、アカボス（アハブ）の神に敬意を払って建てたものである」（九・一五四）とします。ヨセフスはまたそのとき彼らがしたがうことになったダビデ王の定めに言及して、彼らが「律法にしたがって一日に二回、慣例の全焼の犠牲を捧げ、香を焚くように命じた」（九・一五五）とテクストに見られない詳細を書き込みますが、ローマ時代に一日に二回、朝と夕方にローマ皇帝とローマ市民の安寧を願って捧げられた全焼の犠牲」のことを知るローマ人たちには、この慣習への言及は、その史実性はともかくも、それが実に古い由緒あるものであることを教えるメッセージとなるものです。

ヨセフスはヨアシュが王座に座らせられると、「人びとは歓呼の声を上げて祝宴をはった。ヨアシュは神への奉仕につねに熱心であった」（九・一五七）としますが、列王記下一二・四には「ただ、聖なる高き所を彼は取り除かず、民は依然として高き所で生け贄を捧げ、香を焚いていた」とあります。すでに何度も見てきたように、「聖なる高き所」はバアルの聖所を指すテクニカル・タームですが、なぜバアルの神殿の破壊時に、いくつもあったと思われる聖所を徹底的に破壊しなかったのでしょうか？　これは聖書の記述に見られる分かりにくい箇所のひとつです。

南王国の王ヨアシュ王、神殿を修復する

南王国の王ヨアシュのパブリックな一面を知ることができるのは、イェホヤダによって二人の妻を与えられ、彼女たちとの間に息子や娘が生まれた後の、三〇歳ころになってからのことです。列王記下一二・七によると、彼はそのころはじめて破損された神殿の修理を行うからです。

歴代誌下および列王記下によれば、ある日、ヨアシュ王は祭司とレビびとを集めると、神殿修復のために全土から金を集めるよう命じます。しかし彼らの動きは鈍いのです。王は祭司の頭《かしら》に神殿修復のための献金箱——われわれの言葉で言えば賽銭箱——をつくらせ、それを神殿の門の外——列王記下では祭壇の傍ら——に置かせたばかりか、ユダとエルサレムに向けて、モーセが荒野でイスラ

エルの民に課した幕屋のための税を納めるよう布告を出します。この布告は、紀元前八一八年ころに発布されたとされます。民は神殿にやって来ると「喜んで」金を献金箱に投げ込んだそうで、修復に必要な基金は短期日で集まり、修復工事は順調に進みます。歴代誌下によれば、残った金で祭儀に必要な器などを揃えたそうですが、列王記下によると、祭儀に必要な什器類は別の金を充当したようです。どちらが真実を伝えているのか、それともどちらも伝えていないのか、それは分かりません。

ヨセフスは王が大祭司に、神殿の修復のために「ひとり頭銀半シクロスを供出させるよう」（九・一六一）命じたとします。「しかし大祭司はこの命令を実行しなかった。その金をすすんで供出する者がいないことを知っていたからである」（九・一六二）とつづけます。ヨセフスがここで「銀半シクロス」と具体的なのは、出エジプト記三〇・一三で規定された「聖所のシケル」、すなわち半シケル（＝半シクロス）を念頭に置いたからであり、またこの神殿税の納入は紀元後七〇年までつづいたので、ヨセフスはただちにヨアシュが課したモーセの税を出エジプト記の半シケルと結びつけたからです。

なおわたしはここで、神殿税とか十分の一税はじつに巧妙な搾取の仕方であることを指摘しておきたいと思います。神の名あるいはモーセの名での課税は相手にうむを言わせぬもっとも効果的な収奪方法です。この収奪システムが機能するかぎり、大祭司は左うちわなのです。大祭司配下の祭司やレビびとも食いっぱぐれる心配はないのです。彼らは民が飢饉でやせ衰えるときも、その心配はないのです。

ヨセフスは献金箱が「祭壇の傍らに置かれた」（九・一六三）としております。したがって彼がここで列王記下にしたがっていることは明らかですが、もし献金箱か賽銭箱が祭壇の傍らに置かれた場合、一般の人びとがそこに近づくことができたのかが問われます。ヨセフスの時代の神殿では、一般市民が祭壇などに近づくことなどは不可能だったからです。ヨセフスはさらにその献金に関して「神殿の修復費として各自がその志をできるだけ多くその箱に投げ込むよう指示された。すると、すべての民が競い合って（金を）持ってきたので、大量の銀と金が集まった」（九・一六三）とします。なお彼は、神殿の修復で余った金は「少量ではなかった」とし、それは神殿での祭儀に必要な什器などの費用に充当されたとします。彼はここでは歴代誌下にしたがっております。彼の机の上にはギリシア語訳の列王記と歴代誌のパピルスの束が山のように置かれていたことになります。よほど大きな机をフラウィウス家から提供されていたと楽しく想像したいものです。

イェホヤダの死／ヨアシュ王、悪事に走る

歴代誌下二四・一五以下によれば、ヨアシュ王のお目付役のイェホヤダが齢《よわい》を重ねて一三〇歳で亡くなります。彼はダビデの町の王たちの墓に葬られます。歴代誌下はその栄誉を、彼が「神と神殿のためによいことを行った」ことにもとめますが、ヨセフスは「彼が王国をダウィデース（ダビデ）の

子孫の手に回復した」（九・一六六）ことにもとめます。モーセの寿命は一二〇歳でしたから（申命記三四・七、本書四・三二七）、イェホヤダはモーセ以上に長生きしたわけですから――もちろん、どちらも嘘っぽい話ですが――、ヨセフスはここで、モーセの場合のように、「民は三〇日喪に服した」とでも書いてもよさそうなところですが、そうはせず、実にあっさりと「彼は廉直で、あらゆる点で温厚な人であった」（九・一六六）で済ましてしまいます。

お目付役が死ぬと、王はどうなるのか。

歴代誌下によると、イェホヤダの死後、たがのゆるんだヨアシュ王は主の神殿を見捨てて、アシェラの偶像に仕えます。「あららら」の事態ですが、人間なんてそんなものかもしれません。重石《おもいし》がとれると、何をしでかすか分からない存在なのです。主なる神は預言者のゼカリヤを遣わして、王やユダの高官たちを主に立ち帰らそうとしますが、高官たちは預言者を殺し、また王はイェホヤダの息子ゼカリヤを神殿で片付けます。神殿や聖所は血が流されてはならぬ場所だと考えられますが、実際は、そうではないようです。

ヨセフスは、王たちの「心変わり」（メタボレー）を心苦しく思った主なる神は「預言者たち」を彼らのもとへ送り込んだとします。彼はひとりの預言者では無力だと思ったのでしょうか、預言者を複数扱いにいたします。彼は、王たちの「悪事にたいする情念（エロース）はすさまじく、その情熱（エピテュミア）は並外れて激しかったので、（悪事の）先達たちが掟を侮辱したために家族の者全員とともに受けた処罰も、預言者たちの（厳しい糾弾の）言葉も薬にはならず、悔い改めたり、無法な振る舞いを止めることはなかった」（九・一六八）と理解します。このような理解の背後には、彼が悪事に走る者たちの情念や情熱はときに極限にまで行き、だれもそれを止めることなどできなくなるとする観察を対ローマのユダヤ戦争で行っていたことを示します。

アラムの王ハザエルの侵入とヨアシュ王の屈辱的な敗北

列王記下一二・一八（＝歴代誌下二四・二三）以下によると、そのころ——歴代誌下では、預言者ゼカリヤの殺された「年の変わり目に」——アラムの王ハザエルがエルサレムに進軍して来ます。紀元前八一四年ころとされます。

王のヨアシュは一戦を交える前に神殿にある財宝を献上して、最悪の事態を回避しようとします。歴代誌下はこの屈辱的な事態は、ヨアシュが先祖の神である主を見捨てたからだと解釈します。もし神・主を見捨てた彼がハザエルと一戦を交えて大勝利を収めていたならば、歴代誌下に見られる歴史解釈はどうなったのでしょうか？

ヨセフスは、「それから程なくして、王は、自分が犯した無法行為のために（天）罰を受けねばならぬ羽目に陥った」（九・一七〇）と書き出します。彼はヨアシュが「神の宝庫と宮殿の宝庫をすべて空にして奉納物」をアラムの王に贈ったのは、「これらの贈り物で王を買収して包囲をまぬかれ、全滅の危難から逃れようとするためであった」（九・一七〇）とします。彼は対ローマのユダヤ戦争中これに似たような光景を目撃するか、似たような場面に立ち会わされたことがあったのかもしれません。そこでのヨアシュはローマと通じている大祭司一族の者たちであったのかもしれません。なおヨセフスはヨアシュが神殿の金品を贈ったのはアラムの王のエルサレム到着前の出来事に改め、「スリアびと（＝アラムびと）の王は、莫大な金に心を動かされ、エルサレムに軍を率いて行くことはしなかった」（九・一七一）とします。しかし実際は、アラムの軍勢は、ヨアシュが白旗を掲げてきた以上、これ幸いと神殿や宮殿に侵入して、そこを徹底的に荒らしたのではないでしょうか？　マカベア時代のアンティオコス四世（図26）のエルサレム神殿への侵入（前一六九年）やローマ時代のポンペイウス（図27）のエルサレム神殿への侵入（前六三年）の場合のように。こうした後の時代の事例に照らしてみると、歴代誌下や列王記下の記述、そしてヨセフスの再話にはどこかおかしなところがあります。

ヨアシュ王の死

ヘブライ語歴代誌下二四・二五によると、エルサレムにやって来たアラムの軍隊はヨアシュ王に重傷を負わせて置き去りにします。そして彼らが去ると、イェホヤダの息子にたいする仕打ちに怒った

図26●アンティオコス４世
図27●ポンペイウス

ヨアシュ王の家来たちが彼を寝床で襲い殺したそうです。これは紀元前八〇一年の出来事とされます。ギリシア語訳歴代誌下の内容もほぼ同じです。ヘブライ語列王記下一二・二一によると、ヨアシュの家来たちが謀反を起こしたのは、エルサレムではなくて、「シラに下る途中のベト・ミロ」と呼ばれる町です。ギリシア語訳のラールフス版によれば、その殺害場所は「ガアルラにあるマルローの家」であり、ルキアノス版では「アラムの下り坂にあるマアルローンの家」です。

いったいどれが正しいのでしょうか、どれも創作であったりして。

ヨセフスは「ヨーアソス（ヨアシュ）は大病に倒れ、ヨーダス（イェホヤダ）の子ザカリアス（ゼカリヤ）の死に復讐するために王に陰謀を企てた友人たちに攻撃されて死んだ」（九・一七一）とします。写本によっては「王に陰謀を企てた友人たち」は「ザカリアスの友人たち」です。こちらは歴史的真偽など足蹴にする創作、彼自身の想像の産物です。ハザエルがエルサレムに来ることがなかった、Uターンしたとした以上、ヨアシュを大病に倒れ動けない状態にし、歴代誌下に「重傷を負わされた」とあるからでしょうか、そこを、陰謀を企て者たちに狙われたとするしかないのです。物語を「想像し創作する」プロセスが見えてくるような一例です。

ヨアシュの生涯は四七年で、王位を継承したのはその子アマツヤフです。

北王国の王イェホアハズ、アラムびとに敗れる

列王記下一三・一以下によると、北王国のイェフの子イェホアハズがサマリアで王位につきます。紀元前八一八年のことです。

イェホアハズは一七年間王位にありますが、主の目に悪しきことを行い、「ネバトの子ヤロブアムの罪」にしたがって歩み、そのため主のイスラエルにたいする怒りは燃え上がり、彼らをアラムの王ハザエルとその子ベン・ハダドの手に引き渡したとされます。しかし彼らの困難を見た主なる神は彼らの間に「ひとりの救い手／ひとりの解放者」を起こします。しかし、彼らは相変わらず主の目に悪しきことを行い、そのためアラムの王に「地の塵のように」踏み付けられとされます。

ここでの「ひとりの救い手／ひとりの解放者」とは誰のことを指すのでしょうか？

岩波版は列王記下一三・五の註で、この人物がアダド・ニラリ三世（前八一一—七八三）と呼ばれる人物である可能性を示唆しますが、その詳細には立ち入ってはおりません。ギリシア語訳（ラールフス版とルキアノス版）では「主はイスラエルに救済を与えた」です。ここでは「救済」（ソーテリア）であって「救済者」（ソーテール）ではありません。ヨセフスはヘブライ語列王記下に見られる「ひとりの救い手／ひとりの解放者」に格別の関心を示してはおりません。列王記下によると、主なる神が救い手を起こしたのは、イェホアハズ王の嘆願があり、それを聞き入れたことが前提とされているの

ですが、ヨセフスは王の嘆願を聞き入れた神の判断にまで立ち入り、「神は、彼の悔い改めを徳（アレテー）のあらわれと受け止め、彼のように力ある者は徹底的に滅ぼすのではなく、戒めにとどめるべきだと判断し、戦争やその危険にたいする彼の不安を取り除かれた」（九・一七六）とします。

ヘブライ語列王記下によると、「ひとりの救い手」が与えられたおかげで、イスラエルの人びとは「アラムの手から抜け出て、自分たちの天幕に住むことができた」そうですが、ヨセフスはこの一文を改め、「こうして国は平和を得、再び往時の状態に戻り、繁栄の道を歩みはじめた」（九・一七六）とします。随分とムリのある再話です。

イェホアシュ、父王イェホアハズの後継者となる

列王記下一三・一〇以下によると、イェホアハズが亡くなると、その子イェホアシュが北王国イスラエルの王となります。紀元前八〇二年ころのことです。彼は一六年間王位にあったとされます。彼もまた主の目に悪しきことを行い、「ネバトの子ヤロブアムの罪」から離れることがなかったそうです。しかしヨセフスは「彼は徳行高き君子で、その性行は父親とはまるで正反対であった」（九・一七七）と反対のことを申します。列王記下のヘブライ語テクストやそのギリシア語訳（ラールフス版とルキノス版）が、この一文を支持するものでないだけに首をかしげたくなる再話です。

エリシャの死と奇跡

ここで突然の場面転換です。

時間の上での戻りがあります。

預言者のエリシャが死の床にあったときのことです。列王記下一三・一四以下によると、イスラエルの王イェホアシュ（ヨアシュ）は彼の所にやって来ると、彼の上に泣き伏して「わが父よ、わが父よ、イスラエルの戦車よ、その騎兵よ」と言ったとされます。この呼びかけからしてただならぬ事態が発生したことが分かります。エリシャはイェホアシュ王の胸中をすでに察しているかのように、彼に向かってはただ一言「弓と矢を持ってきなさい」というだけです。彼が弓と矢を持ってくると、エリシャは彼に矢を射らせます。彼は三度地に向けて矢を放ち、それで止めます。するとエリシャは怒ったようにして言ったというのです。「五度も六度も射るべきだった。三度しか射らなかったので、三度しかアラムを打ち破れない」と。三度で十分だと思われるのですが、そもそも地上に打ち込んだ矢の数で勝利の数が決まるとは。こんなばかばかしい話が旧約聖書にはあるのです。もっとも旧約聖書学者の多くは「これはばかばかしい、噴飯《ふんぱん》ものの話である」とコメントして逃げ切りを計るのではなく、いろいろと、ああだこうだ、なんだかんだと講釈を垂れてくれます。実際、岩波版の訳者は読者に本書二・一三を参照させ、そこにつむじ風に乗って天に向かって昇っていくエリヤに向かってエリシャが「わが父よ、わが父よ、イスラエルの戦車よ、その騎兵よ」と叫んだことを読者に確認させた上で、「しかし、エリシャの方が戦車や騎兵との結び付きがより具体的で強い」と述べ、さらに本書の六・八―一二三をも参照させます。

ヨセフスに見られるイェホアシュの呼びかけの言葉は「(わが)父よ、(わが)武器よ」です。彼はその後、王が次のような別れの挨拶を口にしたと想像します。

「あなたのおかげで、ただの一度も敵に武器を使わずにすみました。あなたの預言のおかげで、戦わずして敵に打ち勝ちました。しかし、今あなたはこの世の生から訣別《けつべつ》し、わたしを完全武装した敵のスリアびと(=アラムびと)やその配下の手に残していこうとしています。もはやわたしの命は安全ではありません。わたしはなんとしてでもあなたとともに死に、(この世の)生をたちます。それが取るべき最善の道だと思います。」(九・一七九―一八〇)

これは殉死の覚悟の披瀝なのでしょうか、それとも脅しなのでしょうか?

ヨセフスはどちらを想像してこのような一文を書いたのでしょうか?

彼はここから先では列王記下にしたがい、「……おまえはわずか三本の矢で満足した。だがおまえは、スリアびと(=アラムびと)の軍勢に遭遇して三度の戦闘で彼らに打ち勝ち、彼らがおまえの父上から取り上げた土地を回復するだろう」(九・一八一)と述べ、「王は預言者のこの言葉を聞くと、そこを立ち去った」とします。

列王記下一三・二〇は、エリシャのその後について、「エリシャは死んで、人びとは彼を葬った」と書くだけです。ギリシア語訳（ラールフス版とルキアノス版）も同じです。

ヨセフスはエリシャの人物評価を行い、さらに埋葬式の様子をも想像してみせます。

「その後しばらくして預言者は死んだ。彼は廉潔の精神が評判になった、神の寵愛を一身に受けた人物であった。なぜなら、彼は預言の能力によって、驚嘆すべき意想外の業を示して見せたからであり、それはヘブル人の記憶にはっきりと留められた。埋葬式は盛大で、神の寵愛を豊かに受けた人にふさわしいものであった。」（九・一八二）

ヨセフスにとって預言者を預言者として評価する基準は、その預言が後になって歴史の上で実際に起こったか否かです。起こったのであれば、その預言者は「真の預言者」とされ、起こらなければその預言者は預言者の名に値する者でなく、ときに「偽預言者」のレッテルを貼られて切り捨てられます。このあたりのことは、先に進んでダニエル書のダニエルを取り上げるとき少しばかり詳しく扱います。なおここで、ひとことあらかじめ指摘しておきたい事柄があります。それはヨセフスの時代、すなわち一世紀のパレスチナは預言者が多く輩出したことです。どんな時代でもそうですが、預言者を称する人物は胡散臭い側面をもつものですが、無知蒙昧な庶民は彼らに洗脳・扇動されるとコロリです。ヨセフスはこの手の扇動者たちを十把一絡《じゅっぱひとから》げにして「偽預言者」「魔術師」「いかさま師」と罵倒します。『戦記』を読むときにはこのことに注意して下さい。

列王記下は、エリシャの最後の奇跡に触れます。

あるときのことです。ある人がひとりの男を葬ろうとしたとき、モアブの略奪隊の来襲を目にします。彼は死者をエリシャの墓に投げ入れると立ち去るのですが、死者はエリシャの骨に触れると生き返り、自分の足で立ち上がったというのです。この手の奇跡話は、もしエリシャが関わるものでなければ、ヨセフスは一顧だにしなかったものと思われますが、彼は「そして、その直後に次のような出来事が起こった。盗賊たちがひとりの男を殺してエリッサイオス（エリシャ）の墓に投げ捨てたが、その死体がエリッサイオスの死体に触れて生き返ったのである」（九・一八三）とします。ここでの「盗賊たち」はレーイスタイで、ヨセフスが『戦記』で頻繁に使用する用語です。福音書によれば、イエスの十字架に架けられた二人の人物もレーイスタイとされております。パレスチナの至る所が強盗や追いはぎだらけだったのですが、ヨセフスはなぜここで「強盗たち」としたのでしょうか？

ここでのギリシア語訳に見られる単語はモノゾーノイ（複数形）で、それは「腰帯をつけた軽武装の者」を指しますが、これは一世紀の「強盗たち」の身なりであったのです。十字架に架けられた「強盗たち」も「腰帯をつけた軽武装の者たち」だったのですが、ヨセフスはここでのモノゾーノイをレーイスタイに置き換えたのです。ギリシア語訳（ラールフス版とルキアノス版）の列王記下一三・

二〇では「モアブの腰帯をつけた軽武装の一団」なので、ヨセフスはモアブを故意か不注意で落としたとすることができます。彼は死者からの甦りというこの奇っ怪な出来事に触れたあと、エリシャ物語を次の言葉「預言者エリッサイオス（エリシャ）の生前の預言と、彼が死後もなおこのような神的な力をもっていたことについては、以上で終わりとする」（九・一八三）で締めくくるのです。彼がここでエリシャの死後の「神的な力」を云々するのは、エリコで湧出する「エリシャの泉」と呼ばれている泉（図28）が念頭にあったからだと思われます（本書二・一九以下）。その泉はヨセフスの時代でも収穫や子宝に恵まれるとされて人びとに利用されていたからであり（『戦記』四・四五九以下）、そればかりか、エルサレムの最後の包囲のときにはローマ軍の指揮官ティトスは第一〇軍団にはエリコ経由でエルサレムに来るよう命じているからです（『戦記』四・四二、六九）。想定されるヨセフスの読者のひとりであるティトスはこの泉やエリシャの奇跡についての伝説についてはいろいろなところで聞かされていたはずで、ヨセフスはそれをも意識した上で、ここでエリシャの死後の奇跡をも語っているものと思われます。

北王国のイェホアシュ王、イスラエルの町々を取り戻す

列王記下一三・二五によれば、北王国の王イェホアシュ（ヨアシュ）は、アラムの新しい王ハザエ

図28●エリシャの泉

ルの子ベン・ハダドと戦って三度打ち破り、彼の父イェホアハズによって奪われていたイスラエルの町々を取り戻します。もちろん列王記下はそうとは書いておりませんが、これは文脈からしてエリシャの預言の成就だと見なされるもので、ヨセフスは「これはエリッサイオス（エリシャ）の預言どおりであった」（九・一八五）とはっきり書きます。そして彼はここで列王記下一四・一五－一六に飛び、イスラエルの王イェホアシュの死とサマリアでの埋葬、そしてその子ヤロブアムが新王になったと告げます。これらは紀元前七八七年に起こった一連の出来事です。

アマツヤフ、南王国の王となる

列王記下一四・一（＝歴代誌下二五・一）以下によれば、この間にヨアシュの子アマツヤフが二五歳で南王国ユダ王になったそうです。紀元前八〇一年のことです。彼は二九年間エルサレムで王位にあります。

アマツヤフは「主の目に正しいことを行ったが……高き所は取り除かず、民は依然として高き所で生け贄を捧げ、香を焚いていた」とされます。王ヨアシュの場合がそうでしたが、偶像を祭る高き所を破壊し尽くさない以上、主の前で正しいことを行っていたとは到底思われないのですが、聖書の論理ではそうではないらしいのです。わたしたちを混乱させます。

アマツヤフ王は南王国の基盤を固めると、父王を殺した家来たちを殺しますが、彼はそのさい、殺害者の子らを殺さなかったそうです。それは彼がモーセの律法にしたがったからで、モーセの律法への忠実が称賛されます。ここでのモーセの律法とは申命記二四・一六のことで、そこには「父たちは子らのゆえに死なず、子らは父たちのゆえに死なない。人はそれぞれ、自分の罪で死ぬ」とあります。この訳文はヨセフスが手元に置いていたギリシア語訳の申命記からですが、ヘブライ語テクストでは処刑の観念が前提としてあり――その観念は砂漠を彷徨しているとき生まれたものではなく、カナンの地に定着した後に生まれたものでしょう――、「父たちは子らのゆえに死に定められず、子らは父たちのゆえに死に定められない。……」です。しかし、また繰り返しとなりますが、この時代、律法は結集されていたのでしょうか？　それに、アマツヤフが殺害者の子らを殺さなかったのは、律法とは無関係に、そのときたまたま憐れみの情をもったからだ、とすることも可能です。人間の感情の動きなど複雑なものです。

ヨセフスはアマツヤフを「正義の実践に腐心した」（九・一八六）男と理解し、父親を殺した友人たちの処刑を「正義の復讐」と理解しているようです。神に成り代わっての復讐は「神の領域」に人間が立ち入ることに他ならないものですが、聖書はしばしばそれを許容します。「聖戦」などの怪しげな概念は神の領域に土足で入ってはじめて成り立つものですが、その土足での「立ち入り許可」を決めるのは人間ですから、聖書の神はよく分からない神だと突き放しておくことも大切です。

南王国のアマツヤフ王の遠征／イスラエルびと、南王国を荒らす

歴代誌下二五・五（＝列王記下一四・七）以下によると、南王国のアマツヤフ王はアマレクびとやエドムびとのもとへの遠征を計画し、そのため二〇歳以上のユダの男子三〇万を集め、さらにイスラエルびとの中の勇士一〇万を銀一〇〇キカルで雇います。ところが遠征準備が完了しいざ出陣の段階になると、神の人が王のもとを訪ねて来て、主なる神はイスラエルとは一緒にいないのだから、傭兵たちをイスラエルに帰すよう進言します。出稼ぎの傭兵になり損ねた北王国の兵たちは激怒して帰って行きます。

ヨセフスは歴代誌下の「二〇歳以上」を「二〇歳位の働き盛りの若者」に、「三〇万」を「およそ三〇万」に、「銀一〇〇キカル」を「銀一〇〇タラント」に、そして「神の人」を「預言者」にしております。

アマツヤフ王は塩の谷での戦闘で一万のアマレクびとやモアブびとを撃ち、それとは別にユダの兵士たちは一万の敵兵を生け捕りにすると、彼らをセラ（崖、岩場）の頂から突き落としたそうです。

ヨセフスはこの戦闘を物語に忠実に再話いたしますが、その再話では、アマツヤフ王が「これらの国々から大量の略奪物と数えきれぬ富を持ち去った」（九・一九一）とします。これは戦闘で勝利者となった者たちの通常の光景です。

歴代誌下二五・一三によれば、遠征に同道できずに帰えされたイスラエルの兵士たちは、「サマリアからベトホロンまでのユダの町々を襲撃して、三〇〇〇の住民を撃ち殺し、多くの物を略奪した」（九・一三）そうです。出稼ぎで幾ばくかの金を稼ごうと目論んでいたのに、それができず荒れ狂っていたのですね、彼らは。なおヨセフスはここでの「多くの物」を「多数の家畜」に改めます。

アマツヤフ王の慢心と預言者の説教

歴代誌下二五・一四以下によると、エドムびとらを撃って戻ってきたアマツヤフ王は彼らの神々を自分の神々とし、その前にひれ伏し、香を焚いたそうです。

勝利者が敗北した民の神々を連れ帰り、それにひれ伏すのです。これは普通では見られない世にも珍妙な光景です。主は怒り、預言者を遣わして、王に「なぜあなたは、あなたの手から自分の民を救えなかった民の神々を求めるのか」と詰問します。そのあと二人の間でいろいろと遣り取りがあったようですが、預言者は最後に王に向かって「神はあなたを滅ぼそうとしている」と告げます。

ヨセフスは王が「勝利と戦果に慢心して、そのような結果をもたらしてくれた神を侮りはじめた……」とし、彼のもとへ遣わされた預言者の言葉を次のように生彩に富むものにします。

「あなたはこれらの神々がどうして（真の神だなど）考えることができるのですか。これらの神々は、それを拝していた当の人たちを助けることも、あなたの手から救出することもできず、多くの者が滅ぼされていくとき、ただ傍観していただけではありませんか。そして、何と神々自身が（哀れにも）捕らわれの身となる始末で、生け捕りにされた敵が引かれてくるようにエルサレムに運ばれてきたのです。」（九・一九四）

ヨセフスは沈黙を求められた預言者が王に放った最後の言葉を「神は、王が夢中になっているこのような珍奇なことを見過ごされはしない」（九・一九四）に改めます。わたしがここで「このような珍奇なこと」の訳語を与えたギリシア語はネオーテリゾーの現在分詞です。ヨセフスは『戦記』である種のニュアンスを込め「新しいことを試みる者」「革新を求める者」の意で、この語を、熱心党の者たちや思想的に彼らに近い者たちを指して使用しております。確かに、王のやったことは革新的？

南王国のアマツヤフ王と北王国の王との間の往復書簡

列王記下一四・八（＝歴代誌下二五・一七）以下によると、あるとき南王国の王アマツヤフは、北王国イスラエルの王イェホアシュ（ヨアシュ）のもとへ使いの者を遣わし、一戦を交えると通告いたします。それにたいしてイェホアシュも使いの者を遣わして自制を求めるよう要求し、使いの者に「レバノンのアザミがレバノンの杉に使いを遣わして、『あなたの娘をわたしの息子の嫁にくれ』と言ったが、レバノンの野の獣が通りかかって、アザミを踏みにじってしまった。おまえはエドムを打ち破って思い上がっている。その栄誉に満足して家に留まっているがよい。なぜ挑発して災いを招き、ユダと倒れるようなことをするのか」と言わせます。

ここでのメタファーはレバノン杉（図29）の巨木をすぐに想像できなければ分かりにくいものです。レバノン杉はソロモンの神殿や王宮の建設でも使用されたとされる樹高が四〇メートルにも達するものです。その巨木で象徴されるのが北王国のイスラエルであり、荒れ野の中でなんとか露命をつないでいるアザミが南王国のユダというわけです。しかし、南王国のアマツヤフ王は北王国イェホアシュの言葉を聞き入れようとはしません。そこで北王国の王は攻め下ってきて、ベト・シェメシュ（図30）でアマツヤフ王を打ち負かし、彼を捕らえるのです。イェホアシュ王はエルサレムの城壁を破壊し、神殿と王宮の宝物庫を空にします。これは紀元前七八八年の出来事とされます。

ヨセフスは使いの者の往来を書簡のやりとりに改め、「アマシアス（アマツヤフ）は……鉄面皮にイスラエルびとの王ヨーアソス（イェホアシュ）に書簡を送り、かつて彼の先祖たちがダウィデース（ダビデ）とソロモーン（ソロモン）にしたがったように、王と民はすべて自分にしたがうように命じた。そして、もし道理をわきまえねば、王権は戦争で決すると承知せよ、と通告した」（九・一九六）

図29●レバノン杉
図30●ベト・シェメシュ

とします。それにたいしてイェホアシュも返書を書き送ったとします。「ヨーアソス（イェホアシュ）王からアマシアス（アマツヤフ）王に（挨拶をおくる）」ではじまる書簡の内容は使いの者の伝える言葉とほぼ同じです。

ヨセフスは、イェホアシュ王からの返書を読んだアマツヤフ王が激怒し、「以前にもまして戦争を仕かける気になった」とし、「思うに、神がご自分を侮って律法を犯した行為を糾弾されるため、彼を戦争に駆り立てたのだろう」（九・一九九）と推測してみせます。そして彼は、列王記下も歴代誌下も言及していないアマツヤフ王が敗退した状況を想像し、次のように語ります。

「ところで、彼（アマシアス）がヨーアソス（イェホアシュ）に立ち向かうために軍隊を率いて出撃し、まさに戦いがはじまろうとしたとき、突如アマシアス（アマツヤフ）の軍勢が恐怖におそわれ、大混乱を起こして逃げ出した。神が（アマシアスの高ぶりを）快く思わなかったために、このように仕組まれたのである。彼らが戦いを交える前に恐怖にかられて散り散りになったので、アマシアスだけが取り残され、敵の捕虜になってしまった。ヨーアソスはアマシアスを脅して言った。『エルサレムびとを説得して城門を開けさせ、自分と軍隊を市中に入れなければ処刑する。』アマシアスは、命惜しさの恐怖心から、やむなく敵の入城を認めた。」（九・一九九―二〇一）

ヨセフスは次にイェホアシュが城壁につくられた破れ口から「戦車に乗って」エルサレムに入城し

たとし、さらに「捕虜のアマシアス（アマツヤフ）がその後に引かれて行った」とし、神殿と王宮での略奪を終えるとアマツヤフ王を捕虜の身から解放し、自身はサマリアへ戻って行ったとします（九・二〇二）。

アマツヤフ王の死と後継者オズィアス

ヨセフスはこの災禍を「アマシアス（アマツヤフ）の治世の第一四年目」（九・二〇三）、すなわち紀元前七八七年の出来事とします。歴代誌下も列王記下もその年代を特定していないので説明が必要です。

列王記下一四・二および歴代誌下二五・一によれば、アマツヤフ王のエルサレムでの統治期間は二九年です。そして列王記下一四・一七および歴代誌下二五・二五によれば、アマツヤフ王はイェホアシュ王の死後なお一五年生きたとありますから、ヨセフスがこの災禍をアマツヤフ王の治世の「第一四年目」としたのは、彼がイェホアシュの死を同じくアマツヤフ王の治世の「第一四年目」の出来事としたからです。

列王記下および歴代誌下によれば、アマツヤフ王はその後、ラキシュの町（図31）で暗殺されます。ラキシュはエルサレムの西南約四五キロメートルに位置します。王はエルサレムで埋葬されます。ひ

図31●ラキシュ

とりヨセフスだけが「そこで大葬が執り行われた」（九・二〇三）としますが、彼は再びそこでも「珍奇なる慣習」という言葉を使用して「これが珍奇なる慣習を持ち込んで神を蔑視するに至ったアマシアス（アマツヤフ）の最期であった」（九・二〇四）とし、王の後継者となったのはその子オズィアスであったと告げます。ヨセフスの読みのオズィアスはアザリヤの別称ウジヤ（歴代誌下二六・一以下）のギリシア語読みであり、歴代誌下では一貫してこのウジヤが用いられ、そのギリシア語訳ではオズィアスが使用されております。

イスラエルの王の悪事と遠征

列王記下一四・二三以下によると、南王国ユダの王アマツヤフの治世の第一五年（前七八七年）に、北王国イスラエルの王ヨアシュの子ヤロブアム（二世）がサマリアで王となり、四一年間王位にあります（前七八七―七四七）。彼は主の目に悪しきことを行ったそうですが、レボ・ハマトからアラバの海（＝死海）まで、すなわちイスラエルの最北端から最南端までの領地を回復します。ここでの領地回復はイスラエルの主なる神がアミタイの子ヨナを介して告げた言葉の成就だそうです。何でもかんでも「主なる神の言葉の成就」です。ヤレヤレ。

ヨセフスはヤロブアム王が「神にたいしておそろしく傲岸不遜《ごうがんふそん》で、律法などは歯牙にもかけず、偶像を拝し、見苦しい外国の慣習を多数取り入れた」（九・二〇五）と糞味噌に言う一方、しかし彼は「イスラエルの民には潤沢な恩恵を施した」とします。ここでの潤沢な恩恵とは領地の回復のことですが、ヨセフスはここで列王記下一四・二五に登場する「預言者アミタイの子ヨナ」を登場させ、「（あるとき）ヨーナス（ヨナ）がイェロボアモス（ヤロブアム）に次のように言った。イェロボアモスはスリアびと（＝アラムびと）と戦争して彼らの軍隊を打ち破り、自分の王国を北はハマトの町、南はアスファルティティス湖（死海）まで拡張しなければならない。なぜなら、指揮官イェースース（ヨシュア）が定めたように、そこはかつてカナンの国境だったからである」（九・二〇六）と言ったとします。ここでのアスファルティティス湖の呼称はすでに本書一・一七四に登場しますが、それは「アラバの海」同様に、「死海」を指すものです。

ヨナ書のヨナは？

ヨセフスはここで、列王記下に登場するアミタイの子ヨナをヨナ書に登場するヨナと同一視いたします。仰天ものの同定です。

彼は「さて、わたしは（本書の冒頭で）わたしたちの歴史を正確に記述すると約束した。そこで、ヘブライ人の著作の中に書かれているこの預言者について、すべてを語らぬわけにはいかない」

（九・二〇八）と断った上で、わずか四章からなるヨナ書の寓意物語を歴史物語として取り上げ、最初の二章を紹介いたします。

あるときのことです。

ヨナは神に、ニネベの町に出かけ、その町で（悔い改めの）呼びかけをするよう命じられます。ところが彼は神の命令に尻込みし、ヤッファの町に逃げ込み（図32）、そこでタルシシュ行きの船に乗り込みます。タルシシュの港町の場所が不明であるのは、架空の物語であることを暴露するものでしょう。ちょうどユディト記に登場する地名のいくつかが架空のものであるのと同じです。船は、途中、大嵐に遭遇します。船長は乗船客にくじをひかせ、誰のせいでこんな災難に遭うのかを調べます。ヨナがくじを引き当てます。ヨナは自分を海に投げ入れれば、海は穏やかになると言います。彼は海に投棄されます。すると、嵐が突如おさまります。海中に投棄されたヨナは鯨（ケーポス）に飲み込まれますが、三日三晩の後、ある岸辺近くに生きたまま吐き出されます。彼の体には傷ひとつなかったというのです（図33）。

ここまではヨセフスが使用するヨナ書の最初の二章の要約です。ニネベの町の悔い改めが語られている第三章と第四書はカットされます。確かに、ヨセフスはここで仰天ものの、いや独創的な結び付けを行っておりますが、ここでのヨナがヨナ書のヨナである保証はどこにもありません。そのためでしょうか、彼はこの物語を「この預言者の物語は、（荒唐無稽に思われるかもしれないが、）わたしには

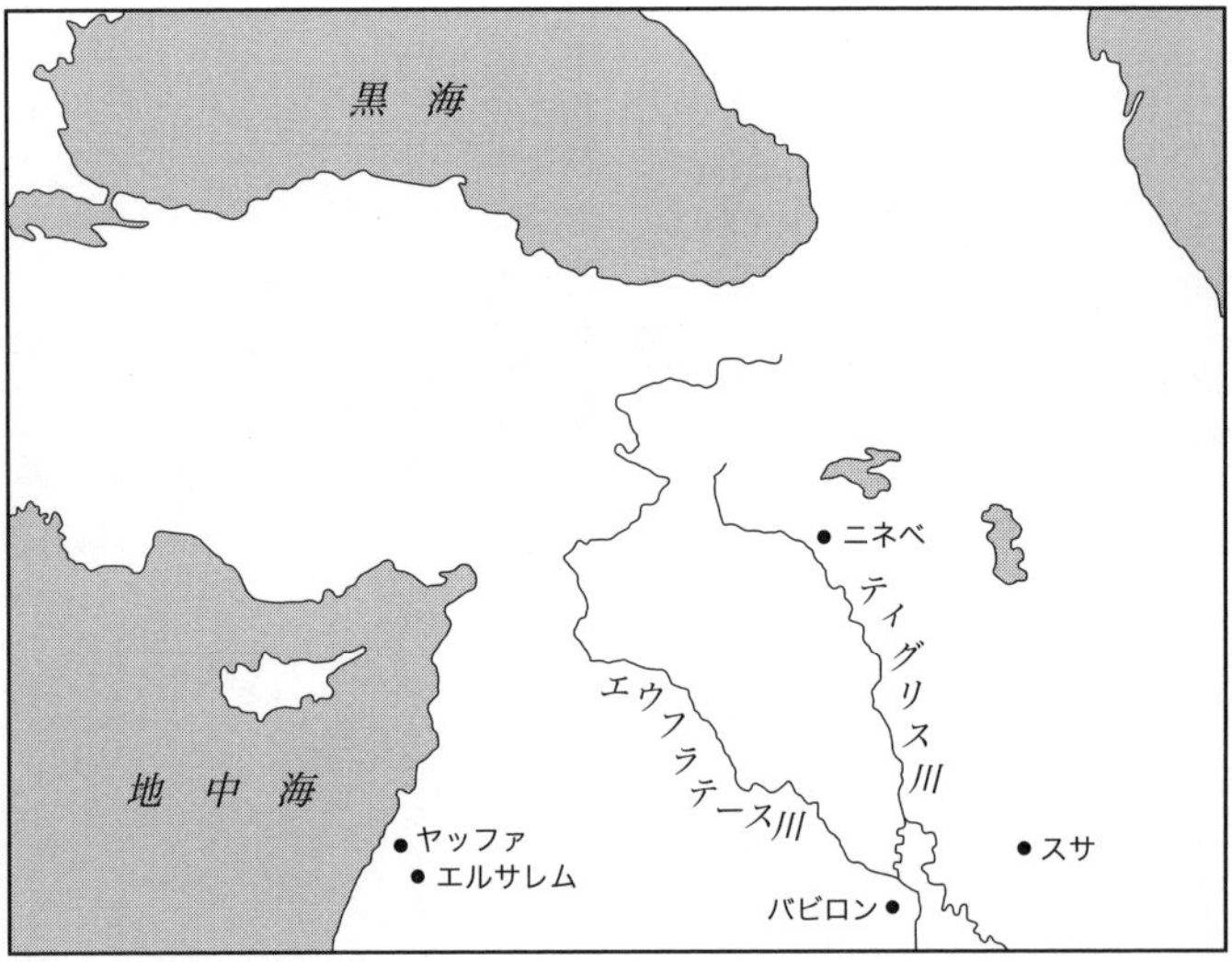

図32●ヤッファとニネベ

図33●ヨナと難船

書かれているとおりに語った」（九・二一四）で締めくくります。

ヨセフスは、たとえ内容を大幅に改変しても「書かれているとおりに語った」とか、「書かれているとおりに書き記した」とうそぶくことがあります。ここでのヨナ書の最初の二章は「書かれているとおりに語った」数少ない箇所のひとつです。

ヨセフスがここで列王記下のヨナをヨナ書のヨナと結び付けた理由は不明ですが、イエスの時代、すなわちヨセフスの時代、このヨナ物語は人びとの間で結構盛んに語られていたに違いなく、もしそうだとすると、たとえばラビたちの間でそのような結び付けが行われていたのかもしれませんが、それはともかく、ヨセフス自身ここで見られるような海難事故に興味をもっていたことだけは確かであると思います。『自伝』一三以下によると、彼は二六歳のとき懇意にしていた祭司たちの釈放願いのためにローマに赴きますが、その船旅でイタリアの港町プテオリ、すなわち現在のポッツォリ（図34）に到達する前にアドリア海のまっただ中で彼の乗った船が難破し、遭難者六〇〇名中、救われた者わずか八〇名という大惨事に遭遇しているからです。

図34●プテオリ

ヤロブアム王の後継者とアマツヤ王の後継者

列王記下一四・二三によれば、北王国イスラエルの王ヤロブアム（二世）が四一年間王位にあった後亡くなります。紀元前七四七年のこととされます。王国を継いだのはその子ゼカリヤです。

列王記下一五・一によれば、紀元前七八七年ころに、アマツヤの子アザリヤ（＝アザリヤフ＝ウジヤ）が南王国の王となります。ヨセフスはアザリヤの即位年を列王記下に見られるヤロブアムの治世の「第二七年」ではなくて、「第一四年」とします。大きな食い違いです。

ウジヤ王の遠征と軍団

ここから先の資料は歴代誌下です。

列王記下に見られる呼称アザリヤ（＝アザリヤフ）はウジヤになります。ややこしいたらありません。

歴代誌下二六・六以下によると、南王国ユダの王ウジヤはペリシテびとのもとへ遠征して勝利すると、いくつかの町々の城壁を破壊し、新しい町々をつくります。彼はこの遠征が終わるとさらにペリシテびと以外の者たちが住む土地への遠征にも成功し、その名はエジプトの境にまで轟《とどろ》いたそうです。

彼はエルサレムに塔や門をつくり、荒野にも塔をつくり、軍を整備し、その軍勢は三〇万七五〇〇に達したそうです。当時のエルサレムの城門内に住むことができたのは一万もいなかったでしょうから、話半分、いや話一〇〇分の一以下にする必要がありそうです。

ヨセフスはウジヤ王の手になるエルサレムの強化では、「城壁のうちで老朽化したり、先王たちが顧みなかった崩れ落ちた箇所や、イスラエルびとの王が彼の父親を捕虜にして市中に入ったとき破壊したところを再建し修復した」（九・二一八）とします。彼は対ローマのユダヤ戦争ではガリラヤへ派遣されましたが、彼が最初にしたことはそこにある有力な町々の防備でした（『戦記』二・五七三ほか）。町を囲む壁に破れ口があればそれを修復し、壁をより高いものにしました。彼はここで往時の自分を想像しながら再話を進めているように思われます。彼はまたその高さが特定されていない荒野の塔の高さを想像し、また荒れ野に塔が建てられた以上、そしてまた「多くのため池を掘った」と書かれてある以上、荒れ野に要塞がつくられたと想像して、王は「それぞれ高さ五〇ペークスの塔を建て、荒れ野の地に堅固な要塞をつくり、送水用の掘割を多数掘った」（九・二一九）とします。ヨセフスはここでヘロデが逃走用・避難用の要塞としてエルサレムの南に建造した荒れ野の中の要塞ヘロディオン（『戦記』一・二六五）を脳裏に描いているのかもしれません（図35）。

彼はまた、テクストにウジヤ王が「シェフらと平地に多くの家畜を所有し……」とあれば「土地が放牧の適地だったからである」（九・二二九）と補い、また「山地や肥沃な地には農夫や葡萄づくりが

図35●ヘロディオン

いた」とあれば「彼は農事を好んだので、耕作地をよく手入れし、植物を植え、あらゆる種類の種をまいた」(前掲箇所)とします。彼は王が要した軍団の精鋭の数をテクストの「三〇万七五〇〇」から「三七万」に膨らませますが、写本によっては「三〇万」です。彼らの指揮官の数は「二六〇〇」から「二〇〇〇」ですから、われわれは「三七万」の読みを採用するのではなくて、「三〇万」を採用すべきかもしれません。どちらの読みを採用するにせよ、どちらもとんでもない誇張です。

歴代誌下はウジヤ王の兵士たちが使用する装置に言及しております。それは矢や投石装置への言及のみですが、ヨセフスはウジヤが「投石機、槍投げ機、ひっかけ釘といった攻城用の装置、およびこれに類したものを多数つくった」(九・二二一)とします。彼は、明らかにここで、ユダヤ戦争でローマ軍が使用した攻城用の装置を念頭に置いております。

ウジヤ王の腐敗堕落

歴代誌下二六・一六以下によると、ウジヤ王は力を増すにしたがい思い上がり、主なる神に背くようになります。彼は祭司でもないのに神殿に入ると、「香の祭壇」で香を焚こうとしますが、祭司たちによって阻止されます。それができるのはアロンの子孫である祭司だけだからです。ヨセフスは王の思い上がりを次の言葉で描写いたします。

「彼は（結局）おごり高ぶって堕落し、いっときの豊かさに得意になり、不死で永代につづく力である神への敬虔と律法の遵守をないがしろにした。そして成功に溺れて道をはずし、父親の轍《てつ》を踏んだ。父親は莫大な富と絶大な権力を手にしたが、それを正しく用いることができず数かずの罪を犯したのである。」（九・二二二）

ここで「いっときの」の訳語を与えたギリシア語テュネーティ（↓テュネーテー）の本来の意味は「死すべき」「滅ぶべき」で、次にくる神の属性のひとつと間違いなく理解されている「不死」（アサナトゥー↓アサナトス）と対比的に使用されておりますが、ここでのヨセフスの理解は、ここまで繰り返し表明されてきた彼の信念、すなわち「神への敬虔」は必然的に「律法の順守」を生むものである、あるいはモーセの律法を順守すれば、ひとは必然的に神にたいして敬虔になるというものです。

歴代誌下はいつウジヤが祭壇の上で香を焚こうとしたのかを記しておりませんが、ヨセフスは「民の祭りの日が巡ってきたとき、黄金の祭壇の上に神への犠牲を捧げるために、祭司の祭服を着て聖域に入場しようとした」（九・二二三）とします。

「祭」は時間枠設定のための小道具

ここまでですでに祭の頻出にお気づきでしょうか。

ヨセフスは物語の展開の中でしばしば「祭りの日が巡ってきたとき」と述べて、時間枠を設定します。それは物語に史実性（もっともらしさ）を与えます。それに言及するのはヨセフスの得意とするひとつの文学的手法です。創世記三四・一以下はヤコブの娘デイナがシケムの若者に凌辱されたと記しておりますが、ヨセフスは、その出来事はシケムびとが「祭りを祝っているとき」（一・三三七）とします。創世記三九・一以下はヨセフがファラオの妻ポティファルから執拗に不倫の誘いを受けたことを告げます。ヨセフスは、その出来事を「女たちも参加するのが習慣になっている祭りの日が巡ってきたとき」（二・四五）とします。士師記二一・一八以下は、ベニヤミンの若者たち二〇〇人がイスラエルびとの娘たちの略奪婚を語っておりますが、ヨセフスは、その出来事を「祭りの日がやって来たとき」（五・一七二）とします。士師記一六・二三以下はサムソンが獄から引き出されペリシテびとたちの指導者の酒の上での余興をやらされようとした話を語りますが、ヨセフスは、その出来事をペリシテびとの「民衆の祭があったとき」（五・三一四）とします。このほかにもまだまだ例がありますが、ヨセフスにとって「祭」は物語に史実性を与えるための時間枠設定の小道具なのです。

ウジヤ王の最期

歴代誌下二六・一九以下によれば、主なる神にたいして不遜な態度を取ったウジヤの額《ひたい》にレプラ（ギリシア語訳）の症状が現れ出ます。主が報復したとされます。ウジヤは死ぬまでレプラを患い、もはや王宮には住めません。彼は隔離された所に移り住み、その子ヨタムが王になります。それは紀元前七三六年以前のこととされます。やがてウジヤは亡くなります。それは紀元前七三六年のこととされます。

ヨセフスはウジヤの額に突然レプラが生じた事態を次のように言います。

「（このとき）大きな地震が大地を揺り動かし、神殿が真っ二つに割れた。そして、まばゆいばかりの一条の光線がそこから輝き出し、王の顔にあたると、たちまちレプラが（王の額に）生じた。また、町の前のエローゲーと呼ばれる場所では、西の山の半分が削り取られ、四スタディオン（の距離を）転げ落ちて東の山の所でとまり、側道や王宮の庭園を埋め尽くしてしまった。」（九・二二六）

すでに見てきたように、合理的な物の考え方をし、奇跡的な出来事などを極力排除するヨセフスですから、ここでの記述には驚かされます。ここでの記述は、ゼカリヤ書一四・四―六に見られる「主の日」についての無責任で扇動的で、妄想的な言葉「その日……オリーブ山は東と西に半分に裂け、非常に大きな谷ができる。……」の中に「おまえたちは……ユダの王ウジヤの時代に地震を避けて逃れたように逃げるがよい」とあるところから、後の時代のラビやキリスト教徒たちはここでのウジヤをレプラを患ったときのウジヤにしますが、ここでのヨセフスもそこでの大地震のイメージを上記の一文の中に取り込んでおります。しかしここでの記述をヨセフスらしくない記述と見なし、後の時代、たとえばヨセフスの写本の転写の伝統を築くことになるイタリアのヴィヴァリウムの修道院の転写生の挿入と見なすこともできます。なぜなら、ここでの記事をすぽっと取り除いてもこの一文の前に置かれる話の文末はこの話に接続する次に来る一文に何の支障もなく接続するからであり、仮にこの一文の著者がヨセフスであれば、地震のときの王宮の騒ぎや王ウジヤのそのときの振る舞いに創作的に言及したに違いないのにそれがないからです。さらに指摘すれば、この問題の一文によれば、大地震で削り取られた西の山が王宮の庭園を埋め尽くしたとされているのに、ヨセフスはその先でウジヤの遺体は「その庭園にひっそりと埋葬された」（九・二二七）と言っており、また問題の一文に見られる「庭園」はパラデイソスであるのにたいして、ウジヤの遺体が埋葬された「庭園」はケーポスだからです。

イスラエルの王ゼカリヤ、シャルムに殺される

列王記下一五・八以下によると、紀元前七四七年に、ヤロブアムの子ゼカリヤが北王国イスラエルの王となります。彼は主の目に悪しきことを行い、わずか六か月王位にあっただけで、ヤベシュの子シャルムに殺されます。またもやクーデターです。ギリシア語訳（ラールフス版）によれば、シャルムの謀反にはケブラアムと呼ばれる人物も加わっております。ラールフス版が転写の過程で人名を創作して入れることは考えにくいことだけに、ラールフス版の背後にあるヘブライ語テクストにケプラアムに相当するヘブライ語の人名があり、ルキアノス版のギリシア語訳ではそれが欠落したと想像することができます。ヨセフスはシャルムをザカリヤの「友人のひとり」とします。

メナヘム、北王国の新王朝の開祖となる

ゼカリヤの王位を簒奪したシャルムは北王国のサマリアで王位につきますが、その一か月後、ティルツァの町からやって来たガディの子メナヘムが彼を殺します。クーデターにつぐクーデターです。

紀元前七四七年のことです。

王となったメナヘムは「メナヘム王朝」の開祖となります。

彼はティフサの町に遠征しますが、町の住民が城門を開かなかったため彼らを撃ち、「すべての妊婦の腹を切り開いた」そうです。ヨセフスはメナヘムが妊婦の腹を割いたことには言及せず、彼が「乳飲み子ですら容赦しなかった」と述べて、彼の残虐さに言及すると同時にヘブライ語やギリシア語訳に見られない一文「彼は捕虜になった外国人にも許されないような残虐な仕打ちを同胞たちに加えたのである」(九・二三一)として、その残虐さを強調します。

北王国のメナヘム王、アッシリアの王に貢ぎの金を払う

列王記下一五・一七以下によると、メナヘム王はサマリアで一〇年間王位にありましたが(前七四七―七三八)、彼もまた「主の目に悪しきことをした」と断罪されております。

ヨセフスはこの陳腐な表現の繰り返しを回避し、メナヘムが「最後まで卑劣漢であり、暴戻な男であった」(九・二三二)と述べます。わたしが「暴戻な男」の訳語を与えたギリシア語の直訳は「(それまでの)すべての者のなかでもっとも残酷な男」です。神は怒りを爆発させてこの男を罰するのかと思いきや、そうではないのですから、わたしたちはもうここらあたりで、旧約聖書の一神教の神と称する主は人類の歴史、いやイスラエル民族の歴史には何の関わりももたない神であると認識する必要があるかもしれません。

メナヘム王の治世のとき、アッシリアの王プルがサマリアに遠征して来ます。紀元前七三八年のことです。プルは、新アッシリア帝国を強大にしたことで知られるティグラト・ピレセル三世（在位、前七四五―七二七）（図36）を指します。列王記下一五・一九によると、メナヘムはプルの助けで王国の支配を強化しようと目論み、そのため彼は北王国の資産家からひとり頭銀五〇シェケル（キカル）を徴収して彼に銀一〇〇〇キカルを贈ったそうです。一〇〇〇÷五〇＝二〇ですから、北王国には単純計算で二〇人の資産家がいたことになります。岩波版の註によると、一〇〇〇キカルは重量計算で「約三四トン」に相当するそうです。この「約三四トン」を二〇で割りますと、ひとり頭一万七〇〇〇キロとなります。こんな多量な供出は、常識的に考えてあり得るのでしょうか？　岩波版の訳者は、列王記下に書かれていることは基本的には史実であるとする立場に立っておられるようですから、ここでの数字を疑うことはありません。そのことは註を読めば明らかです。ヤレヤレ。

ヨセフスもほぼ同じことを語ります。

彼は銀五〇シェケルを徴収された者たちをテクストにある「有力者／富める者」から「人びと」にするため、本書を読む者は、北王国のすべての住民が巻き上げられたのかと錯覚してしまいます。なお、すでに見てきた本書三・一九五でヨセフスは、「一シクロスは四アッティカ・ドラクメーに相当するヘブルびとの公用貨幣である」と言っております。

列王記下はメナヘム王がアッシリアの王に貢ぎ物をした以外の話には触れません。

図36●ティグラト・ピレセル３世

北王国のペカフヤ王、ペカハの謀反に会う

列王記下一五・二三以下によると、北王国のメナヘム王朝の開祖の後を継いだのはメナヘムの子ペカフヤです。紀元前七三七年のことです。ヘブライ語列王記下によれば、彼の補佐官であるペカハが、在位二年目の王にたいし謀反し、「サマリアの王宮の城郭で」王の首を取ります。またまたクーデターです。ラールフス版は、首を取った場所を「王宮の前」とし、ルキアノス版は「王宮」としますが、ヨセフスは想像力を働かせて「友人たちとの祝宴（スュンポシオン）の席上」といたします。祝宴会場は警戒が一番緩む場所です。それは襲われやすい状況をつくりだすものです。ギリシア語訳によれば、謀反を起こしたペカハは「侍従ロメリオスの子」ですが、ヨセフスでは「千人隊長ロメリアスの子」とされます。ペカハのクーデターの成功により、「メナヘム王朝」は二代で終わりを告げます。

ティグラト・ピレセル、北王国へ侵攻する

王位の簒奪者ペカハは二〇年間、北王国の王位にありますが、列王記下一五・二九以下によると、彼の治世中に、アッシリアの王ティグラト・ピレセル三世（プル）が北王国に侵攻してきます。彼は北王国の北部にある町や村を制圧すると、そこに住む者たちを捕虜としてアッシリアに連れ去ります。

これは紀元前七三三―七三二年の出来事とされるものですが、すでに見たように、この一年前の紀元前七三四年にもティグラト・ピレセル三世はパレスチナの海岸沿いに侵入し、ガザやラフィアの町に達し、ペリシテびとの地を征服しております。

ヨセフスも歴代誌下にしたがって、そこでの記述を再話しますが、格別取り上げて話題にするものはありません。

南王国のヨタム王の治世と繁栄

すでに述べたように、歴代誌下二七・一（＝列王記下一五・三二）以下によると、南王国ではレプラを患った王ウジヤに代ってその子ヨタムが王になります。歴代誌下も列王記下も、彼が「主の目に正しいことを行った」ことを強調する反面、歴代誌下は「民は依然として身を滅ぼしつづけた」と述べて、偶像を祭る高き所が取り除かれなかったことを示唆しますが、列王記下は「彼らが高き所を取り除かず、民は依然としてそこで犠牲を捧げ、香を焚いていた」と具体的です。歴代誌下はヨタム王がユダの山地に町々や森林地帯に要塞を建て、アンモンびととの戦いに勝利して貢ぎを納めさせたことも報告いたします。列王記下はこれらの詳細には触れておりません。

ヨセフスはヨタム王を、「神にたいしては敬虔であり、人間にたいしては正義の士であった」（九・

二三六）と持ち上げて、歴代誌下を前に置いて、彼の治世を要約しますが、少しばかり内容を変えることもあります。たとえば、歴代誌下はヨタムが町々を建てたことに触れますが、ヨセフスは「王は町のためにもよく心を砕き、補修や飾りの必要な箇所はどこでも大金を投じて工事をした」（九・二三七）とし、また神殿の上の門の設置や、オフェルの城壁の拡張工事や、要塞と塔の建設では、想像力を働かせて、「そして神殿の列柱廊や玄関口を（修理し）、城壁の倒壊した所を建て直し、巨大で攻略困難な塔をもつくった」（前掲箇所）とします。ヨセフスはここで、周辺諸国にまで出かけて、町々を修復して建築マニアぶりを発揮したローマ時代のヘロデ大王のことを思い浮かべているのかもしれません

　ヨセフスは、ヨタム王がアンモンびとに貢ぎを納めさせたことに触れた後で、王が「王国（の勢威）をかくも高めたので、（周辺の）敵から侮られることもなく、国民に繁栄をもたらした」（九・二三八）として、その治世についての記述を締めくくります。過剰の讃美の言葉ですが、彼はわたしたちに、一国の勢威を高めなければ、周辺の隣国から侮られ、繁栄もないことを教えてくれます。もしかしたら、わたしたち日本に欠けているのは、周辺の国々も目を見張る、国としての「勢威」や「尊厳」ではないかと思います。

預言者ナホム、ニネベについて預言する

ヨセフスは次に「そのころ、ナウーモス（ナホム）と呼ばれる預言者がおり、アッシリアびとの滅亡とニノス（ニネベ）の（陥落）を預言していた」（九・二三九）と述べて、ナホム書の言葉を引きます。

ナホム書は旧約聖書の「十二小預言者」に属する預言書のひとつです。アッシリアの首都ニネベの陥落について託宣する三章からなる短い文書です。この書の三・八―一〇はテーベの滅亡に言及しているよう見えるところから、この書の著作年代の上限は紀元前六六三年とされ、またこの書の第二章がニネベの陥落に言及しているところから、その下限は紀元前六一二年以前とされます。ヘブライ語聖書では、この書の二つ前には、すでにニネベについての託宣文書であるヨナ書が置かれております。二つまとめて読むのが賢明な読み方ではないかと思われますが、ここではヘブライ語テクストと、ギリシア語訳と、さらにヨセフスが引いてみせるものを並べてみます。テクストの三つの併置は、テクストの伝承の問題を考えさせるものとなります。

最初はヘブライ語ナホム書の第二章の九節から一四節までです。

「ニネベは、建てられたときから

水を集める池のようであった。
しかし、水は流れ出して
「止まれ、止まれ」と言っても
だれも振り返らない。
「銀を奪え、金を奪え。」
その財宝は限りなく
あらゆる宝物が溢れている。
破壊と荒廃と滅亡が臨み
心は挫け、膝は震え
すべての人の腰はわななき
すべての人の顔はおののきを示した。
獅子の住みかはどこにいったのか。
それは若獅子の牧場だった。
獅子がそこを去り
雌獅子と子獅子が残っていても
脅かすものは何もなかった。

獅子は子獅子のために獲物を引き裂き
雌獅子のために絞め殺し
洞穴を獲物で
住みかを引き裂いた肉で満たした。
見よ、わたしはお前に立ち向うと
万軍の主は言われる。
わたしはお前の戦車を焼いて煙とし
剣はお前の若獅子を餌食とする。
わたしはお前の獲物をこの地から断つ。
お前の使者たちの声はもう聞かれない。」（新共同訳）

次はギリシア語訳ナホム書二・八―一四からです。

ニネベであるが、その水は水のため池のよう。
彼らは逃げたが、立ち止まることはなかった。
振り返る者はいなかった。
彼らは銀を略奪した。

彼らは金を略奪した。
彼女の虚飾に終わりはなかった。
彼らはその欲したすべての器で重くされた。
揺さぶり、激しい揺れ、騒動、悲嘆（がある）。
膝の震えと腰全体の痛み
すべての者の顔は土器の土色。
ライオンたちの住処と子ライオンの牧場はどこに？
ライオンたちはどこに見られるのか？
ライオンの子らそこに入っても、
それを恐れさせる者はいなかった。
ライオンは自分の子ライオンのために十分な獲物を手に入れ、
彼の（子）ライオンのために（獲物の）息をとめ、
彼の洞窟を獲物で満たした。
彼の住む所は奪った物で（満たした）。
見よ、わたしはおまえに立ち向う、
と万軍の主は言われる。

わたしはおまえの多数（の戦車）を焼いて煙とし、
剣はおまえの（子）ライオンを食い尽くす。
わたしはおまえの獲物をこの地から滅ぼし尽くす。
おまえのしたことはもう二度と聞かれない。

最後はヨセフスからです。

「ニネベは波立つ水の池となる。
同じように、全市民も翻弄されたあげく、
互いに『立ち止まれ、とどまれ、
金銀をおまえたちのために奪え』と
わめきながら逃げ去って行く。
しかし、だれも立ち止まろうとはしない。
富よりも自分の生命を救うのに懸命になるからだ。
互に争う恐ろしい事態が起こるのだ。
悲嘆の声（が上がり、）
四肢がはずされ、

（人びとの）顔は驚怖にゆがむ。
いったい、どこにライオンの住処があり、
（どこに）ライオンの子の母はいるのか。
ニネウェーよ、神はおまえに言われる。
『わたしは滅ぼす。おまえの所からライオンどもが出て行き、
おまえが世界を支配することは二度とない』と。」（九・二三九―二四一）

ここでのヨセフスの引用は、アッシリアの滅亡とニネベの陥落について言及する文書からだとされておりますが、ここまでの物語の展開では、アッシリアの滅亡とニネベの陥落は物語の主題とはなっていないのです。とすると、ここでの彼の引用は、テクストを改変することなくしての引用である可能性が非常に高いものとなりますが、それでも彼の引用は彼の前に置かれていたギリシア語訳（かヘブライ語）テクストをそのまま写したものとは到底思われません。

ではヨセフス自身が大幅に手を入れたのでしょうか？

これまでの資料の扱い方からすると、彼は資料を自在に扱いますから、ここでも彼は目の前に置かれたナホム書に手を入れて、その内容を紹介していると想像したくなります。しかしここでは、文書の正典化の視点から資料の改変問題を見ようと思います。ここまでのヨセフスの資料の扱いからして、

またここでの資料の扱いからして言えることは、たとえ文書資料が正典化されたものであっても、その文書は「閉じられた」資料としては扱われてはいないことです。これは覚えておくべき重要な事柄だと思われます。正典文書といえども、それが閉じられて固定化されていない以上、その文書は自在に扱えるのです。そして自在に扱える以上、その文書に「何の作為的な付加も削除も行わないことを約束しておこう」（『古代誌』一・一七ほか）と広言しながら、何かを加えたり、何かを省略したりすることが可能とされたのです。

物語に戻ります。

すでに述べたように、ここでの資料の引用は非常に唐突です。ヨセフスは引用した託宣の一々の部分についてはコメントをしませんが、次のように言って、この引用を締めくくります。

「この預言者は、この他にもニネべについて多くの預言をしたが、（それを一々）紹介するのは読者にはわずらわしいと思われるので省略する。しかしにニネべについての預言は、一一五年後にすべて実現したのである。」（九・二四二）

この一文はヨセフスがすでに引いた、ニネべの託宣を語るヨナ書の著者をナホムと同一視している可能性を示唆しないでしょうか？

この一文で見逃してはならないのは、ヨセフスが最後に、ニネベについての預言は、「一一五年後にすべて実現したからである」と言っていることです。彼にとって大事なのは預言や託宣が後の時代に実現したかどうかなのです。先に進んでから詳しく見るように、彼がダニエルの預言を高く買い、彼こそは真の預言者だと見なすのは、彼の預言が後の対ローマのユダヤ戦争で実現したと考えられたからなのです。

南王国のヨタム王の後継者アハズ

ヨセフスは次に、歴代誌下二七・一（か二七・八）にもとづいて、南王国ユダのヨタム王が四一歳で亡くなり、王国がその子アハズの手に渡ったと述べます。これは紀元前七四四年のことです。

歴代誌下二八・一以下によれば、アハズ王は主の目に正しいことを行わず、ベン・ヒノムの谷で香を焚き、周辺諸国の民の慣習にならい、さらには自分の息子（たち）を火で焼き——ギリシア語訳では「火の中を通らせた」です——、さらには偶像を祭る高き所でも生け贄を捧げ——ギリシア語訳ではこの一文は欠落——、香を焚いたりしたそうです。

なぜエルサレムの神殿の大祭司や司祭がこの事態に沈黙を守っているのでしょうか？

すでに見たように、エルサレムの神殿には男娼がいたそうですから、大祭司たちや祭司たちは娼婦や男娼たちとの遊びに忙しく、王の逸脱した神礼拝を断罪することなどできなかったのでしょうか？この事態は律法がまだ結集されていなかったことを示すものなのでしょうか？

ヨセフスは歴代誌下にもとづいて次のように申します。

「彼は神にたいしてはもっとも不信仰で、父祖伝来の律法を破り、イスラエルびとの歴代の王を模倣した。彼はエルサレムに祭壇を築いて、その偶像に犠牲を捧げたのである。その偶像には、カナンの慣習にしたがって、わが子さえも全焼の犠牲に捧げた。彼はその他これに類した罪を犯した。」（九・三四三）

アラムと北王国の連合軍、南王国を攻撃する

列王記下一六・五以下によると、「そのころ」、アラムの王レツィンと北王国の王ペカハの連合軍がエルサレムに攻め入り、アハズ王を包囲しますが、戦いを交えることはなかったそうです。しかしこのとき、アラムの王はエイロートの地を取り戻します。これは紀元前七三三年ころの出来事とされます。

歴代誌下二八・五以下の記述は、列王記のそれとは随分と異なります。歴代誌下によると、アラム

の王は南王国の者たちを多数捕虜にしてダマスコに連れて行きますし、また北王国の王ペカハはユダで「一日のうちに一二万人――全員が勇士――を殺した」ばかりか、彼らの兄弟たちの中から「二〇万の妻や、息子、娘たち」を捕虜としてサマリアへ引いて行ったとするのです。二〇万もの者たち――歴代誌下のギリシア語訳では「三〇万」です――がサマリア捕囚の憂き目にあったというのです。もちろん、数の誇張は聖書の伝統芸ですから、二〇万や三〇万の数字をまともに信じる必要はどこにもないのですが、それでも南王国の多数の住民が北王国に連れ去られたようです。歴代誌下の編者は、ユダがこのような災禍をこうむったのは「彼らが彼らの先祖の神・主を捨てた」からだと、神学的な陳腐な解釈をして見せます。

ヨセフスは列王記下の「そのころ」を、アハズが「こうした気違いじみた行動に走っていたとき」(九・二四四)とすることで、それを前章で語った物語に繋げ、北王国のペカハとアラムの王レツィンは友人であったとします。道理で、連合軍を組めたはずです。読者も納得です。

ヨセフスは連合軍が「長期間(エルサレムを)包囲したが、城壁が堅固だったために目的をはたすことができなかった」(九・二四四)とします。彼はここで彼の時代のエルサレムの城壁をイメージしているのかもしれませんが、彼自身がエルサレムからガリラヤの幾つかの町に派遣され、そこの城壁を強固なものにしたときのことを思い起こしているのかもしれません。

列王記下によれば、アラムの王はエイロート(図37)を略取すると、そこに住んでいたユダヤびと

図37●エイロート

たちを追放しますが、後になってそこにエドムびと（ギリシア語訳ではイドゥーマイオイ）がやって来て住み着いたそうです。ヨセフスはアラムの王がこのとき「住民を殺してそこにスリアびと（＝アラムびと）を植民させた」とします。手続き的には、ヨセフスの記述の方がナチュラルです。

ヨセフスはアラムの王はエイロートを取ると、大量の略奪物を手にダマスコに持ち去ったと想像します。そのため彼は、「エルサレムびとの王は、スリアびと（＝アラムびと）が国に帰ったことを聞くと、イスラエルびとの王を相手に戦えると考え、軍隊を率いて彼に立ち向ったが、破れてしまった」（九・二四六）とします。ヨセフスは歴代誌下二八・五の記述、すなわち主なる神が南王国の王をアラムの王や北王国の王の手に引き渡したとする記事から、南王国の王の敗北の原因を「彼の行った数多くの不信仰な大罪にたいして神の怒りが見舞ったからである」（九・二四六）とします。ヨセフスは本当に「神の怒り（メーニス）」などを信じているのでしょうか？ ヨセフスを合理的思考の持ち主だとするわたしたちは、この一文に戸惑いを覚えます。

ヨセフスはまた、歴代誌下二八・五以下の記事にもとづき、南王国の住民「一二万」が戦闘を開始した日にイスラエルの兵士の手で殺され、この戦闘で王の息子アマシアスが殺害され、王の高官やユダ部族の指導者たちが捕虜にされ、また女子供たちが多数連行されたことなどに言及しておりますが、サマリアに連行された女子供たちの数は挙げないばかりか、彼らを「ベニヤミン部族」の者たちとしております。ヨセフスはここで複数形の「息子たち」を意味するヘブライ語のバニームを「ビンヤミン」と誤読したと説明されたりします。しかし、ヨセフスのテクストをよく読むと、彼はそのとき殺害された――ヨセフスでは「捕虜にされた」です――「王の次位にある高官エルカナ」をユダ部族の指導者にしており、ここから彼はバランスを取って――南王国はユダ部族とベニヤミン部族から成り立ちます――ベニヤミン部族の女子供たちも捕虜とされたと理解したと思われます。

預言者オデドの叱責と捕虜の釈放

北王国の軍勢が凱旋します。

歴代誌下二八・九によると、サマリアにオデドと呼ばれる主の預言者がいたそうです。彼は「二〇万」とか「三〇万」とされる数の捕虜を率いて凱旋してきた北王国の兵士たちの前に立つと、彼らは同胞たちを殺し、捕虜として連れ帰った者たちを奴隷にしようとしているが、それは主なる神に罪を犯していることになる、捕虜とした者たちを即刻南王国ユダに帰すよう訴えます。

彼らは預言者の激しい言葉に恐れをなしたのでしょうか、捕虜と略奪品を手放します。彼らは捕虜を手厚く扱い、エリコの兄弟たちのもとへ連れて行くと、彼らを南王国の兄弟たちに引き渡します。

ヨセフスも歴代誌下の物語の粗筋にほぼ忠実に再話いたしますが、この捕虜釈放のプロセスには何かおかしなところがないでしょうか？

捕虜釈放の権限は北王国の王のものですが、その王がここでは登場していないのです。「二〇万」とか「三〇万」とされる南王国の捕虜たち全員が王の了解なしに釈放されて消えていたら、王は怒り狂い、預言者ばかりか、その釈放に同意した者たち全員の首を即刻はねたと思われますが、またそうして当然のことだと思われますが、それが書かれていないのです。おかしくはありませんか？

南王国のアハズ王、北王国に復讐をはかる

列王記下一六・七以下によると、北王国に敗北した南王国のアハズ王は北王国への復讐をはかります。

南王国は軍事力では北王国にはかないません。そこでアハズ王はアッシリアの王ティグラト・ピレセル三世のもとへ使者を遣わし、自分に立ち向うアラムの王やイスラエルの王から自分を守ってくれるよう懇願いたします。もちろん、手ぶらでの懇願はあり得ません。アハズ王は神殿と王宮の宝物庫にある金と銀を贈ります。贈り物にニンマリしたアッシリアの王はダマスコに攻め入り、その住民を捕虜とすると、彼らをキルと呼ばれる町に移し、さらには彼らの王レツィンを殺害します。

ヨセフスはその想像力を働かせて細部を改めます。

彼によれば、アッシリアの王のもとへ遣わされた使者は「豪華な贈り物」（九・二五二）を携えます

が、その時点では金銀は贈っておりません。彼は、金銀は成功報酬として贈られたと想像したのです。非常にナチュラルな想像です。王がアラムの王やイスラエルの王に仕打ちをしてくれれば、大量の金(銀)を与えるという協定を結び、王がアラム(=スリア)の土地を荒らし、ダマスコを攻め落とし、彼らの王を殺している間に、アハズ王は「王室金庫にあったすべての金や神殿内の銀と最上の奉納物などを奪い」(九・二五四)、協定どおりに、それをアッシリアの王に贈るのです。ヨセフスはアハズ自らが金銀をアッシリアの王のもとへ携えたとします。これもまたナチュラルな想像です。

南王国のアハズ王、新しい祭壇を建てアッシリアの祭儀を執り行う

列王記下一六・一〇以下によると、南王国のアハズ王はアッシリアの王をダマスコに訪ねたおり——そこではそれがいつの機会であったかは記されておりません——、王はダマスコにある異教の祭壇を見せられ、圧倒されます。エルサレムの神殿の祭壇はよほど貧相なものであったに違いありません。アハズ王はその祭壇の見取り図を祭司のウリヤに贈ります。それは王が帰国するまでの短期日に完成されたそうですが、一介の祭司にすぎないウリヤが大祭司の許可なくして祭壇を取り替えることなどできたのでしょうか？　ここにも列王記下の記述上の不自然さが残りますが、それはともかく、アハズ王がダマスコから戻ると、新しい祭壇で祭儀が執り行われることになります。ここでユダが、

実質上、アッシリアの属国になったわけです。南王国ユダのアッシリアナイゼーションです。ヨセフスは、エルサレムの神殿に異教の祭壇をつくり、その上で祭儀を営んだアハズ王に罵声を浴びせます。

「ところで、この王は、理非曲直をわきまえぬとんでもない大ばか者であり、スリアびと（＝アラムびと）と戦争をしている間、彼らの神々の跪拝をやめるどころか、（彼らの神々こそが）自分に勝利を与えてくれるかのように拝しつづけていたのである。そして、（スリアびとに）再度敗北すると、（今度は）アッシリアびとの神々に（鞍替えして）戦いはじめた。（要するに彼にあっては）敬意を払う神が自分の父祖たちの（信じた）真の神――この神の怒りにふれて彼は敗北したのである！――でなくても、どんな神でもよかったのである。彼は（父祖たちの神を）かくも軽んじて侮り、ついには神殿を閉鎖して慣習になっていた犠牲の持ち込みを禁じ、（そこにある）奉納物さえ取り払った。」（九・二五五―二五七）

ヨセフスはこの一文でアハズ王がエルサレムの「神殿を閉鎖して慣習になっていた犠牲の持ち込みを禁じ、（そこにある）奉納物さえ取り払った」とします。この一文は歴代誌下二八・二四にもとづくものだと思われます。彼が使用したそのギリシア語訳は、「アカズ（アハズ）は主の家の祭具を取り除くと、それらを粉々にした。彼は主の家（＝神殿）の扉を閉鎖し……」と読んでいるからです。ただし、大祭司や祭司たちが犠牲獣の持ち込みを禁止することなどはあり得ません。犠牲獣はすべて彼らの胃袋に納まるものだからです。

北王国でホシェアによるクーデター

列王記下一五・三〇および同書一七・一によると、エラの子でホシェアと呼ばれる男が北王国の王ペカハにたいして謀反を起こし、彼を弑逆《しぎゃく》して王になります。この謀反は紀元前七三一年の出来事です。彼は北王国の最後の王となります。

アッシリア王の侵攻

列王記下一七・三以下によると、ホシェアの時代にアッシリア王シャルマナセル五世が攻め上ってきます。紀元前七二四年のことです。

ホシェア王は彼に隷属し、貢ぎを納めますが、その後謀反を起こしてエジプト王の助けをもとめます。そのため王は捕らえられて牢に繋がれます。

ヨセフスもアッシリアの王の侵攻に言及し、彼がホシェア王を「服属させて一定額の貢納を課した」（九・二五九）とします。彼は王がアッシリア王に敗北したのは、彼が「神の恩寵をうけられず、（そのために）神を同盟者にできなかったためである」（前掲箇所）とします。

アッシリアの軍勢は、ヨセフスの時代のローマ軍です。エルサレムがローマ軍の前に陥落したように、北王国の首都サマリアはアッシリア軍の前に陥落することになるのですが、ヨセフスはこのサマリア陥落と北王国の終焉を少しばかり先に行ってから語ります。

南王国のヒゼキヤフ王、民に勧告する

列王記下一八・一以下によると、北王国のホシェア王の治世の第三年に、アハズの子ヒゼキヤフが南王国ユダの王に即位いたします。紀元前七二八年のことです。

列王記下はヒゼキヤフ王が「主の目にかなう正しいことをことごとく行った」とし、その具体的な例として、偶像が祭られている高き所を取り除き、石柱を打ち壊し、アシェラの像を切り倒し、モーセのつくった青銅の蛇を打ち砕いたとします。モーセが荒れ野でつくった青銅の蛇（民数記二一・九）がこんな所で復活するのですから、面白いものです（図38、39）。列王記下一八・四によれば、「イスラエルの子らは、その頃までそれに香を焚いており、彼らはそれ（青銅の蛇）をネフェシュタンと呼んでいた」そうです。ここでのイスラエルの子らは、列王記下の文脈からすれば、南王国ユダの住民

図38●青銅の蛇（1）
図39●青銅の蛇（2）

たちを指しているようですが、もしそうだとすると、彼らは神殿をもちながら、偶像崇拝もしていたことになります。一神教の神礼拝はそれだけ難しいということなのでしょうか？　それとも青銅の蛇礼拝は、人間には偶像が必要であることを語らずして教えてくれているのでしょうか？

歴代誌下二九・三以下は、ヒゼキヤフ王が閉鎖されていた神殿を開き、それを修復したとし、その さい王は祭司とレビびとを神殿の広場に集めると、彼らに清めの必要性を切々と訴えたとします。

ヨセフスは、ヒゼキヤフ王の「性格が温厚であり、高潔で敬虔であった」とした上で、ギリシア語訳歴代誌下を参考に、彼が「民と祭司とレビびとたち」を集めると、次のように語ったとして、その内容を創作いたします。歴代誌下二九・三―一一に見られる王の演説よりもはるかに簡潔で、要を得たものです。

「おまえたちも承知のように、神への聖なる奉仕と礼拝を怠ったわたしの父の罪のため、おまえたちは数多くの大きな災禍を経験した。わたしの父のおかげで、おまえたちは精神を堕落させ、父が認めた神々を拝するように強いられたからである。

しかし（今や）おまえたちも、不信仰がいかに恐ろしい所業であるかを経験で知るに至った。今後はその不信仰を改め、今までの汚れからおまえたち自身を清めてほしい。そして、祭司とレビびとたちを来させて神殿を開けさせ、定められた犠牲を捧げてそれを清め、かつての父祖たちの礼拝を執り行うのだ。なぜなら、こうして（はじめて）神の怒りが取り除かれ、（われわれに）好意をもっていただけるからだ。」（九・二六一―二六二）

この一文とそれにつづく二六三節からはじまる神殿の清めについての記事の冒頭から明らかなように、ヨセフスは王の勧告は神殿が開けられる前になされたとします。しかし歴代誌下二九・三は、必ずしもそのことを明白にはしておりません。ヨセフスは王の勧告を聞きに招集された者たちの中に祭司とレビびとだけでなく「民」をも含めております。

ヒゼキヤフ王、神殿を潔め、過ぎ越しの祭に北王国のイスラエルびとを招く

祭司たちは神殿へ入ってそこの大掃除をはじめます。

歴代誌下二九・一六以下によると、祭司たちが本殿の中で見つけた穢れたものをすべて神殿の庭にもち出すと、レビびとたちがそれを受け取り、キドロンの谷に投棄しに行きます。消火のさいのバケツリレーの光景ですが、これは一日だけの光景ではなく、実に延々と八日もつづく作業だったというのです。それだけ神殿は穢れ物や不浄な物で一杯だったということなのでしょうが、それらの清掃作業が終ると、祭壇やそこで使用される祭具などを聖別します。

ヨセフスもこの神殿の清めについて触れます。

彼は「王の勧告が終ると、祭司たちは神殿を開け、神の什器を（取り出して、清めの）準備をした。そして、汚れた（什器類？）を処分し、定められた犠牲を祭壇に捧げた」（九・二六三）とします。

歴代誌下二九・二一以下は、次に罪祭とレビびとの手になる儀式に言及しますが、ヨセフスはそれを先に進んでから語り、ここでは、歴代誌下三〇・一以下で語られている過ぎ越しの祭の準備に触れます。

歴代誌下三〇・二によれば、過ぎ越しの祭は「第二の月」に執り行われることになり、ヒゼキヤフ王はユダばかりか、北王国のイスラエルにも使いを出し、エルサレムで過ぎ越しの祭を執り行うように呼びかけますが、北王国の一部の部族は急使を受け入れません。

ヨセフスは「王は（使いの者）を王国全土に遣わし、種入れぬパンの祭を挙行するために民をエルサレムに呼び集めた。この祭は、前出の王たちが律法を無視したために、長い間中断されていたのである」（九・二六三）と述べて、全土に派遣された急使たちがイスラエルでどうあしらわれたかを想像して見せます。歴代誌下三〇・一〇によれば、イスラエルの土地の一部の者は彼らを「物笑いにし、嘲った」そうですが、ヨセフスもこの場面に立ち入り、イスラエルびとは、「使者たちから王の言葉を伝えられても、（それに）応じないばかりか、使者たちを大ばか者と嘲笑した。そして預言者たちも彼らに同じように勧告し、神を敬わなければ災禍をこうむると告げると、彼らは預言者たちに唾を吐いたあげく、捕らえて殺してしまった。彼らはこうした無法な仕打ちだけでは満足せず、さらにはそれをうわまわる悪事を考えては実行した」（九・二六五―二六六）とします。

預言者殺害の記事は歴代誌下では見出されないだけに、ヨセフスの想像力は奔放《ほんぽう》すぎるように見えますが、そう想像することで、北王国と南王国の仲の悪さがそれだけ際立たされております。

南王国のヒゼキヤフ王、過ぎ越しの祭を執り行う

歴代誌下三〇・一三以下は、過ぎ越しの祭が「第二の月の一四日」に執り行われたとして、その詳細に触れます。ヨセフスはそれにもとづいて過ぎ越しの祭について云々するのではなく、全土に急使が派遣された話に接続させて歴代誌下二九・二〇以下が報告する、ヒゼキヤフ王が主の神殿で罪祭を捧げた罪祭について語ります。

ヨセフスはこの罪祭で神殿に上った者たちを民の指導者たちに限定するのではなく、過ぎ越しの祭のためにエルサレムに集まった民をもそこに入れます。歴代誌下によれば、王は人びとが引いてきた「七頭の雄牛、七頭の雄羊、七頭の雄の子羊と七頭の雄山羊」を祭壇に捧げますが、ヨセフスも同じです（九・二六八）。歴代誌下二九・二五以下は次に、焼き尽くす捧げ物の供犠の場面を描き、人びとが楽器などを手にして主を讃美したことに触れます。ヨセフスもそこでの記事にもとづき、「楽器を

手にして周囲に立っていたレビびとたちは、神への讃歌をうたい、ダウィデース（ダビデ）に教えられたハープを弾奏した。他の祭司たちも手にしたブカネーを吹き、歌うたう者に合わせた。そしてそれが終ると、王と民は地にひれ伏して神を拝した」（九・二六九）とし、次に歴代誌下二九・三三にもとづき、王がさらに「七〇頭の雄牛や一〇〇頭の雄羊、二〇〇頭の子羊を犠牲に捧げ、六〇〇頭の雄牛とその他三〇〇〇頭の家畜」（九・二七〇）を過ぎ越しの祝宴用に民に贈ったとします。

そしてこの後、過ぎ越しの祭、すなわち種入れぬパンの祭が巡ってきます。

歴代誌下三〇・二三によると、王のヒゼキヤフはさらに「一〇〇〇頭の雄牛と、七〇〇〇頭の羊」をエルサレムに集まった人びとのために供出しますが、こんな大量の家畜を飼育できる王の放牧地はエルサレムの外のどこにあったのでしょうか？　知りたいものです。

歴代誌下三〇・二四によれば、高官たちも「一〇〇〇頭の雄牛、一万頭の羊」を供出したそうです。一頭の牛、一頭の羊、一頭の子羊は何人の胃袋を満たすことができるのかを研究した学者がおりますが、彼らが算出した数からすると、エルサレムに集まった者たちは想像を絶するとんでもない数となります。なおヨセフスは「人びとはファスカと呼ばれる犠牲やその他の犠牲をも捧げ、七日間にわたって祭を執り行った。民も犠牲を捧げたが、王は（彼らに）それとは別に二〇〇〇頭の雄羊と七〇〇〇頭の家畜を贈った。指導者たちも王にならって、一〇〇〇頭の雄牛と一〇四〇頭の家畜を供出した」（九・二七一）とし、幾つかの箇所で、歴代誌下との食い違いを見せております。

ヒゼキヤフ王の改革

ヘブライ語歴代誌下三〇・二六は、過ぎ越しの祭が執り行われたことについて「エルサレムには大きな喜びがあった。それはイスラエルの王ダビデの子ソロモンのとき以来、エルサレムでこのようなことはなかった」と言います。歴代誌下のギリシア語訳は「このようなこと」ではなくて、「このような祭」とします。ヨセフスも「こうしてソロモーン（ソロモン）王のときから中断されていた祭が、そのときはじめて盛大に挙行された」（九・二七二）とします。それにしても、民族的な祭儀がソロモンの時代（前九六五－九二六）からヒゼキヤフの時代（前七二八－七〇〇）まで、二〇〇年以上にわたって中断されていたというのです。祭儀なくして民族のアイデンティティはどのようにして保たれたのでしょうか？　神殿の大祭司や祭司たちはこの間何をしていたのでしょうか？　律法はまだ整備されていなかったのです。過ぎ越しの祭の執り行いについて記すのは出エジプト記の第一二章ですが、この出エジプト記をはじめとするモーセ五書の編纂事業はまだ終っていなかったと想像する方が無難ではないでしょうか？

歴代誌下三一・一以下によると、祭が終ると、エルサレムに集まった民はユダの町々に出向いて、石柱を粉砕し、アシェラ像を切り倒したそうです。ここまでで繰り返し見てきたように、南王国ユダでは、北王国イスラエルと同様、神殿があっても偶像崇拝が行われていたのです。

歴代誌下によれば、王は律法の定める所にしたがい、日々の犠牲を自分の負担で賄い、また祭司やレビびとたちの神殿での職務を明確にし、それに専念できるように民が携えてくる十分の一の税と果実の初穂が与えられるようにされますが、ヨセフスもほぼ同じことを書きます。

ヒゼキヤフ王、ペリシテびとを相手に戦う

列王記下一八・七bによると、南王国のヒゼキヤフ王はペリシテびとに戦争を仕かけて、これを打ち破ったそうです。列王記下はこの戦争が行われた時期を明確にしませんが、ヨセフスはそれを「さて、王は前述の仕方でさまざまな改革をなしとげた」(九・二七五)後のこととします。王はまたアッシリアびとの王に反逆しますが、ヨセフスでは、その話はしばらく先に進んでから語られます。

北王国イスラエルの終焉

南王国ユダと覇権を争ってきた北王国イスラエルが歴史の終焉を迎えます。神は北王国を見捨てたと言うべきなのか、それとも神は歴史にもともと関わっていなかったと言うべきなのか、わたしたちはそろそろその答えを出してもいいころに達しているのかもしれません。

北王国の終焉を語るのは列王記下の第一七章です。

その終焉を目撃することになるのは、前出のホシェア王です。

列王記下一七・四以下によると、ホシェア王の治世のときに、アッシリア王シャルマナセル五世（在位、前七二七―七二二）が攻め上ってきます（図28）。ホシェア王は最初アッシリア王に隷属して貢ぎ物を納めますが、何年かたつと、年ごとの貢ぎ物を納めなくなります。謀反です。

ホシェアはエジプトの王ソに使節を派遣して裏工作か何かをしていたようですが、岩波版の註によると、「ソ」の名で知られている王はエジプトに存在しないそうですから、わたしたちは慌てます。オイオイとなります。「エジプト王ソ」はラールフス版では「エジプトの王セーゴール」であり、ルキアノス版では「エジプトに住んでいるエチオピアびとアドラメレク」です。ヘブライ語で表記されている「ソ」から「セーゴール」や「アドラメレク」、あるいはヨセフスの読みである「ソーアス」を引き出すことは困難です。それにルキアノス版に見られる「アイティオピオス（↓エチオピアびと）」が示唆するように、ヘブライ語テクストの本来の読みは別のものであった可能性が高いことになります。それにここでの記述「ホシェアが謀反を企て、エジプトの王ソに使節を派遣し、アッシリア王に年ごとの貢ぎ物を納めなくなった……」は、資料的裏付けを欠くような記述です。それにこれにつづく一文には、ホシェア王が貢ぎ物を納めなくなったために「彼を捕らえて牢に繋いだ。アッシリアの王はこの国の全土に攻め上った。彼はサマリアに攻め上って、三年間（前七二四―七二二）これを包囲した。ホシェアの治世第九年（前七二二年）に、アッシリアの王はサマリアを占領した。……」とあります。時系列的な記述であれば、三年間の包囲の後、ホシェア王が捕らえられたとしなければおかしいのですが、ここでは編集の拙さがもろに出てしまったか、ヘブライ語テクストがその伝承の過程で問題を孕《はら》むものになっていたと指摘できます。

いずれにしても、ホシェア王は何らかの理由で、アッシリア王に恭順を示さなくなったようです。そのため、アッシリア王が攻め上ってきて、サマリアを包囲しそこを攻め落とし、ホシェア王を拘禁するわけです。アッシリア王はイスラエルびとを捕囚の民としてアッシリアへ移します。異国の民を捕囚の民とすることは、反乱の阻止と労働力の確保のためです。彼らを待ち受けるのは、悲惨な生活です。

ヨセフスです。

彼は北王国の王ホシェアが最初アッシリア王が攻め上ってきたとき、王に恭順の意を示して貢ぎを納めたとする話は語らず、なぜアッシリアの王が攻め上ってきたかを説明しようとします。

「アッシリアびとの王サルマナッセース（シャルマネセル）は、イスラエルびとの王オーセーエース（ホシェア）がエジプトの王ソーアス（ソ）に密使を遣わし、自分に対抗するために彼を同盟者に誘い込んでいるという報告を受けた。王は激怒し、……サマリアに遠征した。」（九・二七七）

アッシリア王のサマリア遠征の歴史的な真実が何であれ、ヨセフスの解釈はそれなりの説得力をもつものです。

列王記下一七・六によれば、アッシリアへ連れて行かれた北王国の民は「ヘラ、ハボル、ゴザン川、メディアの町々」に入植させられます。この時期は紀元前七二二年から七二〇年にかけてのことだとされます。ここで挙げられている地区は未開発の土地であったと思われます。ヨセフスはアッシリア王が「イスラエルびとの王国を跡形もなく破壊し」と述べた後、テクストにある個々の地名の列挙を避けて「全住民をメディアとペルシアに移住させた」(九・二七八)とします。彼はさらにここで、アッシリア王によって「跡形もなく破壊された」と想像した——ヨセフスはここで紀元後七〇年のエルサレムの破壊を念頭に置いているのかもしれません——サマリアに、列王記下一七・二四が挙げる五つの土地の中からクタを選んで、「クータス(クタ)と呼ばれる土地から——ペルシアに同名の川がある——他の民族を連れて来て、サマリアとイスラエルびとの土地に定住させた」(九・二七九)とします。

サマリア陥落は天地創造のときから数えて何年目?

すでに見てきたように、ヨセフスはここまでで、ある出来事が歴史上の大きな出来事、民族の歴史の転換点になるものだと判断したときには、それが天地創造のときから何年目の出来事であるのか、あるいは出エジプトのときから何年目の出来事であるのかを語りましたが、彼はサマリアの陥落を民族の大きな出来事と見なして次のように申します。

「こうしてイスラエルびとの十部族は、彼らの父祖たちがエジプトを出立し、イェースース（ヨシュア）の指揮下にこの地を占領してから九四七年後にユダヤ（の地）から出て行ったことになる。そしてダウィデース（ダビデ）の孫ロボアモス（レハブアム）に背き、既述のように（＝本書八・二二一以下）、その王国をイェロボアモス（ヤラブアム）に引き渡してからそのときまでの期間は、二四〇年と七か月と七日である。」（九・二八〇）

写本によっては、この一文中の「こうしてイスラエルびとの十部族は……九四七年後にユダヤ（の地）から出て行ったことになる」を「こうしてイスラエルびとの十部族は、九四七年後にユダヤ（の地）から出て行った。彼らの父祖たちがエジプトを出立し、イェースース（ヨシュア）の指揮下にこの地を占領してからの期間は八〇〇年である」と読んでおりますが、ここでの「八〇〇年である」は、ヨセフスの転写生が欄外註として書いたものが、次の転写で本文中に入り込んだとされます。多分、そうでしょう。

引用した一文に認められる数字の「九四七年」とか「二四〇年と七か月と七日」が正しい計算の上

で算出された年月であるのかどうかは、ここでは問題にしません。大切なのは、ヨセフスがヨシュアの指揮下にカナンの土地を占領してからそこを追われるまでの期間を算出しようとしたことなのです。ここやその他の箇所で見たヨセフスの年代算定は、すでに述べたように、ユリウス・アフリカヌス（後一六〇ころ－二四〇ころ）らにはじまる後の時代のキリスト教の年代学に大きな影響を与えるものとなります。

ヨセフスはこの年代計算をした後、なぜこの悲惨がイスラエルびとに見舞ったかについて次のように書き記します。

「イスラエルびとの最後は、このような（悲惨な）ものであった。それは彼らが律法を犯し、もし不信仰な行為をやめなければこのような災禍に見舞われるとあらかじめ告げていた預言者たちに耳を傾けなかったからである。そして、（もとをただせば）これらすべての災禍の原因はダウィデース（ダビデ）の孫のロボアモス（レハブアム）に背き、彼のしもべであるイェロボアモス（ヤラブアム）を王に立てた反乱にあったのである。イェロボアモスは神にたいして罪を犯し、そのために神を敵にまわしたが、人びとも彼の無法を見ならったからである。これは彼にふさわしい罰であった。」（九・二八一－二八二）

ヨセフスはこの民族的悲劇の原因を問題にしております。ただし彼はここでだれもが尋ねたい事柄、すなわち神を敵にまわさず、律法に忠実に生きていたならば、このような悲劇に見舞われずにすんだのかの問いには答えておりませんし、また分裂国家になったおかげで、北王国の民の捕囚だけですんだのでないかとする想像にも答えてくれてはおりません。彼は対ローマのユダヤ戦争に破れて、パレスチナに住む多くのユダヤ人がそこから追い出されてディアスポラの地の民になったことを知っているだけに、また想定される本書の読者に彼らも入れられているだけに、読者が想像するさまざまな問いに答えてくれたらよかったと思われます。

古記録に見るアッシリアびとの侵入について

わたしたちはすでにヨセフスが、自分が語っている物語の史実性を強調するときには、聖書外の資料を提示して見せる例をいくつも見てきましたが（たとえば、『古代誌』一・九三以下、一〇七以下）、彼はここでもサマリアに侵入したアッシリアの王サルマナッセースが間違いなく歴史上の人物であり、その人物の名がツロびとの古記録をギリシア語に翻訳したメナンドロスによって証されているとして、彼の言葉を引くのです。メナンドロスはエルーライオスと呼ばれる人物がツロを治めていたときに全スュリア（スリア）とフェニキアに侵入してきたアッシリアの王セラムプサスをサルマナッセースと同定します。

「そしてピュアスとも呼ばれたエルーライオスは三六年間王位にあった。この王はキティエイスが反乱を起こすと、海に出て（戦い）、再び彼らを降伏させた。
彼の治世中、アッシリアびとの王セラムプサスが軍を率いて全フェニキアに侵入した。そして全（都市）と和平の協定を結び、その地から撤退した。……」（九・二八四）
引用はまだまだつづくのですが、ここから先の長い引用はアッシリアの王のサマリア侵入と関係するものではありません。

サマリアに入植したクタびとについて

列王記下一七・二四以下は、アッシリア王がサマリアに入植させた者たちが、出身地で拝されていた神々を持ち込み、それに仕えたことを具体的に述べ、「これらの民族は主を恐れながら、自分たちの彫像にも仕えた。彼らの子ら、その子らの子らも、彼らの先祖たちが行ったように、行っており、今日に至っている」として入植者批判の一文を結びます。ヨセフスはここでの「今日に至っている」を彼の時代の「今日に至っている」として、彼の時代のサマリアびと批判を展開させます。彼は列王記下一七・二四以下に見られる入植者批判の一文を要約的に語った後、次のように申します。

「ヘブルびとがクータイオイ（クタびと）と呼び、ギリシア人がサマリアびとと呼んでいるこの者たちは、（われわれと）同じ慣習を現在も守って来ている。彼らはユダヤびとが繁栄しているのを見れば、自分たちはヨセーポス（ヨセフ）の子孫であるから、われわれとは本来結びついている、と（ぬかして）われわれと同族扱いするが、（ひとたび）困難な状況に置かれたわれわれを見ると態度を豹変させ、われわれとはいっさい関係がなく、われわれが彼らに友好を求めたり、種族（ゲノス）関係を云々するのはもってのほかだと主張し、自分たちは他民族の移住者だと宣言する。この者たちについては、適当な場所で論及したい。」（九・二九〇）

ヨセフスはこの一文の末尾で、サマリアびとについては「適当な場所で論及したい」と述べます。実際、その約束は、本書の一一・一九以下、同八四以下、同一七四以下、同三四〇以下、一でも二・二五七以下ではたされますが、彼は執拗にサマリアびと批判を繰り返します。この異常な執拗さの裏にあるのは何でしょうか？

それを想像させるヒントとなる言葉がこの一文中にあります。それは、ユダ（ヤ）びとたちが「（ひとたび）困難な状況に置かれたわれわれを見ると、態度を豹変させ……」です。ヨセフスが回想するユダ（ヤ）びとが置かれた困難な状況はパレスチナでの対ローマのユダヤ戦争（後六六―七〇）しかありません。彼らはユダヤ側から、あるいはヨセフスから直接後方支援を求められても、それを断りつづけたのではないでしょうか？　サマリアびとが戦争中に登場してローマ兵を相手にした話は『ユダヤ戦記』のどこにも語られておりません。彼らが協力しなかったからです。とは言えヨセフスは、そのことを踏まえた上でも、本書のこの箇所で、露骨に「対ローマのユダヤ戦争での困難な状況に置かれたわれわれを見ても協力することなどなく……」などとは到底口にはできなかったのです。

ヨセフスの「サマリアびと憎し」は、新約聖書から知られる彼の時代のユダヤびとたち一般の「サマリアびと憎し」「サマリアびと嫌い」を考察する上で一助になるかと思われます。なぜならば、対ローマのユダヤ戦争中にティグリス川（？）近くのアディアベーネーと呼ばれる土地（図40）から遠路はるばるやって来て、食料の買い付けなどをして後方支援に徹した王女ヘレナ（図41）やその子息たちがいただけに（『戦記』四・五六七、五・四七四、六・三五六参照）、そしてサマリアびとはそれをしなっただけに、サマリアびとにたいするうらみつらみは、少なくともパレスチナのユダヤびとたちに共有されていたのです。「よきサマリアびと」の裏は「サマリアびと憎し」です。それはただヨセフスだけの問題ではなかったのです。

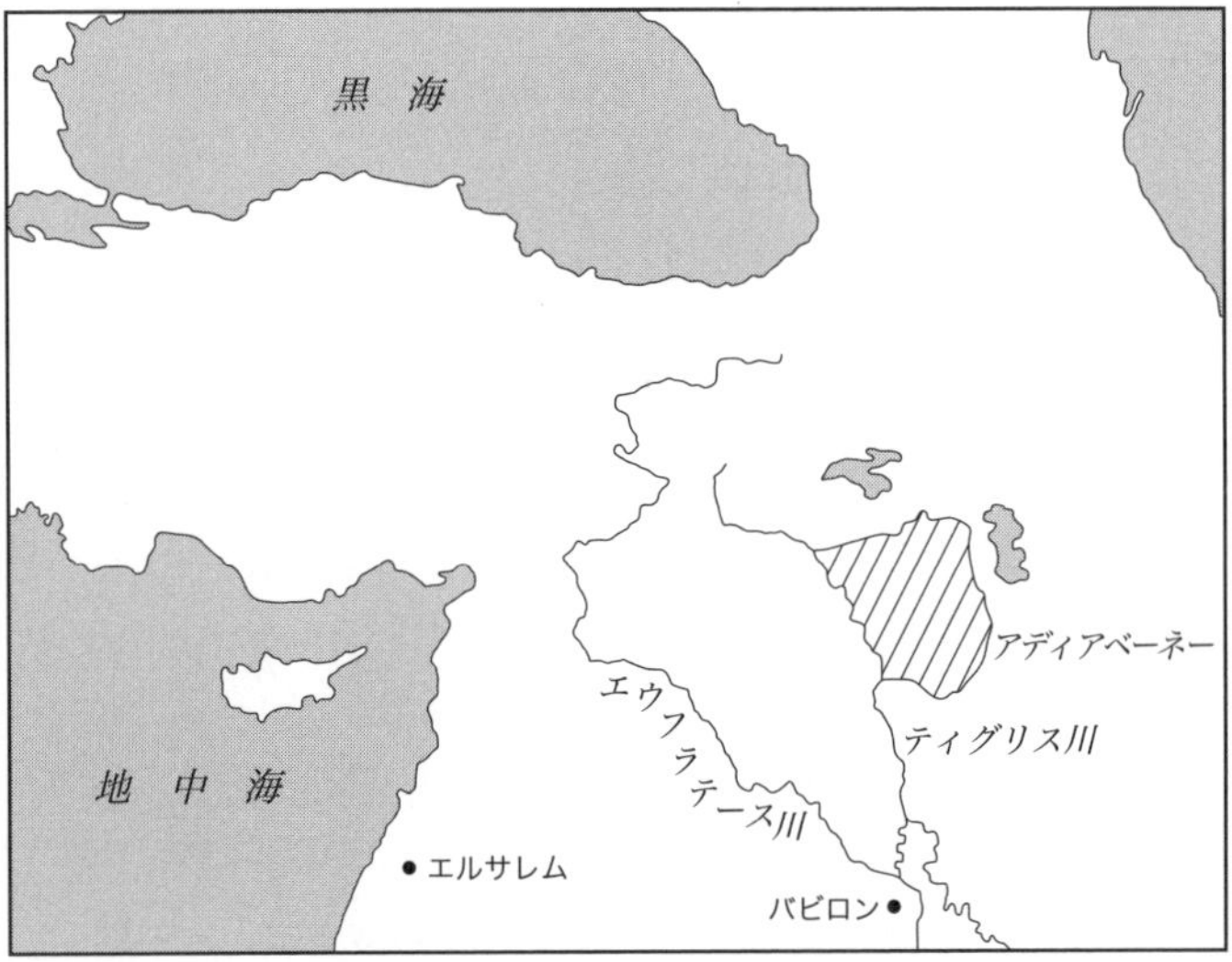

図40●アディアベーネー
図41●王女ヘレナの石棺

第3章 ユダ王国史

前章で見たように、分裂王国時代は終わりを告げました。

北王国がアッシリアによって攻略され、その首都サマリアが陥落し、その住民が捕囚の民としてアッシリアに連れて行かれたからです。ここから先では生き延びた南王国のユダの歴史となりますが、北王国あっての南王国ですから、北王国が消滅してしまえば、南王国という言葉を使用する必要はなくなります。「ユダ王朝史」か「ユダ王国史」、あるいは細部にこだわれば「北王国消滅後のユダ部族とベニヤミン部族の歴史」となりますが、わたしたちはここから先の歴史を「ユダ王国史」と呼びたいと思います。ここから先でヨセフスが使用する主資料は相変わらず列王記下と歴代誌下ですが、イザヤ書も少しばかり使用されます。

南王国のヒゼキヤフ王、アッシリア王センナケリブに降伏する

列王記下一八・一三以下によると、ユダ王国の王ヒゼキヤフの治世の第一四年、すなわち紀元前七一四年に、アッシリア王センナケリブがユダのすべての町々に攻め入ろうとします。ヒゼキヤフ王はラキシュ（図1参照）に滞在していたセンナケリブ（図42）のもとへ使いの者を遣わして、「自分は過ちを犯した」と言って、彼が課すものは何でも受け入れると屈辱的な申し入れをします。アッシリア王は銀三〇〇キカルと金三〇キカルを要求します。ヒゼキヤフ王は神殿と宮殿の宝庫を空にして、そこにあった金と銀を引き渡したそうです。

列王記下一八・一以下の記述によると、ヒゼキヤフ王は「主の目にかなう正しいことを行う」人物、「主にしっかりとしたがい、彼から離れることなく、主がモーセに与えた命令を守る」男、そのため「主は彼とともにいて、彼はどこに出て行っても成功した」とされる王ですが、その王がいともあっさりとアッシリア王の軍門に戦う前から膝を屈しているのです。アッシリア王との交渉は非常に屈辱的なものであり、足下を見られるような最低な交渉です。サイテー。

ヨセフスは列王記下にしたがって物語を再話いたしますが、ヒゼキヤフ王が金銀をアッシリアの王に贈った理由を想像し、「それによって戦争や王国（の存亡）の不安から解放されると考えたからである」（一〇・三）とします。安直な平和主義者ヒゼキヤフ像が描けそうです。

図42●センナケリブ

アッシリア王はエルサレム攻略のためにラブ・シャケと二人の指揮官を残し、彼自身はエジプトへ遠征します。

ラブ・シャケら、エルサレムびととの降伏を要求する

列王記下一八・一七以下は、芸のない仕方で、イザヤ書三六・一以下を切り取ってきてそこに貼り付けたような記事内容ですが、それによると、ラブ・シャケと二人の指揮官は、エルサレムに向かってやって来ると「布さらしの野に向かう大路にある、上《かみ》の池の導水路」の前に立ち、ヒゼキヤフ王の側近たちに語りかけます。

ヨセフスは列王記下で描かれているここでの場面をイメージし易いものに改めます。「布さらしの野に向かう……導水路」と言っても、彼の話を聞く者や本書を読む者にとっては、チンプンカンプンです。そこで彼は、列王記下一八・二六に認められる城壁上の光景への言及からでしょうか、彼ら指揮官たちはエルサレムに到着すると「城壁の前に幕舎を張った」とします。ここでの彼のイメージの中には、間違いなく、対ローマの最終場面（後七〇年）で、エルサレムに到着して、その城壁前にいくつも幕舎を張ったローマの勇猛果敢な第五軍団（マケドニア）、第十軍団（フレテンシス）、第十二軍団（フルミナタ）、第十五軍団（アポリナリス）のイメージがあるはずです（『戦記』五・六七以下）。

ヨセフスは、ラブ・シャケらが使者をヒゼキヤフのもとへ遣わして話し合いに応ずるようにもとめたとします。王が出て行かなかったからです。列王記下一八・一八によれば、ここで王の「側近たち」が送り出されるのですが、ヨセフスは、王が直接出て行かなかった理由を、そのとき王が「臆病風に吹かれた」(二〇・五)ためだとします。

ヨセフスは側近たちに語りかけたか恫喝をしたラブ・シャケの言葉を大胆に書き改めます。彼はしばしばテクスト中の演説文を大胆に書き改めますので、いくつかの部分に分けて、その書き改めたものを読んでみたいと思います。列王記下一八・一九以下の引用は、すでに見てきたように、ヨセフスがルキアノス版に収斂《しゅうれん》されるギリシア語訳を使用していたことを示唆しますので、以下ではルキアノス版を使用いたします。

ラブ・シャケは大声を張り上げて、次のように言います。

「さあ、エゼキアス(ヒゼキヤフ)に向かってこう言うのだ。アッスリオイ(アッシリアびと)たちの王、大王はこう言われる。『おまえと全ユダがより頼んでいる信頼とは何か? ただ舌先の言葉と参謀だけでは、隊列を組んでも戦いにはならない。一体、おまえは今だれにより頼んで、わたしに謀反するのだ? 見よ、おまえはみずからのうちで、この折れた葦の杖、エジプトを頼みにしている。それに寄りかかる者がだれであれ、葦はその者の手に刺さり、それを傷つける。これはエジプトの王ファラオは彼により頼むすべての者にたいして（そう）なのだ。もしおまえがわたしに向かって、〈われわれはわれわれの神・主により頼んできた〉と言うならば、エゼキアス自身は、その高き所とその祭壇を取り除き、そしてユダとエルサレムに〈おまえたちはエルサレムのこの祭壇の前で礼拝するのだ〉と言わなかったか？　さあ今おまえたちは、わが主君、アッスリオイびとたちの王と協定を結ぶがよい。……』」

ヨセフスはやって来たヒゼキヤフ王の三人の腹心たちにラブ・シャケが「一瞥をくれた」（一〇・六）とした後に、自分がこれから語る言葉をよく聞いて、その内容を伝えるように命じたとします。ここでの「一瞥をくれた」にはそれなりの凄みがあります。ラブ・シャケが最初から腹心たちを侮っていることが読み取れるからです。

ヨセフスは次のように書き改めます。

「一体ぜんたい、エゼキアス（ヒゼキヤフ）は何者に（かくも）絶大な信頼を寄せ、彼の主君（センナケイリモス）を避け、（その要求に）応ぜず、軍隊を市中に入場させようとしないのか。大王センナケイリモス（センナケリブ）はこのことをいぶかしく思っておられる。それとも、大王の軍隊がすでにエジプト人に打ち破られたとでも期待して、彼らを頼りにしているのか。もしそれが（おまえたちの）王の希望ならば、彼は大ばか者で、折れた葦に寄りかかって倒れた男が手を刺されて傷つくようなものだ、と伝えるがよい。おまえたちも承知しておくがよい。大王は、イスラエルびとの王国を倒すために、神の意志によってエゼキアスに立ち向ってきたのであり、彼に治められている者も同じように滅ぼそうとしているのだ。……」（二〇・六―七）

ヨセフスはヒゼキヤフ王へのラブ・シャケのメッセージを、その冒頭から、エルサレムの市中にアッシリアの軍隊を無血入城させるための要求に変えております。彼らが「城壁の前に幕舎を張った」光景が、その背景として、生き生きとしたものになりますが、これは多分、いや間違いなく、エルサレムの城壁の周囲に幕舎を張り、エルサレムの町の城門の前に立ち、速やかなる開門を要求したローマ軍のティトスとその参謀たちの姿がヨセフスのイメージの中に見え隠れしております。ここでのラブ・シャケがティトスなのです。そしてその要求を同胞たちの言葉で通訳してみせたのが、ティトスの横かその前に立つヨセフスなのです。

ラブ・シャケの言葉の中に「大ばか者」が見られます。

ギリシア語ではアノエートスです。「アホ」とか「薄のろ」などに置き換えてもよいものですが、注意深い読者でしたらすでにお気づきかと思いますが、これはヨセフス特愛の言葉のひとつなのです。彼は自分が「ノエーマ（理性や判断力）」のある人間「ノエートス」だと思い込んでおりますから、これは「人間ヨセフス」を理解するときのキーワードのひとつになるものです。

列王記下は、ラブ・シャケの言葉をつづけますが、ヨセフスはここでその語りかけの引用を一端中断させ、列王記一八・二六に見られるヒゼキヤフの腹心の言葉「あなたのしもべたちに向かってスリア（＝アラム）の言葉でお話ください。わたしどもが聞けるからです。わたしどもに向かって城壁の上の民の耳に（分かる）ユダの言葉で語りかけないでください」をパラフレーズして、「ラプサケース（ラブ・シャケ）が得意のヘブル語を駆使してこう告げると、エリキアス（その場に居合わせた腹心のひとり）は、（城壁上の）者たちがそれを聞いて（大）混乱に陥るのを恐れ、スリア（アラム）語で話すように要求した」（一〇・八）とします。ここでの情景こそは、ユダヤ戦争が終って二〇年以上経っても、ヨセフスの瞼に繰り返し浮かんでくるものなのです。彼は城壁の前に立つと城壁上の者たち（熱心党の者たちほか）から裏切り者の怒声を浴びせられ、しばしば投石されたのです。投石されて後方に退こうとすると、ローマ兵たちからもっと前に出ろと怒鳴られたのです（図43）。

列王記下一八・二七によると、ラブ・シャケはアラム語で話してくれと嘆願するエルヤキムの要求を認めません。そしてそのためラブ・シャケの言葉がつづくのですが、ヨセフスは、ラブ・シャケがここで「エリアキアス（エルヤキム）の心中の思いや不安を見すかした」と想像し、彼がはっきりとした大声で次のように言ったとします。

「わたしはヘブル語で話す。それはおまえたち全員が大王の命令にしたがってわれわれに降伏し、

図43●城壁の前のヨセフス

おまえたちの益になる道を選ばせるためである。おまえたちや王が、民を欺いて空しい希望をもたせ、（われわれに）抵抗させるように仕向けていることは明らかだ。」（一〇・八―九）

ヨセフスはこうしてラブ・シャケの言葉を割り込ませたあと、列王記下一八・二三以下に戻ります。そこにはこう書かれております。

「『……もしおまえがその乗り手を用意できるならば、わたしはおまえに二〇〇〇頭の馬を与える。いったいどのようにしておまえは、わが主君のいと小さき家来たちの中のひとりの地方総督の顔を避けることができるのか？　おまえはエジプトに、戦車や馬に、寄り頼んだではないか？　われわれは今、この場所を滅ぼすために主（の命令）なしにここに攻め上ってきたのではないではないか？　主がわたしに向かって〈この地に攻め上って、そこを滅ぼすのだ〉と言われたのだ。』」

ヨセフスはこの一文を次のように書き改めます。

「もしおまえたちに自信があり、われわれの軍隊をふり切ることができると考えるならば、わたしの手もとにある二〇〇〇頭の馬をおまえたちに提供する用意がある。それに同数の騎手を乗せてその者たちの力を見せるがよい。だが、おまえたちにはそれはできぬ。もともと騎手がいないからだ。それならば、なぜおまえたちはぐずぐずし、（自分たちよりも）強い者に降伏しようとしないのか。

われわれは、おまえたちが好むと好まざるとにかかわらず、おまえたちを攻め落とすことができるのだ。おまえたちが進んで降伏すれば、おまえたちの身は安全である。しかし、負けてから降伏すれば、おまえたちの身は危険にさらされ、災禍に見舞われることになる。」(一〇・九―一〇)

この一文中の「それならば、なぜおまえたちはぐずぐずし……おまえたちの身は危険にさらされ、災禍に見舞われることになる」は、列王記下一八・二八以下の降伏を勧告するラブ・シャケの言葉の中に該当するものがありますが、ここでの一文は、ヨセフスがそれを参考にして書いたと想像するよりは、ティトスの命令で城壁上にいる者たちに向ってその下から語りかけた彼自身の言葉に該当すると想像する方がナチュラルです。

ここでわたしたちが耳をすませば、四方八方から同胞のユダヤ人たちから投げられる「この野郎」とか、「この糞野郎」、「この裏切り者」、「ローマの犬」、「売国奴」、「ティトスのポチ公」などのうす汚い罵声や怒声が聞こえてきます。ローマ兵たちの中にはティトスの命令で、城壁上の彼らに向かって矢を放つ者もいたかもしれません(『戦記』五・三七五以下)。

預言者イザヤ、アッシリアの敗北を預言する

列王記下一八・三七（＝イザヤ書三六・二二）および列王記下一九・一（＝イザヤ書三七・一）以下によると、ラブ・シャケの要求がヒゼキヤフ王に伝えられると、王は絶望的になり、王衣を引き裂き、粗布を身にまといます。これは立派な嘆願者の姿です。「苦しいときの預言者頼み」かどうかは知りませんが、彼は使いの者たちを預言者イザヤのもとへ遣わし、こう言わせます。

「エゼキアス（ヒゼキヤフ）はこう言っております。『今日は苦しみと、辱めと、拒絶と、腹立ちの日。胎児が陣痛で出ようとしているのに、出産する女に力がない。もちろん、あなたの神・主は、ラプサケース（ラブ・シャケ）の言葉をお聞きになるであろう。その主君アッシリアびとたちの王は、生ける神を罵り、またあなたの神・主がお聞きになったその言葉で非難するために、彼（ラブ・シャケ）を遣わしたのです。あなたは（ここに）見出せる残れる者のために祈りの言葉をかけてやってください』と。」

自らが置かれている状況に絶望的になり錯乱状態に陥ったためでしょうか、ヒゼキヤフ王は何を言おうとしたのかさっぱり分かりません。「その晦渋さが心地よい」などと混ぜ返してもらっては困ります。

引用した一文は、すでに断ったようにギリシア語訳（ルキアノス版）からのものですので、それをヘブライ語テクストと比較してみましょう。このギリシア語訳に見られる「今日は苦しみと、恥ずかしめと、拒絶と、腹立ちの日」は、ヘブライ語テクストでは「今日は苦しみと、懲らしめと、恥ずかしめの日」ですが、ギリシア語訳の「拒絶と、腹立ちの日」は何を意味するのでしょうか？　これにつづくメタファーの「胎児が陣痛で出ようとしているのに、出産する女に力がない」のヘブライ語テクストも「胎児が産道に達しているのに、（女に）これを産み出す力がない」と似たようなことを言っておりますが、このメタファアーの意味はさっぱり分かりません。

ヨセフスも頭を悩ましたに違いありません。

その証拠に、彼はこのメタファーには触れずに、王が友人と祭司たちを預言者イザヤのもとに遣わし、「神への祈願を（要求した）。そして、共同体の救いのための犠牲を捧げ終えたら、神が敵の（虫のいい）皮算用に怒りをぶつけ、ご自分の民に憐れみを垂れるよう、その執り成しを彼に求めた」（一〇・一二）とします。もちろん、これですっきりです。明快です。

列王記下一九・一以下は、イザヤ書三七・一以下を丸ごと写し取ったものですが、その一九・五―七は、王の使いの者たちにたいするイザヤの言葉を伝えます。先のメタファアーと同様、ここでのイザヤの言葉も実際に口にされた真実の言葉であると想像する必要はまったくありません。それはともかく、イザヤはそのとき、「おまえたちの主君に向かってこう言うのだ。『主はこう言われる。〈アッシリアびとたちの王の小姓たちがわたしを冒瀆した言葉を吐いたが、おまえは聞いたその言葉を恐れてはならない。見よ、わたしは彼の中に霊を入れる。彼は悪しき噂を聞いて、自分の土地へ戻ってくる。わたしはかの地で剣でもって彼を打ち倒す〉』」と言ったとされるのです。

ここでの「霊」は何なのでしょうか？

ここでの「悪しき噂」は何なのでしょうか？

こんなことを考えはじめますと、こちらの一文もすんなりとは分かるものではなくなりますが、ヨセフスは次のように書き改めます。

「預言者は、（王の）要求を実行して神から託宣を受けると、次のように預言し、王とその周囲の友人たちを鼓舞激励した。すなわち、敵は戦わずして破れ、今見せている自信の片鱗《へんりん》すら見せず、みじめな姿で帰って行く。それは神が彼らの敗北を計画しておられるからである。そしてアッシリアびとの王セナケイリモス（センナケリブ）のエジプト攻略は徒労に終わり、帰国の途中、剣で倒される、と。」（一〇・一三）

こちらはこちらですっきりとしておりますが、問題はここで、センナケリブが「帰国の途中、剣で倒される」とされていることです。列王記下一九・三五以下によると、アッシリア王は帰国の途中で剣に倒れたのではなく、ニネベ到着後に剣で倒れているからです。

ヒゼキヤフ王、アッシリア王の挑戦を無視する

列王記下一九・八以下によると、ラキシュの町を離れてリブナと呼ばれる町に移ったアッシリア王は、使者に書簡を託して、それをヒゼキヤフに送ります。書簡の内容は、神などにより頼むのではなくて、降伏したらどうだというものです。

ヨセフスはその書簡の内容をより恫喝的なものとします。ただし「神により頼む」ヒゼキヤフ王には触れません。

ヨセフスはその書簡の中で、アッシリア王が「もし、エゼキアス（ヒゼキヤフ）が多くの大国を制圧した自分から逃れて奴隷にならぬと思っているならば、彼は（とんでもない）大ばか者であると決めつけ、すすんで城門を開いて自分の軍隊をエルサレムに入れなければ、彼を捕らえて完膚なきまで打ちのめしてくれると脅した」（一〇・一五）とします。もちろん、ここでの開城を要求するイメージの中にはローマの指揮官ティトスがおります。ここでも、すでに指摘したヨセフスの特愛の言葉「大ばか者」が出てきます。

列王記下一九・一四以下によると、書簡を受け取ったヒゼキヤフ王はそれを無視し、神殿に行くと、主にひたすら祈ります。預言者イザヤは、ヒゼキヤフ王に人を遣わして、センナケリブの没落を預言いたします。この預言内容は非常に長いもので、いや長ったらしいもので、それゆえここで引用して、

本書の読者をウンザリさせるわけにはいきませんが、ヨセフスは、列王記下一九・二〇にイザヤが王のもとへ人を遣わしてその預言内容を伝えたとあるにもかかわらず、彼自らが王のもとに出かけ、王の面前で神の言葉を伝えたとし、イザヤの預言の内容をわずか数行に要約して「神はあなたの祈りを聞かれた。今のところ、アッシリアびとの王が（都を）包囲することはない。そして、あなたの民は、今後いっさいの不安から自由になり、平和のうちに農事に励み、何も恐れずに自分たちの富を管理するだろう」（二〇・一六）と言います。

アッシリア王、エジプト攻略に失敗する——ヘロドトスの記述とベーローソスの証言

アッシリア王によるエジプト攻略の詳細は不明です。

王がエジプト攻略に向かったのであれば、彼は後の時代のアレクサンドロスの遠征のように、パレスチナの海岸沿いに南下して行かねばなりませんが、列王記下はその遠征の気配を伝えません。実際、センナケリブの遠征の後を追った岩波版の地図（二五四頁）も、アッシリア軍がアシュドドの北のソレク川の近くで北上してきたエジプト軍に遭遇したかのようなことを示唆いたします。

すでに述べたように、列王記下一九・八によれば、アッシリアの王はリブナの攻略に手間取っておりました。ちょうどアレクサンドロス王がエジプトへ向かう南下の途次にツロの町の攻略に手間取った

のと同じです。

ヨセフスは次にペルシオンの攻撃──実際は列王記下のリブナの攻撃なのですが──についてこう述べます。


「(アッシリア)王はペルシオンの包囲に長期間を費やし、城壁近くに築いた土塁もすでに非常な高さに達していた。そして、いつでも打って出る体勢になったとき、エチオピア人の王タルシケースがエジプト人を支援するために大軍を率いて向かって来ていることや、しかも、砂漠を横断して遠征してアッシリアびとを奇襲する戦術をとっていることを知った。セナケイリモス(センナケリブ)王は、この知らせに仰天し、既述のように、戦果を上げることなく、ペルシオンから撤退したのである。」(一〇・一七―一八)

ヨセフスは、この一文の冒頭で、エルサレムの城壁を前にしてローマ軍が攻略用の土塁を築いている光景(『戦記』五・二六二以下)を思い浮かべております。彼はまた、ここから先で引くヘロドトスの『歴史』二・一四一での記述から、列王記下一九・八が言及する「リブナの攻略」を「ペルシオンの攻略」に改めております。

すでに繰り返し述べてきたように、ヨセフスが聖書外の資料を使用するのは、彼が語る物語に「史実性」、すなわち「もっともらしさ」を与えるためです。「わたしの語っている事柄は嘘偽りのないものである。その証拠にわたしの言及するものは異邦人の著作家も言及している」というロジックです。

ヨセフスが引用するヘロドトスの一文は次のようなものです。

「この王（センナケリブ）はヘーファイストトス（の神殿）の祭司でもあったエジプト人の王に立ち向い、ペルシオンを次のような理由からその包囲を解いた。

エジプト人の王が神に祈願すると、神は（それを）聞かれて、このアラブ人（の王）に一撃を加えた――ヘロドトスはここで、彼をアッシリアびとの王と呼ばず、アラブ人の王とする誤りをおかしている――。鼠の大群が、アッシリアびとの弓やその他の武器を食い荒らしたのである。このため弓（その他）を失った王は、ペルシオンから軍隊を撤退させた。」（一〇・一八）

ペルシオンはエジプトとパレスチナの国境にある町です。

エジプトを攻略するのであれば、そこを通過しなければなりませんし、またエジプトからパレスチナに入る場合もそこを通過しなければなりません。ヨセフス自身はウェスパシアヌスの一行に同道してそこを通過してアレクサンドリアに向かっております。彼にとっては熟知の場所です。彼にとってはパレスチナのリブナよりも親しみを覚える場所です。彼は「ヘロドトスはこのように語っている」（一〇・二〇）と言って、その引用を締めくくりますが、つづいて『カルデア史』を著したベーローソスもセンナケリブの治世や遠征に言及しているとして、彼の言葉を引くのですが、残念なことに、その引用されていたと思われる一文は写本の転写の過程で脱落しております。

ヒゼキヤフ王の病と奇跡的な治療

列王記下二〇・一以下は、イザヤ書三八・一以下を安直に貼り付けた記事内容になっておりますが、それよれば、アッシリアのセンナケリブ王が亡くなった「そのころ」、ヒゼキヤフ王は死の病にあったそうです。列王記下によれば、王の体に腫れ物が出たからです。

王は自分が誠心誠意主の前を歩き、主の目に適うことをしてきたのに、と涙を流しながら神に訴えます。そして彼は自分を訪ねてきたイザヤに執り成しを願います。イザヤによれば、主は彼の祈りを聞き、そしてその涙を見たというのです。もちろん神に耳や目があるはずがありません。イザヤは王の真摯《しんし》な訴えを聞いて、咄嗟《とっさ》に慰めの言葉が見つからず、そう口走ってしまったのかもしれませんが、ここは聖書にしばしば見られる「神の人間化」の一例です。

イザヤは王に、神に成り代わって、彼の寿命を一五年伸ばす約束をし、さらに王とエルサレムをアッシリアのセンナケリブから守るとも約束します。王はイザヤに自分が健康体に戻り、主の神殿に上れる徴《しるし》を見せてほしいと厚かましくも要求いたします。イザヤは王の前で、アハズの日時計の影を一〇度後に戻してみせます。

ヨセフスもヒゼキヤフ王の病とその奇跡的な治癒に言及いたします。

彼は王が死の病に罹ったことを説明しようとして、王を「医師も完全に見放し、友人たちも王の回復の望みを捨てざるを得なかった」（二〇・二五）とします。この一文はわたしたちに、彼がここで、ヘロデ王の最期の場面を念頭に置いていることを想像させるものです。ヨセフスの『戦記』一・六五六以下を紐解いてみて下さい。そして列王記下二〇・一を読んでみて下さい。そこには王を訪ねてきたイザヤの言葉として「主はこう言われる。『おまえの家（の者）に（遺言を）申し渡すがよい。おまえは死に、生きながらえることがないからだ』」とありますが、この一文はヘロデについてのわたしたちの想像が誤りでないことを後方から支持してくれるものとなります。なぜならば、『戦記』によれば、死を前にしたヘロデの心配事は遺言状をどのように書くかにあったからです。

列王記下によれば、イザヤを介して主から死を宣告されたヒゼキヤフ王の感情の起伏は非常に激しいものとなりますが、ヨセフスはその感情の起伏の激しさを別の理由にもとめます。

彼は次のように記します。

「子供に恵まれなかった王は、世嗣ぎがいないまま家や王国を残して死なねばならぬと考え、すっかりふさぎ込んだ。そのために、病は重くなるばかりであった。王はそのことばかりを深刻に思いつめて嘆き悲しんだあげく、ついに神に嘆願した。子を得て父親になるまでは、自分の生命（＝魂

＝プシュケー）を断たず、今しばらく生（ゾーエー）を与えて下さい、と。」（一〇・二六）

ヒゼキヤフ王には正妻以外の女性にお手つきをした形跡はありませんから、ヨセフスがそこに注目して、王の嘆き悲しみの理由を、彼が世嗣ぎなしで死なねばならぬ運命にもとめてみたのも自然かもしれません。そしてまた彼は、王がこのまま世嗣ぎなしで死んでしまえば、ネポティズムによる王位継承はどうなるのかということをも考慮したと思います。それを示唆するのは、引用した一文につづく次の言葉です。

「神は王を憐れみ、その願いを聞き届けられた。それは王が王権に伴うあらゆる特権を今まさに失うことを悲しんだからではなく、自分の王権を継承してくれる子を授かりたいあまり、（片時も）脳裏を離れない自分の最期を思って悲嘆し、今しばらく生が与えられるようにと神に祈願したからである。」（一〇・二七）

ヨセフスはさらに、神がイザヤを介して王の病が三日以内に癒え、その寿命が一五年伸ばされるとする約束の中にも、息子たちの誕生を入れます。しかも「息子たち」と複数形です。旧約ではしばしば不妊の女が取り上げられ、神が彼女たちの胎を開いた話が語られますが、ここでのヒゼキヤフ王は「不妊の女」の男性バージョンです。不妊の女は主なる神から約束を与えられると飛び上がるほど喜んだでしょうが、ヒゼキヤフは王です。王はイザヤが伝えてくれた神の約束を信じられぬものとして徴を要求するわけです。ヨセフスは列王記に見られた「その声を聞き、その涙を見たとする」神の「人間化」（アンソロポモルフィゼーション）を回避しつつ、その王の要求を生き生きとしたものに改めます。

「王はヘーサイアス（イザヤ）に、神に遣わされた彼のお告げが自分にも信じられるように何か徴（セーメイオン）か奇跡（テラスティオイ）を見せてくれと、と要求して言った。『わしが夢にも考えなかった思いがけない摩訶不思議（タ・パロガ）なぞ、それと同じような奇跡をやってくれなければ、とても信じられぬからだ』と。」（一〇・二八）

そして、列王記下によれば、ここでイザヤは、先ほど言及した太陽の運行を止めるばかりか、日影を一〇度後に戻して見せるのです。ヨセフスは最初預言者がどんな徴を見せてほしいかと尋ねたとし、王が「太陽をもとの場所に引き戻し、すでに十度沈んでいる日影を家の中に投じ、そのままにしておいてほしいと要求した」（一〇・二九）とします。もちろんこんなことが起こるはずがありませんが、キリスト教徒の多くは、聖書に書かれてあることは何でも「神の言葉」だと信じ、「アノエートス」の状態に陥っております。気の毒に。

ヨセフスは、王の「腫れ物」の患部が「いちじくの菓子」を当てると癒やされた話（列王記下二〇・七）を回避します。患部にいちじくの菓子を当て癒やされるような病は「重篤な病」とは想定できなかったからでしょうか、預言者を介して日影を元に戻してそれが家の中に入る「現象が起こると、たちどころに病が癒やされた」（二〇・二九）とします。日影が一〇度戻る奇跡と癒やされる奇跡の同時発生です。

ばかばかしい話だとは思いながら、ヨセフスの再話の方がなんとなく分かったような気持ちにさせられますが、彼がここで、これまで奇跡物語を語るときに使用してきた定型句、「この話を信じようと信じまいと、それは読者のご自由である」がこれに続かないのが残念です。とくにヨシュアがイスラエルの子らが見ている前で太陽を丸一日中天空にとどめた話を、ヨシュア記の第一〇章にもとづいて再話する場面で、この定型句を使用しているだけに、残念です。

ヒゼキヤフ王へのバビロン王の贈り物とイザヤによるバビロン捕囚の預言

列王記下二〇・一（＝イザヤ書三八・一）以下によると、「そのころ」バビロン王バルアダンの子メロダク・バルアダンが、ヒゼキヤフ王が病気だと聞いて、父王の書簡と贈り物を携えて彼のもとへやって来たそうです。王は彼らを歓迎し、宝物庫や武器庫、自分の宮殿の中にあるすべてを見せたそうです。こんな歓迎の仕方があるのかと驚かされ、次にはどこまで本当やらとなりますが、それを王から聞いたイザヤは、王の先祖が今日まで宝として蓄えてきたものはすべてバビロンに持って行かれると告げます。すなわち「バビロン捕囚」の預言です。

ヨセフスは列王記下二〇・一以下に見られる記述上の不自然さを取り除きます。不自然さの第一は、列王記下がバビロンの王が息子を書簡と贈り物を携行させてヒゼキヤフ王のもとへ派遣していることです。しかも、それが病気見舞いとあります。

ここまでの文章によれば、王の病はすでに治癒されているはずです。王が息子を派遣するのであれば、普段から友誼の交流があり、それが濃密なものでなければなりませんが、それを示唆するものは列王記下には見られません。

ヨセフスは「このころ、アッシリアびとの帝国はメディアびとの手によって崩壊したが、これについては他の所で述べよう」(一〇・三〇)と切り出して、「バビロニアびとの王バラダスは、贈り物を携えた使節をエゼキアス(ヒゼキヤフ)のもとに遣わし、同盟者になり友人になるように彼を誘った」(一〇・三〇)とします。遣わされた「王の息子」は「王の使節」に改められております。使節派遣の目的もヒゼキヤフ王の「病気見舞い」から、「同盟への誘い」に改められております。ヨセフスは「王は使節を歓迎して饗宴を張った」(一〇・三一)と想像してみせます。ナチュラルな想像です。そしてヒゼキヤフ王は彼の宝庫や武器庫などを見せて、贈り物を持たせた上で使節を送り帰したとします。これもまたナチュラルな想像です。同盟を結ぶのであれば、富において対等であることを見せつけるために宝庫を見せる必要があります。軍事力を誇示するためには武器庫を見せる必要があります。しかし、病気見舞いの客人に宝庫や武器庫を見せる必要などはまったくありませんから、ここでのヨセフスの改変は妥当なものとなります。

ヨセフスでは、ここでイザヤが登場します。

列王記下二〇・一九に見られる、イザヤを介して告げられる「バビロン捕囚」へのヒゼキヤフ王の反応は頓珍漢《とんちんかん》なものです。彼は「主が語られた言葉は結構なものだ」と口にするからであり、その言葉には「予の治世中に平和と正義が実現されるように」が続きます。ヨセフスはこの頓珍漢な応答を改めて、次のように言います。

「エゼキアス(ヒゼキヤフ)は、(預言者の)言葉に悲しんで言った。『わしは、自分の民族をそのような災禍にあわせたくはない。しかし、神が一度決められたことを覆すことはできない』と。そして王は、自分が生きている間は平和であるようにと祈った。」(一〇・三四)

物語の展開は非常にナチュラルな流れのものとなります。ヨセフスは次に、「ベーローソスもバビロニアびとの王バラダス(=メロダク・バルアダン)に言及している」(一〇・三四)と述べますが、ベーローソスの言葉の引用は見当たりません。前出のベーローソスの場合と同じです。したがって、ここでテクスト上に欠落があると想像するヨセフス学者が出てくるわけです。欠落があるのかもしれません。しかし、もともとなかったのかもしれません。

ヨセフスはここでイザヤや他の預言者について次のように言います。

「ところで、この預言者（ヘーサイアス）は、万人の認めるように、神のような（人）であり、真実を語る驚嘆すべき能力をもっていた。彼は偽りの言葉を一度も口にしたことがないと確信したので、預言したすべてのことを書き記して巻物に残した（図44）。（彼の預言が）成就して、後世の人びとが（それが真実だったことを）知るためである。

この預言者ばかりでなく、他の十二人（の預言者）も同じように、（活躍）した。わたしたちの間では、それがよいことであれ悪いことであれ、彼らの預言どおりのことが起こるのである。

これらの預言者の一人ひとりについては、先へ進んでから語ろう。」（一〇・三五）

ヨセフスは本当にイザヤ書を読んで、彼の人と彼の真実を語る能力などに驚嘆し、その上でこの一文を書いているのでしょうか？

もちろん彼は、エルサレムの有力な祭司一族に生まれた者ですから、エルサレムの神殿でイザヤ書の巻物（の写し）を目にしたことはあるにちがいありません。もちろん彼は、ローマでフラウィウス一族の庇護のもとに置かれていたわけですから、もしローマに持ち込まれた戦利品であるエルサレム神殿の巻物の中にイザヤ書の巻物があれば、それを目にする機会が他のだれよりもあったと想像しな

図44●イザヤ書

ければなりません。しかし、もし彼がイザヤを彼の民族の誇る預言者として理解していたのであれば、彼はここでイザヤについてもっと多くのことを語るべきであったと思われるのですが、そうはしていないのです。非常に皮相的な理解しかしていないのです。彼は列王記下で引かれているイザヤの言葉のブロックを読んで、イザヤについて語っているような気がいたしますが、どうでしょうか？

ヨセフス学者がここで問題にするのは、彼が言及する「他の十二人」の預言者が誰を指すかです。預言者といえば、前八世紀の南王国のイザヤやミカ、北王国のホセア以外にも前七世紀の南王国のゼパニヤやナホム、バビロン捕囚期前後のエレミヤやハバクク、エゼキエルらがおりますが、この者たちのことが彼の念頭に置かれているのでしょうか？　もし置かれているとしたら、「他の十二人」の中の残りの者はだれなのでしょうか？　「他の十二人」の預言者とは、キリスト教の業界用語で言う「十二小預言者」を指すのでしょうか？

ヨセフスは「これらの預言者の一人ひとりについては、先へ進んでから語ろう」と約束しておりますが、先へ進んでから語られるのはエレミヤ（本書一〇・七九、八〇、一一二以下）とエゼキエル（本書一〇・七九）、そしてダニエル（本書一〇・一八六以下）だけです。

ヒゼキヤフ王の死と後継者マナセ

列王記下二〇・二一、および歴代誌下三二・三三によると、王のヒゼキヤフは亡くなると、ダビデの町に葬られ、その子マナセが王になります。紀元前七〇〇年ころのことです。マナセ王は、主が彼に保証した一五年の余命のうちに生まれた子です（前六九六年）。彼の誕生のおかげで、ユダ王国のダビデ王朝のネポティズムは立派に続くことになるのですから、主なる神にとっては万々歳なのでしょうが、このマナセはとんでもないバカ息子だったのです。神もヒゼキヤフに一五年の命の保証などせず、子なくしてさっさと死なせ、その死をネポティズムを断ち切る絶好の機会にすればよかったのにと思われますが、神は生まれて来る子が将来どんな子になるかは推し量れないようです。

列王記下二一・一（＝歴代誌下三三・一）以下によると、マナセ王は、「主の前に悪しきことを行い、主がイスラエルの子らの前から取り除いた忌むべきものを手本にして歩んだ」そうです。彼は完全に旧弊に戻り、偶像を祭った高き所を再建し、バアルのために祭壇をつくり、主の神殿の中にも（他の神々の）祭壇を築いたというのです。まだまだその愚行は続くのですが、列王記下二一・一六によれば、彼はこれらの悪しき所業以外にも、「無辜《むこ》の血を非常に多く流し、それはエルサレムを端から端まで満たすほどだった」そうです。

これは本当でしょうか？　ここでの記述には誇張があるようで、それははるか後の時代のバルコホバの乱（後一三二－一三五）について記すラビたちの記述を思い起こさせるものです。ユダヤ文学においては、この手の誇張は伝統芸として代々伝えられているようです。

ヨセフスはマナセの悪行に触れた後、彼の殺人に言及します。

「彼は父親の歩んだ道を放擲《ほうてき》して反対の道を歩み、悪徳という悪徳をすべてやってのけた。不敬虔な所業でやり残したものはひとつもなく、イスラエルびとが神にたいして犯した無法――彼らはそのために滅びたのであるが――を（すべて）模倣した。そして、彼は神の神殿や、（エルサレムの）都、および（王国）全土を汚すことさえ（平然と）やってのけた。すなわち、彼は神を侮り、ヘブルびとの間の義人をすべて殺したのである。預言者でさえも容赦はせず、毎日彼らのうちの何人かを殺したので、エルサレムには血が流れて、それが絶えることがなかった。」（一〇・三七－三八）

ヨセフスはここで、対ローマのユダヤ戦争の最中にエルサレムで「熱心党」（ゼーロータイ）や人混みにまぎれ込んで要人たちを暗殺しては姿をくらました「シカリ」と呼ばれる刺客たち（図45）が流した血を想起しているのかもしれません。

さすがに主なる神もマナセの悪業には怒りを爆発させます。

神は彼を敵の手に引き渡す決意をしますが、その決意の具体的な内容を伝えるのは列王記下ではな

図45●シカリ

くて、歴代誌下三三・一〇―一一です。そこにはこうあります。

「主はマナッセース（マナセ）と彼の民に語りかけたが、彼らは聞き入れようとはしなかった。そこで主はアッシリアの王の軍団長を連れてきて彼らに立ち向わせた。彼らはマナッセースを鎖で捕え、足枷で縛り付け、バビロンへ引いて行った。」

マナセが足枷を付けられてバビロンへ連行される光景は、けだし見物《みもの》であったでしょうが、それがここでは神の天罰が下ったと解釈されているのです。わたしに言わせれば、聖書にしばしば見られるこの手の歴史解釈は非常に安直なものですが、ヨセフスですら以下の記述に見られるように、その安直さ加減から自由にされてはおりません。ここでの記述によると、バビロンへ連行されたマナセはそこではじめて、悪から目覚めて父祖たちの神に立ち帰り、その前に遜ったそうです。すると主は、「彼の叫びを聞き入れ、彼をエルサレムに、彼の王国に戻した」というのです。

ここでの列王記下や歴代誌下の編者は、なぜバビロンの王が連行したマナセをエルサレムに帰還させたのかを問題にしません。帰還のための裏工作があったのか、なかったのかなどがまったく問われておりません。そのため、ここに登場する神はどこまでも甘っちょろい神になっております。ときに峻厳で、ときに甘っちょろく、なのでしょうか？

歴代誌下三三・一四以下は、エルサレムへ戻された後のマナセ王の善行の幾つかを報告します。それには彼が主の神殿から異国の神々の像を取り除き、主の祭壇を新たに築く宗教的行為ばかりでなく、エルサレムの町を強固にすることも含まれております。

ヨセフスもマナセやその民がその所業を改めなかったために、神がバビロニア人とカルデア人を興して彼らに立ち向わせたとし、そのため彼はバビロンの王のもとへ連行され、そこで悔い改めたとします。彼はマナセの悔い改め後の善行を歴代誌下にしたがって述べますが、その再話の最後を「神への奉仕やその他の点でも、王の人間性は大きく変わり、神を拝するようになったときから生涯の最後まで、人びとが競って手本にする（神に）祝福された生き方を実践した」（一〇・四五）で締めくくります。ここでの「人びとが競って手本にする」のギリシア語はゼーロートスであり、写本によっては、「律法に熱心な者」の意を内包するゼーローテース（単数形）です。ヨセフスはここでも間違いなく、エルサレムの「熱心党」（ゼーロータイ）を僭称した者たちの存在をいまだ忘れてはおらず、同じゼーローテースでも、彼ら「熱心党」（ゼーローテース、ゼーロータイ）を称した者たちの生き方と、悔い改めた後に「律法に熱心な者」（ゼーローテース）となったマナセの生き方の間には雲泥の差があるとする訴えが、彼の口の端に上がろうとしてもがいておりますが、結局は上がりません。

なぜなのでしょうか？

それは現代のユダヤ教や、キリスト教、そしてイスラームの歴史上での扱いや位置づけからも分かるように、原理・原則に忠実であると申し立てるファンダメンタリスト（原理主義者）の扱いほど厄介なものはないからです。その申し立てに原理的に正しいものが含まれているように見えるときには、「そうは言っても……」と反論できなくなる弱みを周囲の者たちはもつことになりますが、もしヨセフスがここで脱線でもして、熱心党をやり玉に挙げて、彼らの律法への熱心をマナセの律法への熱心と比較したりすれば、物語の展開は俄然面白くなるのですが、彼はそれができないでいるのです。

一二歳で王になったマナセは五五年統治した後、六七歳でその生涯を閉じます。紀元前六四二年のことです。その王権は彼の子アモンの手に渡ります。列王記下二一・一九（＝歴代誌三三・二三）によれば、そのときアモンは二二歳です。

アモンの子ヨシヤフ、南王国の王になる

アモンは二年後、家来たちの謀反に遭い、エルサレムで殺されます。このクーデターの発生は紀元前六四〇年のことです。ヨセフスは資料の短い記述に目を通した後、アモンの生涯をわずか二、三行で片付けます。その子ヨシヤフが八歳で南王国の王位を引き継ぎます。

南王国のヨシヤフ王の宗教改革と律法の書の発見

列王記下の第二二章と第二三章、および歴代誌下の第三四章と第三五章は、非常に大きな紙幅をさいてヨシヤフ王の治世中の出来事を語ります。彼がさまざまな改革を行うからです。神殿修復のときに、律法の書が発見されたからです。

資料となる列王記下と歴代誌下を幾つかの部分に分けて紹介し、それにたいしてヨセフスが何と言っているかを見たいと思います。

列王記下二二・三以下によると、ヨシヤフ王はその治世の「第一八年」、すなわち彼が二六歳のとき、大祭司ヒルキヤフに命じて、神殿に納められた金を使って神殿の修復を命じます。そのとき大祭司は王から遣わされた者に、自分が神殿で「律法の書を発見した」と告げます。紀元前六二二年のことです。それが神殿の「どこ」で「いつ」、「どのような状態で」発見されたかは書き記されておりません。それがどんなものであったのかも記されておりません。

とはいえ、この「律法の書の発見」は、列王記下の読者をまちがいなく驚かせるものとなります。なぜならば読者は「律法の書」が神殿にあることを前提に列王記や歴代誌を読み進めてきたからです。それは神殿存在の根拠となるものです。それは神殿の祭司制度やレビびとたちの制度を支えるものであったはずです。それが、実は、紀元前六二二年まで「神殿のどこにも見られなかった」というのです。

なんだか、狐につままれたような思いになります。

律法の書は王の前で朗読されます。

律法の書のどの部分が、誰によって朗読されたのかは記されておりません。王は朗読を聞くと、自分の衣を裂いたそうです。これはよく分からぬ行為です。自分の着衣を裂く行為は悲嘆や哀悼の意を表明するときのものだからです。ここでの王はそれまで律法の書の存在を知らされていなかったということにすぎませんから、高価な王衣を引き裂いて見せるパフォーマンスなど演じる必要はないのです。


王は主なる神の心を知ろうとして、五人の側近をエルサレムに住む女預言者フルダのもとへ遣わします。彼女は彼らに向かって「主は……ユダの王がこの書のすべての言葉どおりに、この所とその住民に災禍をもたらす」と告げると同時に、主なる神は、イスラエルの民が自分を捨てて他の神々にしたがったので、怒りの鉄槌を下すが、王は主なる神の前に遜《へりくだ》り、着衣を引き裂き、泣いてみせたので、王の存命中は、鉄槌が下されることはないとも告げたそうです。

分かるようで、よく分からない女預言者の説明です。彼女の言葉の中に「この書のすべての言葉どおりに」とありますが、王の五人の側近はそもそも女預言者のもとに「律法の書」を持ち込んだのでしょうか？　それは考えられません。それは世にも貴重なものだからです。

歴代誌下三四・一四は、（大）祭司ヒルキヤフが、神殿に持ちこまれた銀を取り出していたとき、「モーウセース（モーセ）の手を介して（与えられた）主の律法の書」が発見されたとします。こちらは発見された場所が神殿の宝庫内であったことを示唆します。

ヨセフスはヨシヤフについて長々と、熱のこもった記述を行います。彼は王の生涯を語る再話の冒頭で次のように切り出すのです。

「彼はすぐれた性向の持ち主で、徳（アレテー）をよくわきまえ、ダウィデース（ダビデ）王の徳行の熱心な追求者（ゼーローテース）になり、すべてダウィデースを自分の生き方の模範（スコポス）にし基準（カノン）にした。彼は一二歳になると、神を敬い、神の心にかなう行動をとるようになった。彼は自分の民を本心に立ち帰らせようと努力を重ね、本物の神ではない偶像の崇拝をやめて父祖たちの信じた神を拝するように説いた。彼はまた、父祖たちの事績を回想し、彼らの犯した過ちを二度と繰り返さなかった。それはまるで、改めるべき点が何であるかをたちまち見抜く古老のようであった。一方、父祖たちの行動のうち、時宜にかなった立派なものはそれを見習った。

彼は生得の知恵と英知を活かしつつ、長老たちの忠言や言い伝えをよくわきまえて、このような行動をとったのである。彼が正しく統治し、神への奉仕に徹し得たのは、もちろん、律法にしたがったからであるが、歴代の（王たちの）犯した無法が根絶され、もはや存在しなかったのである。」

（一〇・四九―五一）

何だかこの一文はギリシアのポリスで行われる英雄の死を悼む葬送演説で、英雄の生涯を回想している感じですが、ここですでに見られる最大級の讃辞の言葉は、これから先でのヨセフスによるヨシヤフ王評価の前ぶれとなるものです。

ヨセフスはここで小さなチョンボを犯しております。

彼はヨシヤフ王が「一二歳になると、神を敬い、神の心にかなう行動をとるようになった」と言っておりますが、それは歴代誌下三四・三に「彼はその治世の第八年に――彼はまだ若者にすぎなかった――彼の父祖ダウィドの神である主を熱心にもとめはじめた。彼はその治世の第一二年に、高台やアルセーを（取り除き）、……」とあるからです。

ヨセフスはここでの「治世の第一二年」を「一二歳」と読み違える間違いを犯しているのです。彼は歴代誌下からは引き出せないことも口にします。

彼はヨシヤフが「裁判官と陪審員を任命した」（一〇・五三）と述べ、王に任命された者たちは「個々の人間の（係争）事項を扱うにあたっては、何よりも正義を優先させ……」（前掲箇所）たとしますが、歴代誌下はこの一文を支持いたしません。これはヨセフスの想像から生まれた創作なのです。

神殿で発見された「律法の書」ですが、ヨセフスはそれを複数扱いで「聖なる文書」、「文書」と呼んで言及いたします（一〇・五八、六三）。列王記下および歴代誌下がそれを単数形扱いしているだけに、ヨセフスがなぜ複数形扱いしたのかは考えてもよい問題かもしれません。

すでに見てきたように、王のヒゼキヤフは律法の書が朗読されると、王は五人の側近を女預言者フルダのもとへ遣わしましたが、ヨセフスはこの女預言者を「出自のよさで著名なサルールモス（シャルム）の妻」であるとします。ヨセフスにとって、ある人物が信頼の置ける者であるかどうかを議論するときの基準は、その人物に出自のよさが認められるかどうかです。『自伝』一以下からも分かるように、ヨセフス自身は自分がエルサレムの祭司一族に属し、しかもその縁戚の中にハスモン一族に連なる者がいることを書き記し、それゆえ、自分が自伝で書くことは信頼の置けるものだと暗に言うのです。エリート意識丸出しのイヤな性格です。

ヨセフスは、王ヨシヤフが五人の側近を女預言者のもとへ遣わすにあたり、次のように王がその心中を吐露したとします。

「彼女に神の怒りをしずめ、神の憐れみを受けられるようにしてもらうのだ。わたしたちの父祖たちはモーセース（モーセ）の律法を犯したので、わたしたちも（この国を）追われる危険がある。この国から異民族の（土地）に追放されれば、万事に困窮し、みじめな生活が待っているだけだ。だから不安なのだ。」（一〇・五九）

ここに認められる弱音は王の口にふさわしいものでしょうか？ヨセフスによって「ダビデの徳行の熱心な追求者」、「ダビデを自分の生き方の手本」とされた男が吐く言葉でしょうか？

ここにはユダヤ戦争後にローマに連れて行かれることを敵将ティトスに通告されて、そこでの生活を一瞬であっても想像してみせたヨセフスの不安が認められます。ここには、その敗北ゆえに、パレスチナから追放されることになった同胞たちの不安が見られます。ここにはまた、その敗北ゆえに、奴隷として異国の地に売られて行く者たちの不安が見られます。ヨセフスは女預言者の言葉の中にも、パレスチナからの追放を入れ、神はすでに判決を下したが、その判決によれば、「(神は) 民を滅ぼしてその土地から追い出し、あなたがたが現在手にしているもろもろの幸福をすべて奪います。……」(一〇・六〇) と述べるのです。

南王国のヨシヤフ王、民に契約の書を読み聞かせる

王は女預言者から、神の罰は存命中に下されないことを聞かされます。ヨシヤフ王は一安心です。王はユダとエルサレムに住むすべての者を集めると、彼らに主の神殿で見つかった律法の書を読んで聞かせ、その上で、これからは主にしたがって歩み、主の命令と戒めと掟を守るとの誓いを主の前で

させますが、このことを伝える列王記下二三・二と歴代誌下三四・三〇はそこで、「律法の書」ではなく、「契約の書」という言葉を用いております。ただしヨセフスでは相変わらず「聖なる文書」(一〇・六三)です。この言葉は先に進んでダニエル書に言及するときにも使用されます。

異教礼拝の徹底的撲滅

すでに見てきたように、南王国のヒゼキヤフ王は、ユダの地から、偶像を一掃し、それまで閉鎖されていた神殿を開いて潔め、過ぎ越しの祭も盛大に執り行っております。紀元前七二八年のことでしたが、あれから一〇〇年経ちます。何とその間に異教礼拝は見事に復活していたのです。それゆえ、わたしたちはここで、「どういう民族なの、この民族は」と首をかしげたくなります。

列王記下二三・四以下は、ユダとエルサレムにおける異教礼拝の撲滅を詳細に語りますが、それを読む読者はのけぞって卒倒するのではないでしょうか? そこではエルサレムの神殿内での偶像崇拝が語られ、過激すぎるほど過激な言葉で、異教礼拝の撲滅が語られているからです。

そこには「神殿からバアルや、アセーロート(アシェラ)、天の万象のために彼らがつくったすべての祭具」が運び出されたとあります。そこには「高き所や、ユダの町々、そしてエルサレムの周辺の土地で香を焚くためにユダの歴代の王が立て、そしてバアルや、太陽、月、星座、天の万象に香を焚いた祭司たちを焼き殺した」とあります。

歴代のユダの王たちは、ヒゼキヤフ王の清掃後も、偶像崇拝を再開し、偶像の祭司たちを任命していたのです。神殿の大祭司や祭司たちは本来の仕事を何もしていなかったことになります。一神教の神は機能不全、心肺停止の状態に陥っていたのです。そこには「主の神殿の中に神殿男娼の家を取り壊した」とあります。すでに見てきた列王記上一四・二四は、ユダの王レハブアムの時代には、神殿男娼がいたと記録しておりますが、その存在は続いていたのです。神殿の中に男娼の家があったのであれば、そこには娼婦の家もあったと想像しなければなりません。これはちょうど明治神宮や伊勢神宮の中に男娼や娼婦がいたとするようなものです。イヤハヤ。

ヨセフスはこれらの詳細には立ち入らず、王が、偶像や外国の神々に奉納した先祖たちの祭具が神殿に残っておれば、それを焼却処分にし、「アアローン（アロン）の一族に属さない偶像の祭司たちを殺した」（一〇・六五）と述べるにとどめます。

ユダの外での清掃作業

王ヨシヤフはエルサレムとユダの地の清掃作業を終えると、地方に出かけます。最初の清掃作業を行う土地はベテルです。次はサマリアです。その清掃作業はエルサレムとユダの地における清掃作業以上に荒っぽい、したがって徹底したものです。たとえば、ベテルの場合です。そこにつくられた異教の祭壇と聖所、そしてそこに祭られた偶像は粉々に粉砕されます。偶像の祭司の墓があれば、そこからその人骨を取り出して偶像の祭壇の上で焼いたそうです。それはかつて「神の人」が告げた主の言葉の成就と見なされます。

これを理解するには南王国のヤロブアム王の時代に戻らねばなりません。列王記上一三・一―三（＝ルキアノス版では一四・一―二）によると、ひとりの「神の人」がベテルにやって来ると、ヤロブアム王がそこの祭壇で香を焚いております。神の人は「主の言葉にしたがって」祭壇に向かって叫び、「ダビデの家に男の子が生まれる。その名はヨシヤ（フ）と言う。彼は……人骨を祭壇の上で焼く」と分けのわからぬことを口にしますが、ここでは、その名前が同じところから、ヨシヤフとその清掃作業が神の人のこのときの言葉と結びつけられて、それが成就されたと見なされているのです。

ヨセフスもこのベテルでの清掃作業に触れ、この神の人――ヨセフスでは「神の人」ではなくて「預言者」です――の言葉は、それが口にされてから「三六一年後にそのとおりになった」（一〇・六七）とします。三六一年前の言葉が成就したというのです。

ヨセフスもサマリアでのヨシヤフ王を語りますが、彼はそのさい、王がサマリアへ出かけたとは直接言わず、「アッシリアびとの捕囚や隷従をまぬかれた他のイスラエルびとのもとにも出かけ……」（一〇・六八）とします。彼は王がそこでも人骨を祭壇の上で焼き払ったことには触れず、その代わり王が「人びとが偶像を隠しもってはいないかと疑い、人家や村や町などを捜索した」（二〇・六九）と想像してみせます。

ヨシヤフ王、過ぎ越しの祭を祝う

列王記下二三・二一—二三、歴代誌下三五・一—一九は、ヨシヤフ王が執り行った過ぎ越しの祭について語ります。

列王記下によれば、この過ぎ越しの祭は「イスラエルを裁いた裁き人の時代から、イスラエルの王たちやユダの王たちの全時代において」執り行われることはなく、ヨシヤフ王の第一八年になってはじめて、それがエルサレムで執り行われたそうです。歴代誌下は「預言者サムール（サムエル）とイスラエルのすべての王の時代から、これに似た過ぎ越しの祭がイスラエルで執り行われることはなかった。……」とします。サムエルが最後の士師であったとはいえ、歴代誌下は列王記下よりも、過ぎ越しの祭が執り行われていなかった期間を少しばかりであっても狭めているように思われます。しかし、すでに見てきたヒゼキヤフのときの過ぎ越しの祭の復活はここでは無視されております。

ヨセフスもヨシヤフ王が執り行った過ぎ越しの祭に触れます。彼は「王はこうして全土を清め終えると、民をエルサレムに呼び集め、そこで種入れぬパンの祭とパスカと呼ばれる祭を執り行った」

（一〇・七〇）とします。彼は『古代誌』三・二四九で「パスカが終ると、翌一五日から引き続き種入れぬパンの祭が行われる。すなわち、人びとはその日から七日間、種入れぬパンだけで生活し……」と述べて、パスカの祭と種入れぬパンの祭を区別しております。しかし彼は同じ『古代誌』二〇・一〇六では、種入れぬパンの祭とパスカの祭を同一のものとして扱っております。ヨセフスは祭司たちが集まった者たちにたいして祭をどのような手順で執り行うのかを「説明してやった」（一〇・七二）とします。適切な想像です。そして彼は歴代誌下にもとづいて、「預言者サムーエーロス（サムエル）以後、これほど（盛大に）祝われた祭はなく、すべてが律法と父祖たちの（守った）古来の慣習にしたがって執り行われたのである」（一〇・七二）で結びます。

ヨシヤフ王の戦死

列王記下二三・二八―二九と歴代誌下三五・二〇―二四は、ヨシヤフ王の最期を書き記しております。

列王記下によれば、エジプトの王ファラオ・ネコ（在位、前六一〇―五九五）（図46）がアッシリア王を撃とうとしてユーフラテス川を目指して北上して来たとき、ヨシヤフは出撃しますが、メギド（図47）でエジプト王に遭遇するとそこで殺されたそうです。紀元前六〇九年のことです。歴代誌下

図46●エジプトの王ネコ

図47●メギド

は、エジプトの王ネコがヨシヤフに使いの者を送り、自分の遠征を妨害しないでほしいと要請し、それにたいしてヨシヤフがその要請を無視して出陣し、そのためメギドの戦いになったと簡単に説明しております。

ヨセフスもヨシヤフの死に触れます。

彼はまず、列王記下と歴代誌下が触れていないエジプト王ネコの遠征の目的を「王にはアシア支配の野心があった」(一〇・七四)と想像してみせます。さらに彼はネコが使いの者をヨシヤフのもとへ遣わした理由をも詮索してみせます。彼は、ヨシヤフは「メディアびとに立ち向う王の領内通過を阻止するために、軍を送り出した」(一〇・七五)とします。彼の解釈によれば、ネコがヨシヤフのもとへ伝令を遣わして事情を説明しても、領内通過を認めなかったために戦闘になったというのです。領内通過の拒否は、カナンの地に向かうモーセとその一行が、アモリびとの領地を通過しようとして食らったものですが(民数記二一・一〇以下)、ヨセフスはそれをここで思い起こして、それらしい理由をつくっているのかもしれません。

ヨセフスはエジプト兵の矢を射込まれても屈せぬヨシヤフ王の旺盛な戦闘意欲を描こうとして、王は負傷して苦しんでいても「(喇叭を)吹かせて軍を撤退させ、エルサレムに引き上げた」(一〇・七八)とします。彼はここでも「王はエルサレムへ運びこまれたが、そこで死んだ」とする歴代誌下の記述にしたがっております。列王記下二三・二九―三〇の記述は、ヨシヤフ王はメギドで殺され、その遺体がエルサレムに運び込まれたとしております。

二人の預言者、ヨシヤフ王の死を悼む

列王記下二三・二五は、ヨシヤフ王がいかに律法に忠実に生きたかを力説し、彼がモーセの律法のすべてを手本にして、心を尽くし、魂を尽くし、力を尽くして主の方へ立ち帰ったとし、「彼のような王は、彼より前にいなかったし、また彼以後にも彼のような人物は起こらなかった」と、王への最大級の讃辞を書き記しておりますが、王のメギドでの戦死で、人びとが長期間の喪に服したと述べることはありません。

他方、ギリシア語訳歴代誌下三五・二四―二五は、「全ユダとエルサレムはヨーシアス（ヨシヤフ）のために喪に服した」と述べた後、「イエレミアス（エレミヤ）はヨーシアスを哀悼した。すべての男の指導者たちと女の指導者は今日に至るもヨーシアスを悼む哀歌をうたって（彼について）語り伝えている。彼らは（それを）イスラエルのための慣習とした。見よ、それは『哀歌』に書かれている」とつづけます。ここでの「男の指導者たちと女の指導者たち」はだれを指しているのかと、戸惑いを覚えますが、ヘブライ語テクストでは「男と女の朗詠者たち」であり、エスドラス第一書（ギリシア語エズラ記）一・三〇では「民の指導者たちもその妻たちも」です。何となく分かってきます。

ヨセフスは、すでに見てきたように、ヨシヤフ王の生涯を語るにあたり、その冒頭でその全生涯を回想する葬送演説のようなものを記しておりましたが、彼は王の死に続く記事の中でも、彼を哀悼する言葉を今一度述べます。

「すべての民はヨーシアス（ヨシヤフ）の死を大いに悼《いた》み、何日にもわたって嘆き悲しんだ。預言者イェレミアス（エレミヤ）がその埋葬のときにつくった哀歌は今も残っている。この預言者は（エルサレムの）都を見舞う恐ろしい災禍やバビロン捕囚、最近の事件であるわたしたちの（都の）陥落などについて預言し、それを文書に（書き）残している。彼はこのような出来事をあらかじめ民に告げたが、預言者イェゼキエーロス（エゼキエル）も二つの文書を残し、これらの事件についてだれよりも先に書いていたのである。この二人の預言者はともに祭司の家系の出身である。イェレミアスはヨーシアス王の治世の第一三年から、都と神殿が破壊されたときまでエルサレムで暮らした。」（一〇・七八－八〇）

ヨセフスは、ヨシヤフ王の戦死にたいして、「すべての民」が何日にもわたって哀悼の意を表したとします。ヤコブがエジプトの地で亡くなったとき、エジプト人は七〇日間の喪に服したそうです（創世記五〇・三）。モーセがモアブの地で亡くなったとき、彼にしたがっていたイスラエルの民は三〇日間の喪に服したそうです（申命記三四・八）。イスラエルの初代の王サウロの死では、「歌人」として演出されたダビデが、「弓」と題する哀悼の歌を詠み「ああ、勇士らは倒れた」とうたってサウロとヨナタンの死を悼んだとされます（サムエル記下一・一七―二七）。しかし面白いことに、いや不思議なことに、ダビデの死には、だれも哀悼の意を表していないのです（列王記上二・一〇参照）。ソロモンの死の記述も素っ気ないものです（列王記上一一・四三参照）。女好きの彼の「千人斬り」（列王記上一一・一以下）が災いしたのでしょうか？

ヨセフスはエレミヤがその埋葬のときうたった哀歌は今でも残っているとします。彼は歴代誌下が言及する哀歌を旧約聖書の一書である「哀歌」と見なしておりますが、その同定は誤ったものです。エレミヤ書の次に置かれている「哀歌」はユダのバビロン捕囚をうたったものであり、ヨシヤフ王が戦死した紀元前六〇九年の年はまだバビロン捕囚を目撃していないからです。

それはともかく、ヨセフスはここでエレミヤに最高の敬意を払っておりますが、ヨセフス学者の中には一文中の「最近の事件であるわたしたちの（都の）陥落」を後の時代の付加と見なす者がおります。しかし、その推測は誤ったものだと思われます。彼らはここで用いられている「陥落」を意味するギリシア語ハローシスが、ヨセフスが特別の思いをもって使用するギリシア語であることに注目していないからです。これはヨセフスが『戦記』の本来の表題を表すのに使用しているギリシア語なのです。これは彼だからこそここで特別の思いを込めて使用できるギリシア語なのです。

ヨセフスは引用した一文で、エゼキエルが二つの文書を残したと申し立てておりますが、哀歌の次にはエゼキエルの書がひとつしか置かれておりませんので、これには少しばかり説明が必要です。

エゼキエル書は、その構成上、（一）エゼキエルを介して告げられたユダとエルサレムにたいする非難と警告（一―二四章）、（二）外国についての預言（二五―三二章）、および（三）慰めと復讐（三三―四八章）の四八章から成り立っておりますが、それは、ヨセフスの時代、エゼキエル書がそれぞれ二四章の二書から成り立つ書として理解されていたことを示しております。

ヨセフスはまたその一文で、エレミヤとエゼキエルの「二人の預言者はともに祭司の家系の出身である」と述べていますが、エルサレムの祭司一族出身のヨセフスがここで、二人に、実際にはとくにエルサレムの陥落を目撃したエレミヤの姿に自分の姿を重ねていることを覚えて置く必要があります。

このことは先に進んでから取り上げます。

イェホアハズ、ヨシヤフ王の後継者となる

列王記下二三・三一―三二および歴代誌下三六・一は、ヨシヤフ王の子イェホアハズが父王の死で王になったことを伝えます。紀元前六〇九年のことです。列王記下は、彼が「主の目に悪いことをことごとく行った」とし、彼がエルサレムで王位にあることわずか三か月で、エジプト王ファラオ・ネコによってリブラの地で幽閉され、退位させられたとします。列王記下と歴代誌下によれば、エジプ

ト王はヨシヤフ王のもうひとりの息子エルヤキムを王に立て、その名をイェホヤキムに改めさせたそうです。イェホアハズは、その幽閉先から、エジプトに連行されます。列王記下によれば、彼はそこで亡くなりますが、その詳細は述べられておりません。

ヨセフスも列王記下とほぼ同じことを述べます。

イェホヤキム王、ネブカドネツァルに服従する

ここでネブカドネツァルの登場です。

紀元前六〇三年のことです。このネブカドネツァルは、世界史の教科書に必ず顔を出す、あのネブカドネツァル二世（在位、前六〇五―五六二）（図48、49）です。

列王記下二四・一以下（ヘブライ語エレミヤ書四六・二以下＝ギリシア語訳では二六・二以下）によると、イェホヤキム王は、カルケミシュの戦い（図50）で進軍してきたネブカドネツァルに膝を屈します。王は三年間もネブカドネツァルに服従した後、彼に背きます。紀元前六〇一年のことです。

列王記下はネブカドネツァルを「神の器」と見なし、彼が進軍してきたのは、マナセの悪業（罪）のためにユダを滅ぼすためであったとします。

イェホヤキムの悪業のためではなく、一代前のマナセの悪業のためだとされるのです。何かムリの

図48●ネブカドネツァル（1）
図49●ネブカドネツァル（2）

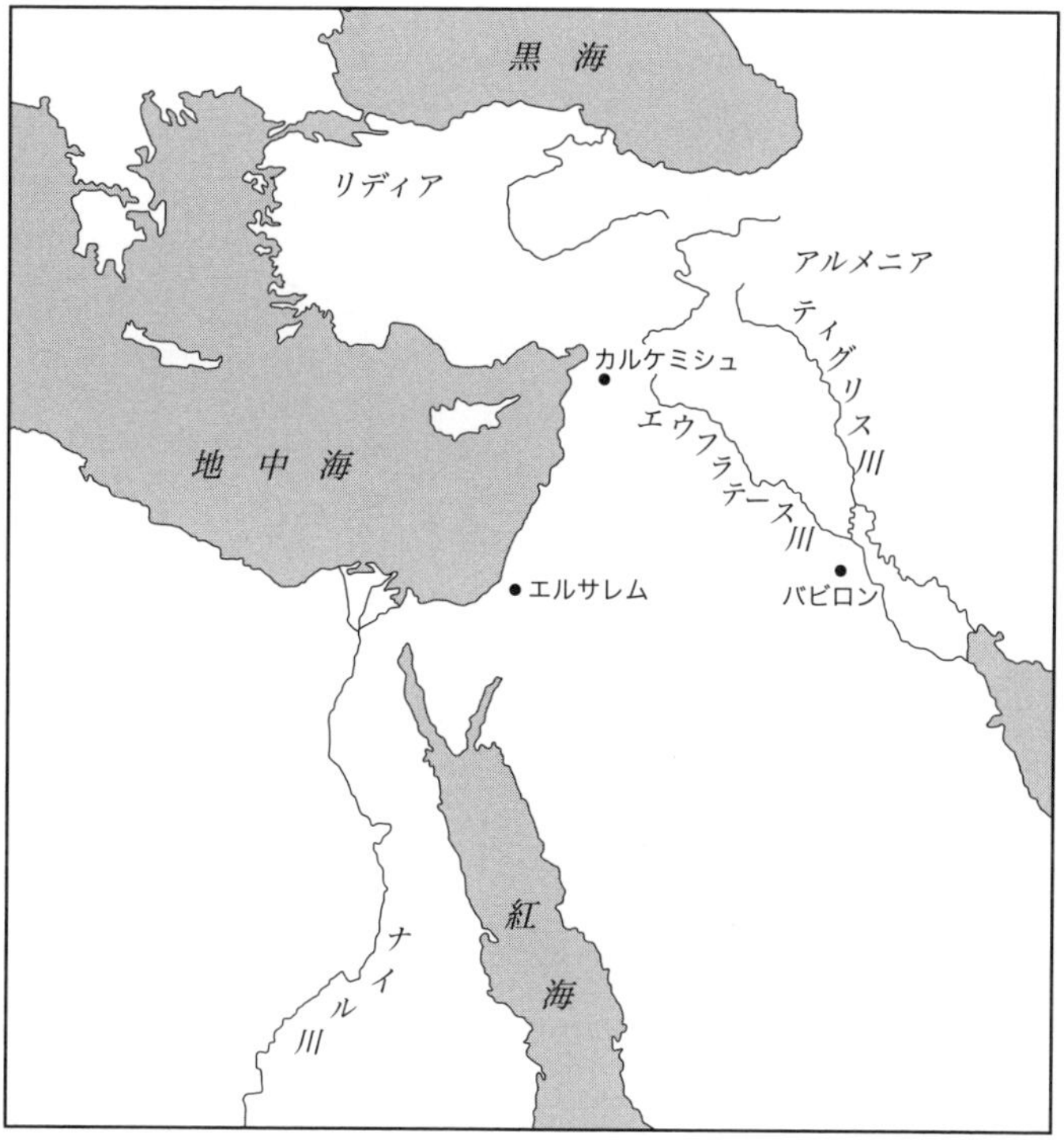

図50●カルケミシュ

あるおかしな歴史解釈ではありませんか？

異民族の忌むべき慣習にならい、主の目に悪しきことをさんざんやってのけたマナセの時代はすでに終っており、その孫のヨシヤフ王によるエルサレムとユダ、そしてベテルとサマリアの清掃作業も終っているにも関わらず、マナセが引き合いに出されるのです。列王記下の記者（ないしは編者）も、そのムリに気づいております。その証拠に、列王記下二三・二六－二七は、ヨシヤフ王の時代にあっても、マナセが主を怒らせたその「すべての怒りのゆえに、ユダにたいしてその怒りを爆発させた大きな憤怒を解くことはなかった」とします。わたしたちはここで、「主の憤怒」には今流行《はや》りの言葉を使えば持続可能性（サスティナビリティ）があることを教えられますが、これを歴史解釈の中に持ち込むと滑稽なものとなります。

ネブカドネツァル、エジプトの王を打ち破る

ヨセフスはバビロニア王ネブカドネツァルがエジプトの王を撃った話を少しばかり詳しく語ります。

「（イェホヤキムの）統治の第四年に、ナブーコドノソロス（ネブカドネツァル）という名の者がバビロニアびとの王になり、その年に大軍隊を率いてエウフラテース川近くのカルカミッサ（カルケ

ミシュ）の町に攻め上った。全スュリア（スリア）が服属するエジプト人の王ネカオー（ネコ）との戦争を決意したのである。ネカオーは、このバビロニアびとの王の意図や自分にたいする遠征のことを聞くと、事態を重視し、ナブーコドノソロスに立ち向うために大軍を率いてエウフラテース方面に急いだ。しかし、その戦闘で破れ、何万（という兵）を失った。バビロニアびとの王はエウフラテースを渡河し、ユダヤを除くペルシオンにいたる（全）スュリアを占領した。」（一〇・八四―八六）

ここでの記述から、バビロニア王の遠征と次の目標がユダの地であることがひとつのアバウトな情景として浮かび上がってきます。

ヨセフスは、大軍を率いてきたネブカドネツァルがイェホヤキム王に貢納を要求し、それに応じなければ戦争を仕かけると恫喝したと想像し、さらに「それに恐れをなしたヨーアケイモス（イェホヤキム）は、金と引き換えに平和を買うことにし、王の命じる貢ぎを納めた」（一〇・八七）とします。

イェホヤキン、父王イェホヤキムの後継者となる

列王記下二四・五は、イェホヤキムの子イェホヤキンが彼に代って王になったことを告げます。紀

元前五九八年のことです。彼が王になったのは一八歳、わずか三か月王位にあっただけです。彼はその間に「主の目に悪いことをことごとく行った」そうです。悪事の早業師ですが、それにしても、なぜイスラエルとユダは悪事に走るろくでもない王を次から次に輩出させるのでしょうか？　神はネポティズムによる王政と王制の欠陥を正そうとしないのですから、面白いものです。

第一回のバビロン捕囚

列王記下二四・一〇は、「そのころ」、すなわち紀元前五九八年ころ、ネブカドネツァル王がエルサレムを包囲したとしますが（図51）、その包囲がどれほど続いたのかは告げません。しかし、同書二四・一二によれば、ネブカドネツァル王の治世の第八年にイェホヤキン王は降伏し、ネブカドネツァル王は彼および彼の母、その武将たち、その指揮官たち、その宦官たちを捕縛したとします。バビロンの王は主の神殿と王宮からすべてのものを持ち出します。そしてエルサレムに住むほとんどすべての者を捕囚として連れ去ります。これが第一回のバビロン捕囚です（図52）。このときエルサレムに残されたのは、「地の民のうち貧しい者たち」だけです。「地の民」とは、文字通り、地にへばりついて生きている者たちを指すテクニカル・タームで、彼らは神殿の庇護外にある者たちです。

バビロニンの王は、イェホヤキン王に代えて、彼のおじマタニヤ、すなわちヨシヤフの末の子を王

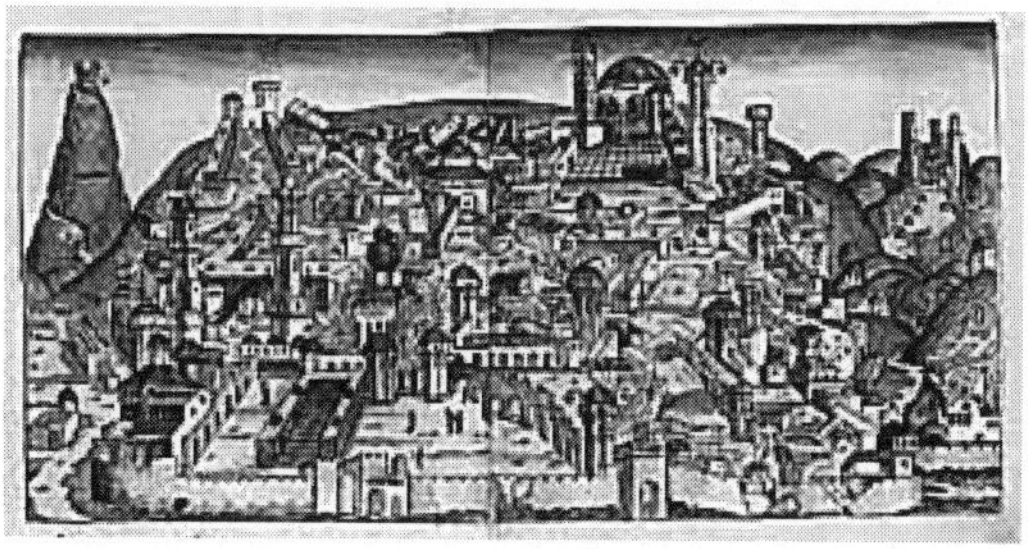

図51●エルサレム包囲

図52●バビロン捕囚

とし、その名をツェデキヤフに改めさせます。これは紀元前五九七年のこととされます。

エレミヤ、エジプトとの同盟に反対し投獄される

先にわたしは、バビロニア王ネブカドネツァルがエルサレムに向かって進軍してきたとき、ヨセフスが、イェホヤキム王がバビロニア王に貢ぎを納めて平和を買ったと想像してみせたと指摘しましたが、列王記下二四・一は、イェホヤキム王が王に「三年間彼に服従したが、彼に背いた」とします。ただし、同書はどのようにして彼に背いたのかを説明しておりません。

ヨセフスは「ヨーアケイモス（イェホヤキム）は、第三年目に、エジプト人がバビロニアびとの王に向かって遠征していると聞き、その貢納を打ち切った。しかし、彼の（虫のいい）希望はあだに終った。エジプト人が（実際には）遠征して来なかったからである」（一〇・八八）とし、さらにここで預言者エレミヤを登場させて、彼がエジプト人に空しい希望をつないではならないと警告したり、都エルサレムが陥落して、イェホヤキム王がバビロニアの王に服従することになると預言し、その預言は人びとの間で評判はよくなく、その警告や預言は裁きの対象になったとします。

確かに、エレミヤ書二六・一以下を参照すれば、エレミヤは主の神殿でいろいろと警告を発したり預言をしておりますが、イェホヤキム王に「エジプト人に空しい希望をつないではならない」とは言

っておりませんので、ここでのヨセフスの言説には戸惑いを覚えます。しかし、もしヨセフスがエレミヤ書の第三七章に見られるエレミヤの言葉、すなわち「おまえたちを救援しようと出動したファラオの軍隊は、自分の国エジプトへ帰って行く」を念頭に置いているのでしたら、話は別です。

エレミヤ書二六・一六以下によると、あるときエレミヤは、ユダの民が律法にしたがって歩まねば、主の神殿は「シロの（聖所の）ようになり、この都はすべての国々の呪いの的となる」と口にしますが、その発言は祭司と一部の御用預言者たちにより「死罪にあたる」と告発されます。エレミヤ書は、これにつづけて、その地の長老たちが「預言者のミカもユダの王ヒゼキヤフの時代にシオンの荒廃を預言した」と述べ、ユダの王ヒゼキヤフとユダのすべての人びとがミカを殺したかと問うたとします。しかし、エレミヤはこのとき、獄舎に投げ込まれたようです。

ヨセフスもこのミカに言及し、エレミヤを獄舎から解放するのに成功した長老たちに、「この都を見舞う運命を預言したのは、イェレミアス（エレミヤ）一人だけではなく、彼の前にもミカイアス（ミカ）など多くの者がこのような事態を予告したが、一人として、ときの王から危害を受けなかったばかりか、逆に神の預言者として敬意を払われた」（一〇・九二）と言わせます。しかし、エレミヤ書二六・二〇以下によると、エルサレムとユダにたいしてエレミヤと同じような預言をしていたウリヤは、イェホヤキムによって剣で撃ち殺されております。ヨセフスはなぜかこの話を端折っております。

エレミヤ、預言を書き記し、神殿内で読み上げる

ヨセフスはエレミヤについてまだまだ語りつづけます。

エレミヤ書三六・九（＝ギリシア語訳では四三・九）以下によると、ユダの王イェホヤキムの第四年目に、主の言葉がエレミヤに臨んだそうです。

エレミヤはネリヤの子バルクを呼び寄せると、主が語った言葉をすべて口述筆記させます。口述筆記が終ると、エレミヤはバルクに向かって、それを神殿に集まった者たちに読んで聞かせるよう命じます。バルクは少なくとも二回は主の神殿でエレミヤの言葉を書き記した巻物を読み上げたようです。最初は、口述筆記が終った直後のことです（エレミヤ書三六・八）。次はイェホヤキム王の治世の第五年の九月です（前掲書三六・九）。バルクは神殿で巻物を朗読したばかりか、そのもとめに応じて「すべての役人たち」の前でそれを朗読しますが、その言葉に危険を感じた彼らは、バルクとエレミヤに身を隠すよう進言します。巻物は王の前でも朗読されますが、王はそれをナイフで切り裂いて暖炉の火にくべて燃やしてしまいます。しかし、よくできたもので、主の言葉が今一度エレミヤに臨み、イェホヤキムが燃やした巻物に書いてあった言葉をそのまま書き記せと命じます。それには、バビロン王の来襲後は、ダビデの王座につく者はいなくなり、イェホヤキムは殺され、その死体は「昼は炎熱に、夜は霜にさらされる」とする主の予告が新たに付け加えられます。

ヨセフスもこの出来事を語ります。

彼はエレミヤが主の言葉をバルクに口述筆記させたのではなくて、エレミヤ自身が「自分の預言をすべて書き記した」（一〇・九三）とします。そのため彼は、イェホヤキム王の治世の第五年の九月の出来事、すなわち断食をして神殿内に集まった人びとに向かって主の言葉を朗読した人物をバルクではなくてエレミヤ本人とし、エレミヤ自身がそのとき「都や神殿や民を見舞う（災禍）について書き記した巻物を読み上げた」（一〇・九三）とします。ヨセフスはバルクを「書記」の肩書きで物語の中に登場させ、巻物の朗読を聞いて激怒した王が、巻物の焼却後、エレミヤとバルクを自分の所に引いてくるように側近の者たちに命じたとします。ですから、バルク自身、それなりの役割をエレミヤのためにはたしていたとする理解がヨセフスにあったことが分かります。そしてヨセフスは、二人の捜索命令が王によって下されたことを述べた後、「こうして二人は、王の怒りから逃れることができた」（一〇・九五）とします。

ヨセフスの写本の一部は「王の怒り」を「王の攻撃」と読んでおりますが、この一文の前には「こうして」を説明する一文の脱落があったと想像するのは自然です。なお、エレミヤ書三六・二六（＝ギリシア語訳では同書四三・二六）では、王はエレミヤとバルクを捕えようとしたとき「主は二人を隠された」そうですが、この一文はヨセフスの「こうして」が要求する内容のものとはなっておりません。

ヨセフスはバビロンの王が進軍してきた時期を、エレミヤが神殿で主の言葉を記した巻物を朗読した後「しばらくしてから」とします。彼はエレミヤの預言の成就をバビロン王の進軍の中に見ようとするのです。そこで彼は次のように言います。

「ヨーアケイモス（イェホヤキム）は預言者（エレミヤ）の預言（が成就するの）を恐れ、王を（市中に）受け入れた。（城門を）閉じたり戦争を仕かけたりしたのではないから、自分は何の危害も受けないだろうと考えたのである。しかし、市中に入ったバビロニアびとの王は、誓約を守らなかったばかりか、エルサレムの住民のうち、精悍《せいかん》で眉目秀麗《びもくしゅうれい》な（若）者たちをヨーアケイモスとともに殺害し、ヨーアケイモス（の遺体）は埋葬しないで城壁の前に投げ捨てておくように命じた。」（一〇・九六―九七）

この一文に見られるイェホヤキム王の最期は、列王記下や歴代誌下ではなく、エレミヤ書二二・一九をベースにしているように見えます。そこには、エレミヤに臨んだ主の言葉として、「それゆえ、ユダの王、ヨシヤフの子イェホヤキムついて主はこう告げられる。だれひとり、『ああ、わたしの兄弟、ああ、わたしの姉妹』と言って彼の死を悼み、『ああ、主よ、ああ陛下よ』と言って悼む者はない。彼は驢馬《ろば》を埋めるように埋められる。引きずり出されて投げ捨てられる。エルサレムの外へ」とあるからです。

ネブカドネツァル王、イェホヤキン王や若者、職人たちを連れ去る

都を包囲されたユダ王国の新王イェホヤキンは、バビロニアの王ネブカドネツァルの前に降伏します。これは紀元前五九七年の出来事です。

ヨセフスは、バビロニアの王によるエルサレム包囲攻撃の理由を想像してみせます。彼は、バビロニアの王は、自分が王国をイェホヤキンに与えたものの、彼の父イェホヤキムの首を取ったため、息子が「恨みを抱いて謀反するのではないかと恐れた」（一〇・九九）とし、さらに王が「（ある日）突然（はげしい）不安にとりつかれた」（前掲箇所）と想像してみせるのです。

ヨセフスはさらに列王記下の細部を書き改めます。

列王記下二四・九によれば、イェホヤキン王は「彼の父が行ったすべてのことを手本にして、主の前に悪しきことを行った」そうですが、ヨセフスは、王が「思いやりのある、（神の前に）正しい人だった」とし、ユダ王国の王とバビロニアの王の間には、最初誓約があったと想像し、そのため彼は「自分のために都が危険に陥るのを目撃することを望まず、バビロニアびとの王が遣わした指揮官たちから母や縁者や都に危害を加えないという誓約を得ると、彼らを引き渡した。しかし、この誓約は一年も守られなかった。バビロニアびとの王がそれを遵守しなかったのである」（一〇・一〇〇）としています。「誓約」への言及は列王記下から引き出せるものではありませんが、歴代誌下三六・一〇に見

られる記述、すなわち「年が改まってネブカドネツァルが人をイェホヤキンのもとに遣わし、主の神殿の貴重な祭具類と一緒にイェホヤキンをバビロンに連れ去った」の一文中の「年が改まって」の中に、ヨセフスは一年のタイムラグを見出し、それを生じせしめたのは「誓約」であったと想像してみせたのかもしれません。

ヨセフスはイェホヤキンの時代にバビロンに連行された者たちの数を「全部で一万八三二」(一〇・一〇二)とします。しかしこの数は列王記下二四・一四以下から見込まれる最低の数「一万八〇〇〇」とは大きくかけ離れるものだけに説明が必要になります。ヨセフスはここで列王記下二四・一四の「一万」に、エレミヤ書五二・二九の記事に見られる「八三二人」を加算していると説明されます。

ネブカドネツァル、ツェデキヤフをユダの最後の王に立てる

ユダ王国最後の王の登場です。

列王記下二四・一七によれば、バビロニアの王は、イェホヤキンに代えて彼のおじマタニヤを王にし、その名をツェデキヤフに改めさせたそうです。紀元前五九七年のことです。

歴代誌下三六・一三によれば、ツェデキヤフは「神にかけて(謀反しないと)誓わされて王になった」そうですが、歴代誌下が言及する「誓い」の内容はきわめて曖昧です。ヨセフスは、彼が「王国

を守り、謀反したり、エジプト人に好意を示したりしない」（一〇・一〇二）と誓約させられた上で王にされたとします。

列王記下二四・九によれば、ツェデキヤフ王も「主の目に悪いことをことごとく行った」そうです。歴代誌下三六・一四によれば、ツェデキヤフ王ばかりか、ユダのすべての高官たちと、祭司たちと、国の民も、「諸民族の忌むべき物を拝する背信行為を気にも止めずに行った」そうですが、列王記下二四・一四によれば、ツェデキヤフ王がバビロニアの王によってユダの王に立てられたときには、ユダの国には「もっとも貧しい者しか残されていなかった」とされるのですから、歴代誌下に描かれている光景は可能なものかと疑問を呈したくなります。列王記下や歴代誌下の編集の稚拙さは至るところに見られるもので、それらを組み立て直すのも大変な作業となります。

預言者エレミヤの抗議と嘆願／エゼキエルの預言

ヨセフスは次に進む前に、ここで、エレミヤの抗議と嘆願の話に戻ります。

彼はエレミヤがツェデキヤフ王のもとに「しばしば」やって来て抗議する状況をつくり出します。彼は王が「正義や（王の）務めを嫌った。彼と同年輩の者たちも不信仰であり、すべての民が（王にならって）好き勝手に振る舞っていた」（一〇・一〇三）とします。ヨセフスはここで、列王記下や歴代誌下にみられる編集上の問題は気にしておりません。彼はエレミヤを登場させるために、ユダの国がアナーキーな状態に陥っていることを、歴代誌下三六・一一に認められる、ツェデキヤフ王は「イエレミアス（エレミヤ）の前で、また主の口から（吐かれる言葉の前に）恥じることがなかった」と、それにつづくツェデキヤフと祭司長らの背信行為についての短い記述、さらにエレミヤ書三七・二に見られる、ツェデキヤフ王が「主が預言者エレミヤによって告げられた主の言葉に聞き従わなかった」の記述に依拠するわけです。

ヨセフスはエレミヤの抗議の言葉を創作します。

「(王よ、) どうか不信仰で律法を犯すような所業を慎み、正義を尊重してください。わたしたちの指導者たち（いずれも）邪悪な連中（ばかり）です。けっして彼らの言葉に耳を傾けたり、偽預言者たちを信じてはなりません。彼らは、バビロニアびとの王が二度と都に戦争を仕かけることはなく、エジプト人が彼と戦って勝つ、なぞとぬかしてあなたを欺いております。彼らの言葉は真実ではなく、（けっして）彼らの言うようにはなりません。」（一〇・一〇四）

ヨセフスはつづけてエレミヤの抗議を受けたときのツェデキヤフ王のリスポンスを想像いたします。彼は王が「預言者の言葉に耳を傾け、そのときは彼を信じ、(彼の言う) すべてが真実であり、彼を信じることが自分の益になると考えた。しかし (取り巻きの) 友人たちが、再びサッキアス（ツェデキヤフ）を堕落させて預言者を遠ざけ、彼に自分たちの欲する（自堕落な）生き方をさせたのである」（二〇・一〇五）とします。

歴代誌下三六・一一および列王記下二四・一八によれば、ツェデキヤフは二一歳で王にされ（前五九七）、エルサレムで一一年間王位にあったそうです。ヨセフスの創作内容から判断すると、彼は王になっても王としての自覚のない若さのツェデキヤフを想像しているようです。

ヨセフスは次に、エレミヤだけでなくエゼキエルもまたバビロンで、エルサレムの都の陥落と民を見舞う「数々の災禍を預言し、それを書き記してエルサレムに送った」（二〇・一〇六）としますが、二人の間の預言の違いにも言及いたします。エゼキエルはツェデキヤフ王が捕虜となってバビロンに連れて行かれるが、「そこを見ることはない」と言っているのにたいして、エレミヤはバビロンの地に連れて行かれると言っているとします。確かに、ギリシア語訳エゼキエル書一二・一三に、主の言葉として「わたしは彼をバビロンへ、カルデアびと（＝バビロニアびと）の土地へ連れて行くが、彼はそれを見ることはない。彼はそこで死ぬ」とあります。このギリシア語訳はヘブライ語テクストに非常に忠実なものです。他方、ギリシア語訳エレミヤ書四一・三（＝ヘブライ語エレミヤ書三四・三）には、イェレミアスを介しての主の言葉「……あなたは彼の手から救われることはなく、間違いなく捕えられ、彼の手に引き渡される。あなたの目は彼を見、あなたはバビロンへ行くことになる」が見られます。ヘブライ語テクストでは、文中の「あなたの目は彼の目を見」は、「あなたの目はバベル

（バビロン）の王の目を見、彼の口はあなたの口と語り」です。

ヨセフスは、二人の間の預言には「違い」があったと言っているようです。しかし、それにもかかわらず彼は、二人は「他のすべての点では同じことを言っていた」（一〇・一〇六）としますが、この一文では見逃すことのできないギリシア語が使用されていることに注意を払う必要があります。それはここでの「違いはある」「同じことを言っていた」のギリシア語の原意が「不協和音を奏でた」「協和音を奏でた」だからです。わたしたちはすでにヨセフスがローマのある社会層の者たちに向かって『古代誌』を語っていることを、そこで使用されている音楽用語から指摘しましたが、ここで使用されている二つのギリシア語シュンフォーネオーとディアフォーネオーはわたしたちの議論を補強するものとなります、たとえ彼のギリシア語を添削する助手の介在があったとしてもです。

ヨセフスによれば、王は、二人の預言者の間に見られる預言の食い違いのため、二人の警告を真実ではないと非難してそれを信じなかったそうですが（一〇・一〇七）、彼ら二人の預言どおりのことが起こったことについては先に進んで「適当な所で」語ることを約束いたします。その箇所は本書一〇・一四二です。

ツェデキヤフ王、エジプトと同盟を結ぶ

ヨセフスには、紀元前五八七年のエルサレム陥落とユダ王国の終焉を語る前に、まだまだ語らねばならぬことがあります。

ヨセフスは、列王記下二四・二〇に見られる言葉「しかし、ツェデキヤフ王はバビュロニアの王に反逆した」に注目し——この言葉はヘブライ語エレミヤ書に五二・三にも認められるものですが、そのギリシア語訳では欠落しております——、その反逆の理由を彼がバビロンとの同盟関係を破棄してエジプト人側に鞍替えしたことにもとめ、「エジプト人側につけば、バビロニアびとに勝てる、と計算したわけである」(一〇・一〇八)とパラフレーズいたします。

ツェデキヤフ王がエジプト軍の救援を依頼した話は列王記下にも歴代誌下にも見られるものではないだけに気になりますが、ヨセフスはそう口にする根拠をギリシア語訳エレミヤ書四四・五(＝ヘブライ語エレミヤ書三七・五)の記事にもとめたようです。そこにエレミヤに臨んだ主の言葉として「(そのころ)ファラオの軍勢がエジプトから出て来た。カルデアびとは彼らの(遠征の)噂を聞くと、エルサレムから退却した」とあるからです。そしてギリシア語訳エレミヤ書四四・七には、ツェデキヤフ王に伝えるべくエレミヤに臨んだ主なる神の言葉として「あなたを助けるために出てきたファラオの軍勢はエジプトに戻り、ほかならぬカルデアびとが再びやって来て……」とありますから、そこ

でヨセフスはまず、バビロニアの王がツェデキヤフ王の協定破棄を知って攻め上ってきて、エルサレムを包囲したとし、次に包囲されたツェデキヤフ王の窮状を聞いたエジプトの王が救援に来たとします。彼はそのさい、バビロニアの軍隊に対抗することをイメージしたためでしょう、「エジプトの王が同盟者のサッキアス（ツェデキヤフ）の窮境を聞き、包囲を解かせるべく大軍を率いてユダヤにやって来た」（一〇・一一〇）と想像します。エレミヤ書は両軍の間に戦闘があったかどうかを語っておりませんが、彼はエルサレムを一時的に離れたバビロニアの王が「戦闘の結果、彼ら（エジプト人）を打ち破って敗走させ、スュリア（＝スリア）全土から彼らを放逐した」（一〇・一一〇）とします。

楽観主義者たちと悲観主義者たち

ヨセフスは次にエレミヤ書にもとづいて、当時エルサレムや、バビロンへ連れて行かれた同胞たちの中に、エルサレムの神殿から持って行かれた祭具類に見舞われる災禍について楽観主義的な予測をするグループと、悲観的な事態を預言するグループがあったと語ります。後者はエレミヤに代表されるのですが、前者は、ギリシア語訳エレミヤ書において「偽預言者」とレッテルを張られております（六・一三、三二（二六）・七、八、一一、一六）。なお、ヨセフスがここで「偽預言者どもは次のように言って、サッキアス（ツェデキヤフ）を欺いた」（一〇・一一一）と言っておりますから、彼がここでギリシア語訳のエレミヤ書を使用していることは明らかです。

七〇年にわたる捕囚についてのエレミヤの預言

ヨセフスはギリシア語訳エレミヤ書四四・七（＝ヘブライ語エレミヤ書三七・七）以下で語られる主の言葉、および同書三六・一〇（＝ヘブライ語エレミヤ書二九・一〇）が語る「七〇年」の捕囚とそれにつづくバビロンからの帰還についての主の言葉にもとづいて、エレミヤの捕囚についての預言に触れます。

「おまえたちは王にけしからぬことをして、王を欺いている。（エジプトと同盟したところで）われわれの利益が得られるわけではない。あのバビロニアびとの王がエジプト人を打ち破れば、軍隊を率いてエルサレムに舞い戻って包囲し、飢えで市民を滅ぼす。そして、生きのびた者を捕虜にしてバビロンに連れ去り、財産を奪い、神殿内の富を持ち出してそこに火を放ち、都を破壊し尽くす。われわれは七〇年間、王とその子孫の奴隷になるのだ。七〇年後に、ペルシアびととメディアびと、それにバビロニアびとを滅ぼし、われわれは彼らの奴隷状態から解放される。そして、この土地に送り帰されたとき、われわれは神殿を建て直し、エルサレム（の栄光）を回復するのだ。」（一〇・

一一二―一一三)

ここに認められる言葉、「包囲」「飢えによる滅び」「財産の略奪」「神殿内の富の持ち出し」「都の破壊」は、ヨセフスが対ローマのユダヤ戦争の最後の場面で繰り返し使用する語彙です。彼は明らかにここで、そのときの状況を思い起こしながら、エレミヤの口に彼自身の言葉を託しているのです。

ここで気になることがあります。

それはエレミヤが捕囚から七〇年後にペルシアびととメディアびとがバビロニアびとを滅ぼすとしていることとです。エレミヤ書はこの詳細には触れておりませんが、エレミヤが前七世紀の末から前六世紀前半のバビロン捕囚期に活躍した預言者であるとはいえ、彼は死後の出来事であるバビロンからの解放の事態を予測などできるはずがありません。ヨセフスは後の時代の出来事にもとづいてそれについての預言をエレミヤの口に入れているのです。これをも「事後預言」の一種ないしは変種でしょう。

まあ、ここでの事後預言は可愛いものですが、深刻なものもあります。脱線いたしますが、福音書によれば、イエスはエルサレムの神殿の崩壊を預言したそうです（マルコ一三・一―二、マタイ二四・一―二、ルカ二一・五―六）。

エルサレムの神殿の崩壊はすでに何度も学んでいるように紀元後七〇年の秋の出来事です。

イエスが紀元後三〇年前後に亡くなったとすると、彼はすでにそのとき四〇年後の出来事を預言していることになります。こんなことってあり得るのでしょうか？　あり得るわけがありません。エルサレム神殿の崩壊についての記事は、福音書が、神殿が実際に焼け落とされた七〇年以降に著されたものであることを教えてくれるものですが、その預言をイエスの預言とした福音書記者の魂胆はみえみえです。彼はイエスを四〇年後の出来事をも見通せる「偉大な預言者」とし、そうすることで「さすがに神の子だ」と福音書に読む者をうならせようとしたのですが、おかげで大迷惑を被ったのはユダヤ人たちです。彼らは後の教会著作家たちによって、彼らがイエスが十字架に架けられたことを悔い改めないので、彼らの神殿は焼け落とされたのだ、そのことはすでにイエスが預言していた、とこてんぱんにやられてしまうのです。反ユダヤ主義批判の正しい視点からこれを読めば、これはとんでもない「事後預言」となるのです。イエスはこんなことを預言するタイプの人間ではなかったはずですが、教会の著作家たちはそこを見抜けないで、この預言と称するものに飛びついてしまったのです。

ヨセフスは、偽預言者たちに向かって吐いたエレミヤの言葉を次の言葉、「イェレミアス（エレミヤ）がこのように語ると、大部分の者は（彼の言葉を）信じたが、彼らの指導者や不信仰な者たちは、彼が気でも狂ったのではないかと嘲って馬鹿にした」（一〇・一一四）で締めくくります。

エレミヤ、投獄される

ギリシア語訳エレミヤ書四四・一二（＝ヘブライ語エレミヤ書三七・一二）以下によると、バビロンの軍勢がファラオの軍勢の前から退却したとき、エレミヤはエルサレムを離れてベニヤミンの土地に赴こうとします。彼はベニヤミンの門の所でセレミアス（シェレム）と呼ばれる人物に、バビロニアびとのもとへ逃れようとしていると疑われて捕縛され、指導者のもとへ連れて行かれます。彼らは書記のヨーナタン（ヨナタン）の家にある獄舎に放り込まれます（表紙）。

ヨセフスはエレミヤの捕縛を彼が「生地」のアナトテに向かう途次の出来事に改めますが、なぜ改変したのでしょうか？

エレミヤ書一・一は、エレミヤを「ベニヤミンの地、アナトテに住む祭司の一人ケルキアス（＝ヒルキヤ）の子」であると紹介しておりますから、ヨセフスがここでエレミヤ書の冒頭記事を念頭に置いていることは確かですが、そこは彼にとって親しみを覚える場所であったに違いなく、その証拠に彼はその場所までの距離を挙げ、「エルサレムから二〇スタディオン離れた」（一〇・一一四）所としております。

ヨセフスは捕縛されたエレミヤが「おまえは出鱈目の告発をしている。わたしは生地に向かっているだけだ」（一〇・一一五）と抗弁したとします。これはエレミヤ書の「嘘です。わたしはカルデアびとのもとへ逃げ込もうとはしておりません」と意味内容の同じものです。すでにその例を多く見てきているわたしたちですが、ヨセフスはこのような言葉に出くわすと、自由自在に資料にある言葉を改めておりますが、ここではそうではありません。

バビロニアの王、エルサレムを再び包囲する／獄中のエレミヤの警告と人びとの反感

バビロニアの王は再び遠征してきます。ツェデキヤフ王の治世の第九年、すなわち紀元前五八八年の一〇月一〇日のことです。バビロニアの軍勢はエルサレムを一八か月にわたって包囲いたします。わたしたちの資料は、ここでまたエレミヤを登場させます。

ギリシア語訳エレミヤ書四五・二（＝ヘブライ語エレミヤ書三八・二）によれば、ゴドリアス（ゲダルヤフ）と呼ばれる人物が、エレミヤが「主がこう言った」と言って、その言葉「この都に住む者は剣と飢えで滅ぶ。しかし、都を出てカルデアびとのもとへ行く者は生きながらえる。彼の命は思わぬ幸運に与って、彼は生きながらえる」を伝えます。

ヨセフスはここでのギリシア語訳にもとづいて――ヘブライ語エレミヤ書では「剣と飢えで滅ぶ」が「剣と飢えと疫病で滅ぶ」です――、「獄中のイェレミアス（エレミヤ）は黙っていなかった。彼は人びとに、城門を開けてバビロニアびとの王を迎え入れるように大声で訴えた。そうすれば家族と

ともに救われ、そうしなければ滅ぼされるからだ、と。イェレミアスはまた、市中に残る者は飢えか敵の剣のいずれかによって滅びるが、敵のもとに逃れる者は救われるとも告げた」(一〇・一一七―一一八)とします。

もうお気づきのことかと思われますが、これは七〇年秋のエルサレム陥落のとき、城内に籠城する者たちに向かってヨセフスが城外から叫びつづけた訴えです。「城門を開けて、ティトスの軍勢を受け入れるのだ!」ヨセフスはここでエレミヤの勧告の言葉を見つけだして、大きな安堵を覚えているはずです。紀元後七〇年の秋、城門前で彼が口にした言葉は、エレミヤの言葉として、いや「主の言葉」として先例があったからです。

ギリシア語訳エレミヤ書四五・四(=ヘブライ語エレミヤ書三八・四)によれば、エレミヤの言葉を聞いた指導者たちは、王のもとへ出かけ、エレミヤが戦士たちの士気を挫くような言葉を吐き、ただただ災禍だけを語っているので、彼を片付けるよう訴えます。ヨセフスはそれに忠実に、しかし彼自身の言葉で次のように言い改めます。

「(王よ、)どうか、この預言者を殺してください。奴は気違いです。(戦う)前からわれわれの士気を喪失させ、災禍を預言して人びとの勇気を挫いております。人びとがあなたの祖国のために命を投げ出す覚悟でおりますのに、この預言者は、都が陥落してすべて(の市民)が滅ぼされる、などと

とぬかし、敵への投降をすすめているのです。」(二〇・一一九)

泥土の中のエレミヤ、救出される

ギリシア語訳エレミヤ書四五・六以下によると、王はエレミヤの処分を指導者たちにゆだねます。すると彼らはエレミヤを獄屋から連れ出して、泥土の堆積《たいせき》した穴の中に吊り降ろし、泥土につからせて窒息死させようとします。このことを聞き知った、王の信頼を得ているひとりのエチオピア人が王のもとへ出かけ、エレミヤの置かれている窮状を訴えます。王はエレミヤを指導者たちの手に引き渡したことを後悔し、三〇人の男たち(衛兵たち)をこのエチオピア人に与えて、救出に向かわせます。エレミヤは間一髪のところで救出されます。ヨセフスもほぼ同じことを語ります。

エレミヤ、ツェデキヤフ王に都の明け渡しを勧告する

ギリシア語訳エレミヤ書四五・一四(=ヘブライ語エレミヤ書三八・一四)以下によると、王は秘かにエレミヤを召し出し、現在の窮状を打開する妙案がないかと尋ねます。エレミヤはそのとき王に、「もしあなたさまが本当に(王宮から)出てバビロニア王の高官たちのもとへ行くならば、あなたさ

まの命は生き、この都も火をかけられて焼かれることはなく、あなたさまとあなたさまのご家族は生き延びられます。しかし、あなたさまが出て行かなければ、この都はカルデアびとの手に引き渡され、彼らはこれに火をかけて焼き払います。あなたさまが助かることはありません」と告げます。

ヨセフスの再話もここまではほぼ同じです。彼はギリシア語訳エレミヤ書四五・一九（＝ヘブライ語エレミヤ書三八・一九）に見られる王のそのときの言葉を書き記します。王は、降伏すれば、カルデアびとが自分を彼らユダヤ人の手に引き渡し、彼らが自分を物笑いの対象にしないか、それを恐れていると申します。ツェデキヤフ王が随分と肝っ玉の小さい、それでいて気位だけは高い王であることが分かりますが、ヨセフスは王がバビロニアびとのもとに投降できないでいる理由を、気位の高さにもとめるのではなくて、彼らが彼を彼らの王に告発して、そのため処刑される恐れにもとめます。これはこれでナチュラルです。

エレミヤ書によれば、エレミヤは王に、もし王が自ら降伏するならば、彼らは王をユダヤ人の手に引き渡すことはしないが、降伏しなければ、王が救われることはなく、王の妻たちや子息はバビロンへ連れて行かれ、エルサレムは焼かれると告げたそうです。

ヨセフスは当然のことながらこれを改めて、「処刑されるというご心配には根拠がありません。バビロニアびとに降伏しても、あなたやご子息や奥方たちが危害を受けることはないからです。そして神殿も無事に残るでしょう」（一〇・一二八）とします。エレミヤ書によれば、王はエレミヤにここでの話はオフレコのものであり、高官たちに漏らしてはならぬと言ったとします。エレミヤが「監視の中庭」に戻ると、さっそく高官たちがやって来て、エレミヤと王との会話の内容を聞き出そうといたしますが、彼は沈黙を守り通します。ヨセフスもほぼ同じことを語り、そこまでの話を「以上は、(聖なる文書の中で)語られていることである」で締めくくります。

第4章　エルサレムの陥落とユダ王国の終焉

前章の終わりで、エルサレムに向かって第二回の遠征をしてきたネブカドネツァル王の率いるバビロニア軍が、ツェデキヤフ王の治世の第九年の第一〇月の一〇日に、都の前に幕舎を張ったと述べました。

第4章では最初にエルサレム包囲と陥落が語られます。資料はギリシア語訳列王記下、ギリシア語訳エレミヤ書、ギリシア語訳歴代誌下です。本章ではじめて使用されるヘブライ語エレミヤ書のギリシア語訳は、ヘレニズム世界における旧約聖書の翻訳を考える上で非常に興味あるものです。訳者が翻訳の上で明確なポリシーをもっているからです。訳者はテクストに見られる重複的な記事は訳出いたしません。訳者は物語の流れないしは筋道を訳者なりの仕方で捉え直し、再構成するのです。たとえば、ヘブライ語エレミヤ書第二六章では、エルサレムの神殿でのエレミヤの説教、エレミヤの捕縛、祭司や、預言者、高官たちによるエレミヤの死刑請求、エレミヤの弁明、長老たちによるエレミヤの擁護、預言者ウリヤの処刑など六つの主題が語られておりますが、それらは第三三章に移され、その代わり第二六章では、ヘブライ語エレミヤ書の第四六章の主題が語られます。第二七章ではヘブライ語エレミヤ書の第五〇章が、第二八章ではヘブライ語エレミヤ書の第五一章が、第二九章ではヘブライ語エレミヤ書の第四七章の一部（四七・一―七）と同じくヘブライ語エレミヤ書の第四九章の一部（四九・七―二二）が語られ、ヘブライ語エレミヤ書四九・二三以下は第三〇章の後半部分に置かれておりますが、ヘブライ語のエレミヤ書の第四九章の六節から二二節までは切り捨てられて訳出されておりません。しかも、その訳出ではヘブライ語テクストに可能な限り忠実に訳すといったものではなく、訳者の時代の人びとが理解できるような仕方でしばしばパラフレーズされております。自由自在の意訳の場合もあります。それだけに、訳者の手もとに置かれていたヘブライ語テクストが何であったかを探る作業はほとんどの場合、不可能になりますが、それでもわたしは「面白そうではありませんか？」を口にせざるを得ないのです。

ヘブライ語テクストを自由に操作できることは、テクストそれ自体がまだ絶対的な権威を付されていなかったことを示唆するものとなります。ヘブライ語テクストで頻出する「主なる万軍の神」とか「万軍の主」「イスラエルの神である万軍の主」は「主」で統一されます。ただの一度だけ例外は認められ、ヘブライ語テクストの「万軍の主、イスラエルの神」の「万軍の主」がそのままいかされている場合が認められますが（三二・一三）、一度の例外しかありません。すでに指摘したようにヘブライ語テクストに頻出する「預言者たち」は一貫して「偽預言者たち」に改められます。エレミヤの視点に立てば、テクストに登場する預言者たちはすべて偽預言者ですから、ギリシア語訳の訳者には彼らを「偽預言者」と訳出するのは当然だとの思いがあるのかもしれません。ヨセフスが紀元後一世紀のパレスチナに登場した預言者をことごとく「偽預言者」と罵倒した上で切り捨てるのは、ギリシア語訳エレミヤ書の影響があるのかもしれません。このような視点からエレミヤ書のギリシア語訳に切り込んで行くこともできるのです。その意味でわたしは「面白そうではありませんか？」と言いたいのです。

それでは第4章に入って行こうと思います。

バビロニアびとたち、エルサレムを一八か月包囲する

三度目のエルサレム包囲です。

それを語るのはヘブライ語列王記下二五・一以下とヘブライ語エレミヤ書三九・一以下ですが、後者のギリシア語訳は第四六章に見出されるものです。そこではヘブライ語テクストの第三九章の四節から第一三節までは切り捨てられております。他の章の中に組み込まれているわけでもありません。

ここでの切り捨ての理由は不明です。

最初にギリシア語訳列王記下を読み、次にギリシア語訳エレミヤ書三九・一―四を読んでみたいと思います。

「王セデキアス（ツェデキヤフ）の第九年の第一〇の月に、バビロニアの王ナブーコドノソル（ネブカドネツァル）と彼の全軍がエルサレムへ進軍して来た。彼は都にたいして陣を敷き、都にたいして壁を巡らした。都はセデキアス王の第一一年まで包囲された。その月の九日に、飢えが都の中で力を増し、地の民にはパンが無くなった。都（の一角）が破られた。王や戦える者たち全員は、夜のうちに、二つの城壁の間にある上り坂の門の道――（それは）王の庭の門である――を通って城外に出た。カルデアびと（＝バビロニアびと）たちは都を取り囲んでいた。彼らは西の道を行った。カルデアびとたちの軍団は王の後を追い、エリコの西で彼に追いついた。」（二五・一―五）

次はギリシア語訳エレミヤ書です。

「ユダの王セデキアス（ツェデキヤフ）の第九年の第一〇の月のことである。バビロニアの王ナブーコドノソル（ネブカドネツァル）と彼の全軍勢がエルサレムの前に現れて、これを包囲しつづけた。セデキアスの第一一年の、第四の月の九日に、都（の守り）は破られた。バビロニアの王の指揮官たちは全員入城し、中央の門の中に座った。ナルガルサラサル、サマゴート、ナブーサルサカル、ナブーサリス、ナルガルサラセル、ラバマグ、およびバビュローンの王の残りの指揮官たち、およびバビュローンの王の残りの指揮官たちと（以下欠落）。」（二五・一—四）

どちらか一方が他方を下敷きにしていることは間違いないようですが、その議論は旧約学者に任せましょう。二つの資料で共通しているのは、ユダの王セデキアス王の治世の第九年、すなわち紀元前五八八年の第一〇月にバビロンの王ネブカドネツァルがエルサレムにやって来て包囲を開始したという記述と、その包囲が翌年まで続いたという記述です。包囲が正確に「いつまで」続いたかに関しては、一致はないように見えますが、列王記下二五・八ではバビロニア軍の指揮官ネブザルアダンが「第五の月の七日」にエルサレムにやって来て主の家に火を放ったとありますから、先行する箇所で「その月の九日」というのは、文脈上、「第四の月の九日」となり、包囲の期間でも一致を見ていることになります。

ヨセフスはエルサレム包囲から陥落までの期間を「一八か月」と算出し、その包囲の場面を描きます。

「さて、今やバビロニアびとの王は、エルサレムの包囲攻撃をきわめて精力的に熱心に押し進めた。強大な土塁の上に塔を築き、そこから城壁上の者たちを（攻撃して）追い返し、また（都の）全周囲に城壁と同じ高さの多数の土塁をつくった。一方、（城壁）内の者もこの包囲攻撃に勇気と忍耐をもって耐えぬいた。彼らは飢えや悪疫に苦しめられたが、こうした災禍にもめげず、剛胆な精神によってこの戦争に立ち向った。彼らは敵の創意工夫や装置類にもたじろがず、逆に、敵が用いるすべて（の武器類）に対抗する装置をつくりあげた。そのために、バビロニアびととエルサレムの住民は、（互に）どちらが賢明で、どちらがその技術にまさっているかを競い合っているかのようであった。前者がこうした装置類で都を簡単に攻め落とせると思い込めば、後者は後者で、敵の装置類を無力にする対抗手段を倦むことなく案出し続けることだけに自分たちの救いの希望をつないだ。こうして人びとは、一八か月間（の包囲攻撃に）耐えたが、ついに、飢えと、塔の上から射込まれる敵の飛び道具に屈した。」（一〇・一三一―一三四）

ここでの記述には、対ローマのユダヤ戦争中のローマ軍による包囲攻撃がヨセフスの念頭に置かれております。そのことは明白だと思われます。すでに見たように、ヨセフスの『戦記』五・二六二以下によれば、ローマ軍はエルサレムを包囲するにあたり、土塁をつくりました。包囲された城壁内の者たちは飢えや悪疫に苦しめられました。他人事みたいに「苦しめられた」と言うレベルのものではなかったと思います。そこは、土塁上の塔や、後の時代の「アントニアの要塞」と呼ばれる要塞の四隅につくられた塔（『戦記』五・二三八）（図53、54）のようなものから城内の様子を見下ろすことがで

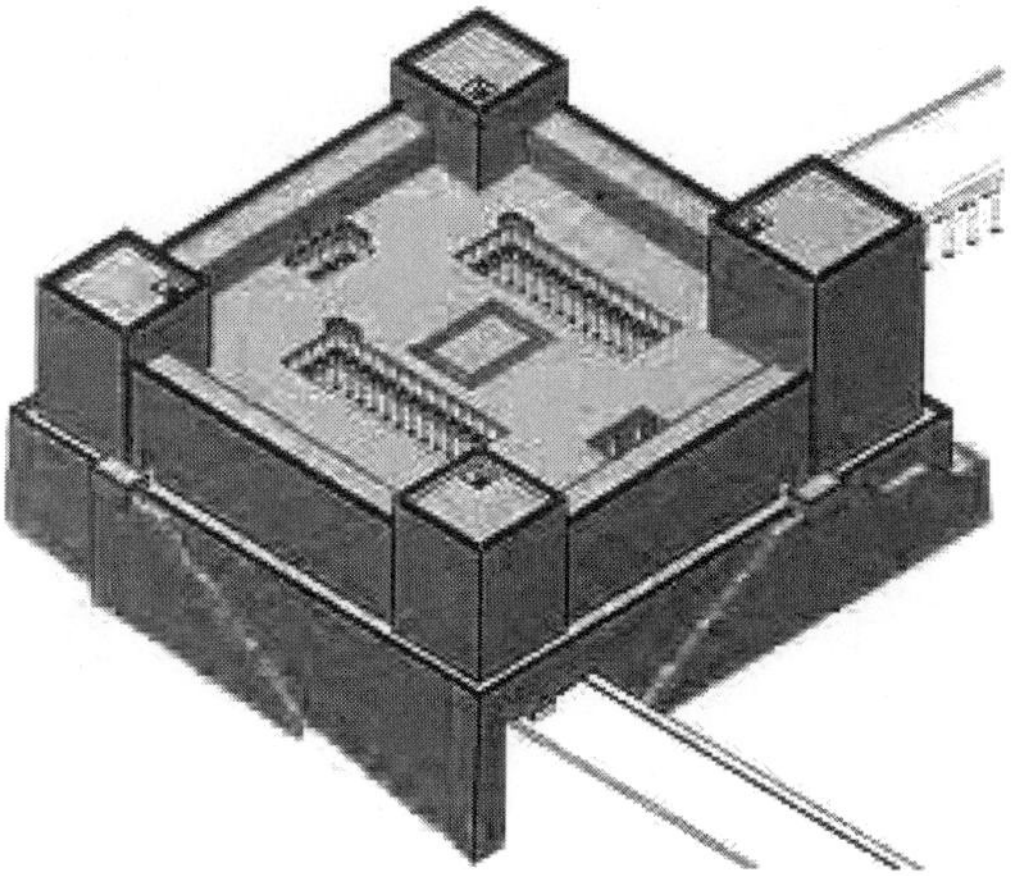

図53●アントニアの要塞

図54●アントニアの塔

きたならば、それは阿鼻叫喚の地獄絵であったと思われます。それでも生き残った者たちは戦おうとしたのですから、ヨセフスがここで「一方、（城壁）内の者もこの包囲攻撃に勇気と忍耐をもって耐えぬいた。彼らは……剛胆な精神によってこの戦争に立ち向った。彼らは……」と、ゼーロータイ（熱心党）を徹底的に批判するヨセフスがこのような感嘆の声を城壁内の生き残りの兵士たちに向かって上げるのも分からなくはないのです。ローマ軍がその先端に雄羊の頭のようなものを取り付け、そのため「雄羊」と呼ばれた破城槌（図55、56）を動員して城壁に破れ口をつくろうとすれば、それに対抗する装置類を城内の者たちが次ぎ次ぎに案出していったのは事実なのです。

エルサレムの陥落

都はついに陥落します。

それはすでに見たツェデキヤフ王の治世の「第一一年の四月九日です。紀元前五八七年六月九日のことです。ヨセフスは都を陥落させた「指揮官たちの名前をどうしても知りたいという方がおられるであろう」（一〇・一三五）と断った上で、五人の指揮官の名前を列挙します。ここまでですでに何度も述べているように、物語の展開において固有名詞の列挙ほど意味のないものはなく、それを知っているヨセフスは通常その列記を回避してきましたが、ここではそうではありません。なお、これまで

図55●「雄羊」と呼ばれた城壁破壊槌（1）
図56●「雄羊」と呼ばれた城壁破壊槌（2）

すでに指摘したように、固有名詞くらい転写の過程で崩れ易いものはありませんが、ここでの固有名詞の列挙がわずか五人であっても写本の上では大混乱をきたしております。いや、実は、エレミヤ書のギリシア語訳でも混乱が生じており、そこで挙げられている六人の指揮官のうち明らかに二人は重複誤記なのです。

ヨセフスがここであえて五人の指揮官の名前を挙げるのは、エルサレムの神殿を破壊したローマ軍の参謀たちのことを思い浮かべているからではないでしょうか。その中にはアレクサンドリアのユダヤ人哲学者フィロン（前二〇年－後四五年ころ）の甥っ子も入っていたのですから、彼らの存在は忘れようにも忘れられないものであったと思われます。「同じユダヤ人なのにフィロンの甥はユダヤ民族の裏切り者として糾弾されず、なぜわたしだけがここローマでも、戦争が終って二〇年も経つというのに糾弾されつづけるのか？」といった思いが彼の脳裏をかすめたとしてもおかしくありません。

列王記下もエレミヤ書も都が陥落した時刻を記してはおりません。しかしヨセフスは「都が陥落したのは真夜中ころであった」（一〇・一三六）とします。『戦記』六・四〇七に認められる都の陥落と神殿の炎上は「ゴルピアイオスの月の第八日の明け方」、すなわち七〇年の九月二六日の明け方の出来事です。

列王記下二五・四以下によると、都の陥落の寸前、ツェデキヤフ王は一部の軍勢をしたがえて都を脱出し、アラバに向かおうとしますが、カルデア（＝バビロニア）軍に追尾され、エリコの荒れ野

（図57）で捕捉されてしまいます。ヨセフスもここでの王の逃走劇に触れて、王が、敵の指揮官たちが神殿内に侵入したと聞くと、「妻子や、指揮官、友人などを伴って都を脱出し、要塞化された渓谷や荒れ野を経て逃れた」（一〇・一三六）とします。ここでの描写はヘロデ王がエルサレムを脱出して死海の南岸近くのマサダの要塞（図58）に向かうときのものです。

ツェデキヤフ王、捕えられてバビロンへ引いて行かれる

ギリシア語訳列王記下二五・六―七（＝ヘブライ語エレミヤ書三九・六―七）以下によると、王のツェデキヤフは、捕捉されると、リブラと呼ばれる町に滞在していたバビロニアの王ネブカドネツァルの前に引き出されたそうです。バビロニアの王はツェデキヤフ王の見ている前で息子たちを殺害し、その上で王の両目を潰します。そして王に青銅の足枷をはめると、バビロニア帝国の首都バビロンへ引いて行ったそうです。随分と荒っぽい仕方での報復ですが、列王記下は、その場面の具体的な光景には立ち入ってはおりません。しかし、ヨセフスはここで、資料の簡潔な記述に入る前に、想像力を働かせて、次のように申します。

「こうして敵は、わずかな者とともに取り残されたサッキアス（ツェデキヤフ）を生け捕りにし、

図57●エリコの荒れ野
図58●マサダの要塞

妻子ともども王のところに引いて行った。彼が引き出されると、ナブーコドノソロス（ネブカドネツァル）は次のように言って、彼を弾劾しはじめた。『おまえは恥知らずである。おまえはわしに代って国土を守ると約束したかつての協定を忘れ、それを破ったとんでもない奴だ。』ナブーコドノソロスはまた、サッキアスが王国を自分から与えられると――ナブーコドノソロスは、ヨーアケイモス（イェホヤキム）から王国を取り上げてサッキアスに与えていた――、それを与えてくれた恩人に敵対するためにその権力を行使した忘恩者である、とはげしく彼を罵った。『だが』とナブーコドノソロスは言った。『偉大なるかな神は！　神はおまえのそのような仕打ちを憎み、おまえをわれわれの手に引き渡されたからだ』と。」（一〇・一三八―一三九）

ヨセフスはこう想像した後で、資料の記述に入って行きます。

「ナブーコドノソロス（ネブカドネツァル）は、このような罵詈雑言《ばりぞうごん》をサッキアス（ツェデキヤフ）に浴びせ、彼の息子や友人たちを、サッキアスやその他の捕虜が見ている前で即刻処刑するように命じた。そして、サッキアスの両目をえぐり取り、鎖につないでバビロンに引いて行った」（一〇・一四〇）

ヨセフスはガリラヤのヨタパタでローマ軍に捕えられて捕虜となると、足枷をつけられて拘禁されました。しかし彼は、ローマ軍の陣営でウェスパシアヌスが皇帝になると預言し、後になってその預言が的中すると、足枷を外されます（『戦記』三・三九九－四〇七、四・六二三－六三九）（図59）。わたしたちはすでにこのことを見ておりますが、ヨセフスは足枷（＝鎖）の詳細を想像することはいたしません。自分の体験と照らし合わせても、愉快な思い出ではないからです。

ヨセフスはここでエレミヤとエゼキエルの預言にもう一度触れて、次のように申します。

「イェレミアス（エレミヤ）とイェゼキエーロス（エゼキエル）はサッキアス（ツェデキヤフ）の身に起こる事態を預言したが、まさにそのとおりになったのである。すなわち、イェレミアスは『サッキアスは捕われて、バビロニアびとの王のもとに引かれて行き、王と言葉を交わし、自分自身の目で王を見る』と預言しており、いっぽうのイェゼキエーロス（エゼキエル）はさらに『サッキアスは盲《めし》いにされてバビロンに連れて行かれるが、そこを見ることはない』と預言していたのである。」（一〇・一四一）

そして彼はこれにつづけて、「預言は必ず成就する」ことを強調して、次のように申します。

「わたしが（しばしば）語ってきたこのような事件は、神が時と場合に応じたさまざまな仕方で（歴史に）働きかけ、また、（預言者を介して）必ず起こるとあらかじめ語られたことが間違いなく定

図59●ウェスパシアヌスの前で足枷をとかれるヨセフス

められたときに実現することを知らない（愚昧な）者たちに、神の性質を十分に明らかにし、そのような連中の無知と不信仰を暴露するものである。彼らは、無知と不信仰のために、将来起こる事態を何一つ予見できず、災禍に引き渡されたときは無防備であるため、それから逃れる術をもたないのである。」（一〇・一四二）

ヨセフスが預言の成就にこだわるのは、すでに触れたようにウェスパシアヌスが皇帝になることを予告した自分の預言が成就したからですが、それ以上に、これらの言葉の中には、紀元後七〇年のエルサレムの崩壊と炎上は預言どおりの出来事であって、自分が売国奴と罵られてその責任を問われるのは筋違いであるとする思いが彼にはあると見るのが正しいように思われます。

では問題はだれが紀元後七〇年のエルサレムの崩壊と炎上を預言したのでしょうか？

それは最終章の第5章で見るように、ダニエル書に登場するダニエルなのです。そしてそこでの議論から明らかになるように、ここで「（預言者を介して）必ず起こるとあらかじめ告げられていたことが間違いなく定められたときに実現することを知らない（愚昧な）者たち」と罵倒されている者たちは、「エピクロス派」の者たちなのです。

ダビデ王朝の終焉とその全統治期間

ヨセフスはここで、エルサレムの都の破壊や炎上を語る前に、バビロン捕囚でその終焉を見たダビデ王朝史の総まとめをします。ダビデ王朝は紀元前九九七年から五八七年までの四一〇年間、ヘブロン時代のダビデを入れれば紀元前一〇〇四年から四一七年間つづいた王朝です。

ヨセフスによると、ダビデ王朝の王の数は、最後の王ツェデキヤフを含めて「二一人」であり、その全統治期間は「五一四年と六か月一〇日」であり、「そのうちの二〇年は、同じ部族の出身者ではなかったが、彼らの初代の王サウーロス（サウロ）が王権を手にした期間」（一〇・一四三）であったそうです。

「五一四年と六か月一〇日」はどこからくるのでしょうか？　これは聖書を資料とするわたしたちの計算とは食い違うものです。

すでに見てきたように、本書の七・三八九以下で、ヨセフスはダビデからはじまるダビデ王朝の王名を挙げます。その出処は一々挙げませんが、歴代の王二二人（ダビデ→ソロモン→レハベアム→アビヤ→アビヤ→アビヤ→アサ→ヨシャパテ→ヨラム→アハジヤ→アタリヤ（ダビデ一族ではない）→ヨアシ→アマジヤ→ウジヤ→ヨタム→アハズ→ヒゼキヤ→マナセ→アモン→ヨシヤ→エホアハズ→エホヤキム→エホヤキン→ツェデキヤフ）の統治期間を合算しますと、全部で「五一三年と六か月二〇日」となり、約一年の食い違いが生じ、さらにダビデ一族ではないアタリヤの統治期間六年（本書九・一四二）をさっ引いて、ヨセフスが申し立てる二一人の王にして計算すると、その合算は「五〇七年と六か月二〇日」となり、その食い違いはさらに大きなものとなります。そしてヨセフスがその全統治期間とする「五一四年と六か月一〇日」から初代の王サウロの統治期間である「二〇年」を減じれば、その食い違いはさらに大きなものとなります。

エルサレムの都の破壊と神殿の炎上

ヨセフスは次に物語の展開に戻り、列王記下二五・八以下およびエレミヤ書五二・一二以下を資料として、バビロニアの王によって派遣されたネブザルアダンがエルサレムにやって来ると、神殿を荒し、「神に捧げられた金銀の什器や、ソロモーン（ソロモン）が奉納した大きな洗盤、青銅の柱とその柱頭、黄金の机と燭台など」（一〇・一四五）を持ち出し、その「持ち出しが終ると神殿に火を放った」（一〇・一四六）ことを語ります。それは、ツェデキヤフ王の治世の第一一年、ネブカドネツァルの治世の第一八年の「五月の新月」（一〇・一四六）の出来事であり、このバビロニア軍の指揮官ネブザルアダンは、神殿に火を放った後では、さらに王宮にも火を放ち、都を破壊し尽くしたそうです。ここでの資料である列王記下もエレミヤ書も略奪物を列記しておりますが、ヨセフスはその二つでは挙げられていなくて、対ユダヤ戦争での最終の局面である神殿が炎上する前に持ち出されたものを資料の中で列挙された物の中に組み入れております。それは、供えのパンを置く「黄金の机」です。これはローマにあるティトスの凱旋門の内側にあるレリーフ模様からも知られるあまりにも有名なものですが（図60、61）、ヨセフスはそれをネブザルアダンの略奪物の中に加えております。もちろん、それは神殿にあったもので、神殿から略奪されたと想像してもおかしくないのですが、彼がそれに言及すると、彼は過日の対ローマの戦争を忘れられないでいると指摘してもおかしくないものとなります。

ヨセフスが使用する二つの資料は、略奪物の持ち出しは神殿に火をかける前であったとは必ずしも明瞭に述べておりませんが、彼は、すでに見てきたように、略奪物の持ち出し後に神殿や王宮に火が放たれたとします。これは非常にナチュラルな順序ですが、ここでは彼自身が目撃した、最初にローマ軍の略奪があり、それから神殿への放火があったとする順序にしたがっていると見た方がよさそうです。

見てきたように、ヨセフスによれば、神殿に火がかけられ、焼け落ちた日はツェデキヤフ王の治世の第一一年の「五月の新月の日」でしたが、ヘブライ語列王記下二五・八とそのギリシア語訳のラールフス版では「五月七日」であり、ルキアノス版では「五月九日」です。なお、ギリシア語訳エレミヤ書五二・一二によれば、それは「五月一〇日」ですが、ヘブライ語エレミヤ書の同掲箇所は日付に

図60●ティトスの凱旋門（１）
図61●ティトスの凱旋門（２）

関しては何も言っておりません。
神殿が焼け落ちた日は重要です。ヨセフスはここで列王記のヘブライ語テクストとそのギリシア語訳、エレミヤ書のヘブライ語テクストとそのギリシア語訳にあたったはずです。そしてそこに「五月七日」「五月九日」「五月一〇日」の三つの異なる日付があったらどうでしょう。彼は当惑したに違いありません。彼が日付を確定しないで「五月の新月」としたところに、彼の当惑を読み取りたいと思います。

神殿破壊までの期間について

見てきたように、ヨセフスはダビデ王朝の全統治期間を算出してみせましたが、彼は次に、歴史の中のある時点から神殿喪失までの期間を算出してみせます。彼は次のように言うのです。

「神殿が創建されてから焼失するまでの期間は、四七〇年と六か月一〇日である。民がエジプトを離れてからそのときまでの期間は、一〇六二年と六か月一〇日であり、洪水のときから神殿が荒らされたときまでの全期間は、一九五七年と六か月一〇日である。またアダモス(アダム)の誕生から神殿にこのような災禍が見舞ったときまでの期間は、四五一三年と六か月と一〇日である。以上は諸期間の年数であり、この間に起こった諸事件は（すべて）、それぞれの所で語られている。」

（二〇・一四七―一四八）

ここでのヨセフスによれば、神殿がソロモンによって創建されてから焼失するまでの期間は「四七〇年と六か月一〇日」だったそうです。彼はソロモンの神殿造営を天地創造後の四三四〇年、そして神殿の破壊を天地創造後の四八一〇年にしております。後者から前者をさっ引けば、神殿の存続期間である「四七〇年」が算出されます。しかし、この数字は、他の箇所での彼の言説と食い違うのです。『ユダヤ古代誌』の最終巻である第二〇巻の二三二節は、ソロモンの治世のときに大祭司に任命されたザドクからバビロンに捕囚として引かれて行ったヨザダクまでの大祭司職の継続期間、つまり神殿の存続期間を四六六年としているからです。

ヨセフスによれば、出エジプトから神殿破壊までの期間は「一〇六二年と六か月一〇日」です。彼は『古代誌』七・六八（八・六一も参照）で出エジプトのときから神殿建設までの期間を五九二年と算出しておりますから、それに神殿の存続期間として算出してみせた「四七〇年」を加算すれば、「一〇六二年」という期間がはじき出されます。ところが、『古代誌』二〇・二三〇や『アピオーンへの反論』二・一九では、出エジプトから神殿建設までの期間は「六一二年」とされており、これに「四七〇年」を加算すれば、一〇六二年ではなくて、「一〇八二年」となります。

ヨセフスによれば、ノアの洪水のときから神殿破壊までの期間は「一九五七年と六か月一〇日」です。ちなみにこの計算から、洪水のときから神殿建設までの期間を算出すると、それは計算上、一九五七年から四七〇年を減じればいいことになり、一四八七年と算出されますが、それは本書八・六一で挙げられている「一四四〇年」と食い違いをみせます。

ヨセフスによれば、アダムの誕生から神殿破壊までの期間は「四五一三年と六か月一〇日」です。ここでの写本には「三五一三年」と読むものと「四五一〇年」と読むものがありますが、どの読みを採用するにしても、それは本書八・六二で挙げられているアダムの誕生から神殿建設までの期間三一〇二年に、神殿の存続期間である「四七〇年」を加算した期間と一致するものではありません。

しかし、今一度強調しておきますが、こうした食い違いにもかかわらず、『古代誌』においてしばしば見られる年代計算は、後の教会の物書きたちに天地創造から歴史上の大きな出来事が起こった時期までの年代計算への関心を呼び起こしたことです。そのさいの大きな問題は、その年代計算をヘブライ語テクストにもとづいてするか、それともそのギリシア語訳にもとづいてするか、それともヨセフスの年代計算をちらちらと見ながらするかでした。

ヘブライ語テクストによれば、たとえば、天地創造から洪水までの期間は「一六五六年」ですが、ギリシア語訳では「二二四二年」か「二二六二年」です。したがって、そこには五八六年ないしは六〇六年の差異が生じてしまいますが、それはすでに見てきたように、ギリシア語訳は太祖たちの生存期間のほとんど大半に一〇〇年かそれ近くの期間を上乗せしているからです。それらの加算を合算すれば、全体では大きなものとなり、大きな違いとなるのです。キリスト教側の最初の年代学者と見なされるユリウス・アフリカヌス（一七〇年ころ—二四〇年ころ）は、その『年代記』の中で、ヨセフスの算出した数字をちらちと見ながら、ギリシア語訳にもとづいて天地創造からの年数を算出しようとしました。エウセビオス（二六三—三三九年）も、その著作『年代記』（アルメニア語版で現存）で、アウグスティヌス（三五四—四三〇年）もその著作『神の国』でヘブライ語テクストではなくてギリシア語訳を用いました。その理由はお分かりのことと思われます。『乗っ取られた聖書』（京都大学学術出版会）ですでに説明したように、教会がギリシア語訳聖書を使用してイエスがキリストであることを論証するために、ギリシア語訳聖書こそが「真に神の息吹き」を与えられた唯一の権威ある聖書と見なしていたからです。しかし、ベーダ（六七三—七三五年）はその著作『時間計算論』の中では、ギリシア語訳ではなくてヘブライ語テクストを使用し、たとえば、天地創造から洪水までの期間を一六五六年としております。

なお余計なことを申しますが、ギリシア語訳聖書あるいはヘブライ語聖書のいずれかを取るにせよ、聖書に見られるさまざまな年代を加算しても、神による天地創造からイエス（・キリスト）の誕生までの期間は六〇〇〇年足らずにしかなりませんが、キリスト教のファンダメンタリスト（原理主義者）は、ここでの計算にもとづいて「天地創造はキリスト誕生の六〇〇〇年前であった」と固く信じて、そのナンセンスを人びとに教えて恥じないわけです。オックスフォード大学の進化生物学者リチャード・ドーキンスがキリスト教をこっぴどく批判するときのひとつのポイントは、キリスト教徒が天地創造をイエス誕生の六〇〇〇年前とし、頑としてそこから動こうとしない石頭なのです。

第三回の捕囚について

ヨセフスは物語に戻ります。

彼は、列王記下二五・一八以下およびエレミヤ書五二・二四以下にもとづいて、バビロニア軍の指揮官ネブザルアダンがエルサレムを破壊して民を立ち退かせると、残されていた大祭司やその他の有力者たちをスリアのリブラに滞在中の王のもとに連れて行き、そこで彼らが斬首されたと報告すると同時に、そこで処刑された大祭司セラヤの子ヨザダクは斬首を免れて、鎖につながれてバビロンへ連れて行かれたと報告いたします。紀元前五八三年ころのこととされます。紀元前五九七年の捕囚を「第一回の捕囚」、それから一〇年後の紀元前五八七年の捕囚を「第二回の捕囚」とすれば、これは「第三回の捕囚」です。

大祭司のリスト

ヨセフスが大祭司の継承に大きな関心を示している事実はすでに指摘しましたが（『聖書と殺戮の歴史』二九四以下）、彼はここで、「わたしはこれまでの叙述で王の血統の者に順次言及し、その者が何者であり、その統治期間がどれほどのものであったかを語ってきた。（そこで次に）大祭司の名を列挙し、歴代の王のもとでだれが大祭司職を継承したかを語りたい」（二〇・一五一）と述べた後、ソロモンが建造した神殿の初代の大祭司からバビロンに引かれて行った大祭司ヨザダクまで一七名の名を挙げます。彼がここで挙げる大祭司のリストの人名には歴代誌上六・九に認められるそれとは異なるものがあり、また『古代誌』二〇・二三一では、第一神殿時代の大祭司の数が一七名ではなくて一八名とされておりますが、わたしたちにとってはその食い違いは瑣末なものでしょう。

わたしたちがここで注目しなければいけないのは、ヨセフスが一七人の名を列挙した後で、「いずれの場合も、息子が父親の大祭司職を継承した」（二〇・一五三）と誇らし気に述べて、そのリストを締めくくっていることです。見てきたように、王国の歴史では、とくに北王国の歴史ではクーデターが頻発し、王位継承に見られるネポティズムはそのたびごとに中断されましたが、ユダヤ教における大祭司の世界は完全なネポティズムの世界だったのです。それが壊されていくのはヘレニズム時代の後半からです。そのためときに対立候補との間に熾烈な権力争いが起こりました。破れた者は、たとえば、紀元前三世紀のオニアス四世のように国外に逃亡したりしました。ヘロデはいとも簡単に大祭司の首のすげ替えを行いました。

ツェデキヤフ王、バビロンで死に手厚く葬られる

その息子を自分の見ている前で処刑され、それればかりか、自分の両目をえぐり取られた上で、鎖に繋がれてバビロンに連れて行かれたユダの最後の王ツェデキヤフのその後の運命はどうだったのでしょうか?

ヘブライ語エレミヤ書三四・四―五には、エレミヤが主の言葉を取り次いで「あなたは剣で死ぬことはない。平安のうちにあなたは死ぬ」とあり、それに対応するギリシア語訳四一・五にも「あなたは平安のうちに死ぬ」と述べたとありますが、具体的なアフターは書き記しておりません。ヨセフスは、多分、エレミヤ書にもとづいてでしょうが、「バビロンに凱旋した王は、死ぬまでサッキアス(ツェデキヤフ)を獄舎に入れておいた。(彼が死ぬと)、その遺体を手厚く埋葬した」(一〇・一五四)とします。そしてまたそのとき鎖に繋いで連れて来た大祭司の鎖もといてやったとします。物分かりのいい、ヒューメインな側面をもつネブカドネツァル像が、突如、浮かび上がってきます。

ゲダルヤフ、ユダの総督に立てられる

すでに見てきたように、列王記下二五・二二以下によると、バビロニア王ネブカドネツァルはユダの地に残させた民の上にゲダルヤフと呼ばれる人物を総督として立てます。紀元前五八六年のことです。この人物の詳細は分かりませんが、列王記下二五・二四によれば、ゲダルヤフは自分のもとへやって来た同胞の者たちに向かって「カルデアびとを恐れてはならない。この地に住み（つづけ）バビロニア王に仕えるのだ。おまえたちは幸せになる」と答えたそうで、そのギリシア語訳も似たり寄ったりのものですが、ヨセフスは「彼は思いやりのある廉直《れんちょく》な人物であった。指揮官は彼らに土地を耕作させ、定められた貢ぎを供出させた」（一〇・一五五）とします。

エルサレムに残された者が「貧しい者や投降者たち」（一〇・一五五）であれば、貢ぎの供出をもとめられたとは思われませんが、ヨセフスの頭には戦勝国が必ず敗戦国に課す貢ぎのことがあるようです。対ローマのユダヤ戦争で敗北したユダヤが戦勝国となったローマから「フィスクス・ユダイクス」と呼ばれるユダヤ税（図62、63）を課せられたことはよく知られております。そのときのエルサレムやその周辺の土地に生き延びた者たちは必ずしも「貧しい者や投降者たち」だけではなかったのです。それなりにリッチな者たちもいたはずです。たとえば、焼け落ちた神殿の大祭司や、それに寄生して生活していた祭司たち……。

図62●ユダヤの陥落を伝える貨幣（上）
図63●ユダヤ税（下）

エレミヤ、バビロン行きを拒否する

ギリシア語訳エレミヤ書四七・一（＝ヘブライ語エレミヤ書四〇・一）以下によれば、預言者のエレミヤはバビロン行きの者たちの中に鎖を付けられて入っておりましたが、指揮官のネブザルアダンは彼をラマの地で釈放し、自分と一緒にバビロンに来たければ来るがよい、しかしとどまるというのであればそれもよしと言って、物分かりのいい選択を迫ります。エレミヤは返事を躊躇《ちゅうちょ》しますが、結局はネブザルアダンの助言で民の総督ゲダルヤフのもとへ行き、彼のもとで暮らすことになります。

ヨセフスはエレミヤがそれまで獄舎に留め置かれていたが、そこから釈放されたとし、「生まれ故郷の荒れ果てたみじめな残骸物の中に住む」（一〇・一五七）決断をすると、ゲダルヤフに十分エレミヤの面倒を見みるように命じた（一〇・一五七）とし、さらに「高価な贈り物をおくり、彼の好む所に行かせてやった」とします。資料はネブザルアダンがエレミヤに贈り物をおくったと書いておりますが、それが「高価な」ものであったとはしておりません。なおまたヨセフスによれば、エレミヤは獄舎から釈放されるとき、ネブザルアダンに、自分の弟子のバルクをも釈放してくれるように頼み込み、それが聞き入れられます。

イシュマエル、ゲダルヤフを殺害する

ネブザルアダンは戦後処理を終えると、バビロニアの首都バビロンに向けて出発します。紀元前五八六年か、それよりも少しばかり遅い時期とされます。後に残されたのはゲダルヤフだけです。するとミツパにいた彼のもとへ、ネブザルアダンの滞在中には身を潜めていた同胞が集まってきます。彼らは不穏な動きを見せます。彼らはゲダルヤフに説得されていったんは解散しますが、列王記下二五・二五およびエレミヤ書四一・一（＝ギリシア語訳では四八・一）以下によると、その中の「王家の血を引く」イシュマエルという人物が一〇人の部下と一緒にゲダルヤフを殺害したばかりか、ミツパにいた「ユダの人びとやカルデアびと（＝バビロニアびと）」をも殺害します。

イシュマエルは民族主義者であり、バビロンにたいして謀反を企てていたのです。彼は明らかにゲダルヤフをバビロニア王の手先と見なしていたのです。ローマの軍団は、紀元後七一年の春、エルサレムから去りますが、そのさい、過日の戦争で動員した四軍団のうちのひとつ第一〇軍団の残存兵力をエルサレムに残しました（『戦記』七・一六三以下参照）。ユダの各地に散り、身を潜めた者たちの蜂起を恐れたからです。ユダの荒れ野やガリラヤには彼らの隠れ場となり得る洞穴が多数ありました。ウェスパシアヌスはローマへの帰途（後六九年）、エジプトのレオントンポリスにつくられたエルサレムの神殿を模した神殿を閉鎖しました（『戦記』七・四三三―四三六参照）。そこがディアスポラのユ

ダヤ人たちの蜂起の拠点となることを恐れたからです。

バビロニアの王は、不測の事態に備えて十分な兵力をミツパに残したのでしょうか？　そうしたとは思われません。ユダのどこかの地に潜伏しているに違いない民族主義者の勢力についての見通しが非常に甘かったようです。

さて、ヨセフスです。

彼はイシュマエルをアンモンびとの王のもとに身を潜めていた人物とします（一〇・一六〇）。彼はさらに、イシュマエルをイスラエルの王位をねらう人物とし、エレミヤ書四〇・一三以下に見られる、暗殺の陰謀が事前にゲダルヤフに通告されていたにもかかわらず彼がそれを本気で受け止めなかった話を、例によって、生き生きと活写いたします。エレミヤ書四〇・一五によれば、ゲダルヤフのもとへやって来たヨハナンという人物が彼にイシュマエルの陰謀を承知しているかと尋ね、ゲダルヤフがその言葉を信じられないと答えると、彼は「では、わたしが行って、イスマエール（イシュマエル）をだれにも分からないようにして撃ち（殺し）ます。彼があなたの命を撃ち、あなたのもとに集められた全ユダが散らされ、残されたユダが滅びることがあってはなりません」と言うと、ゲダルヤフは彼に向かって「こんなことをしてはならない。おまえはイスマエールについてとんでもないことを口にしているのだ」と言って、耳を貸しません。ここから悲劇が起こるのです。

ヨセフスは次のように再話いたします。イシュマエルの陰謀を暴くヨハナンの言葉です。

「『アンマニタイ（アンモンびと）の王バアリモス（バアリス）は、奸計でもって隠密裏にあなたを殺そうとイスマエーロス（イシュマエル）を遣わしました。イスマエーロスをイスラエルびとの支配者にするためですが、それは彼が王族の一員だからです。しかし、ことは（まだ）露見しておりません。あなたがわれわれにイスマエーロス殺しを認めて下さるならば、あなたをこの陰謀からお救いいたしましょう。われわれが危惧しておりますのは、もしあなたがイスマエーロスに殺されれば、残されているイスラエルびとも絶滅させられるのです。』

それにたいして、ガダリアスはこう答えた。

『おまえたちは陰謀の容疑で彼を告発しているが、わたしには信じられないことだ。彼は現在、結構な処遇を受けているのだ。（人びとが）このような困窮にあるとき、何ひとつ不自由していない男が、自らその恩恵者を殺そうとするほど卑劣で忘恩的な行為はない。しかし、そんなことは（とても）考えられぬ。逆に、他の者がわたしに陰謀を仕かけたならば、イスマエーロスは懸命にわたしを救おうとしなければおかしいのだ。かりにおまえたちの情報が本当だとしても、わたしはわたしのところに逃げ込んで自分の安全をわたしに託した男に手を下だすよりは、その者に殺される方がましである』と。」（一〇・一六四―一六七）

すでに見てきたように、エレミヤ書四一・一以下は、イシュマエルがゲダルヤフを殺害したことを報告します。

その報告は「第七の月のことであった」と切り出して、殺害の月を特定しますが、それが何年のことであるかは述べておりません。ヨセフスは、殺害はヨハナンがゲダルヤフに陰謀を通報してから「三〇日目」（一〇・一六八）の出来事とします。エレミヤ書四一・一以下によると、殺害はイシュマエルが一〇人の部下を従えてミツパにいるゲダルヤフもとにやって来て、食事をともにしていたときのことです。「そのとき、……イシュマエルと彼とともにいた一〇人の部下は立ち上がって、……ゲダルヤフを剣で撃ち殺した。イシュマエルはバベル（＝バビロニア）の王がこの地で委ねた者を殺した。またミツパで……ゲダルヤフとともにいたすべてのユダ（ヤ）びとを、またそこに居合わせたカルデアびと（＝バビロニアびと）を……撃ち殺した」（四一・一―三）とされます。

ヨセフスはこの場面の細部を想像し、イシュマエルとわずか一〇人の部下がゲダルヤフとその部下を殺せる状況をつくりだします。なおエレミヤ書の記述からは、イシュマエルはゲダルヤフを殺害した後、時をおかずに親ゲダルヤフ派のユダ（ヤ）びととバビロニアびとを殺害したかのような印象を読む者に与えますが、ヨセフスはそのようなことは不可能であると想像したためでしょう、ゲダルヤフの殺害と彼らの殺害の間に副詞句「夜になると」をワンクッションとして置きます。非常にナチュラルです。

「ガダリアス（ゲダルヤ）は、イスマエーロス（イシュマエル）と彼に同行した（一〇人の）客人たちを豪華な食事と贈り物で歓待していたが、（やがて）自分にも酔いがまわり、へべれけの状態に陥って意識朦朧となった。彼がこうしてまどろみはじめると、それを見たイスマーロスは、一〇人の友人とともに飛びかかり、ガダリアスや彼と一緒に宴席に（酔いつぶれて）倒れていた者たちを殺した。彼らを殺害したイスマエーロスは、夜になると出て行き、町のすべてのユダ（ヤ）びとと、バビロニアびとによって町に残されていた者たちを殺害した。」（一〇・一六八―一六九）

エレミヤ書四一・四以下によれば、ゲダルヤフ殺害の翌日、かつて北王国イスラエルの町であったシケムや、シロ、サマリアから巡礼団の一行八〇人が主の家に携える物を手にしてミツパにやって来ます。彼らはヒゲを剃り落とし、衣を裂き、身に傷をつけていたそうです。けったいな出立ちの一行ですが、彼らは陥落した都エルサレムのために悲しみを表そうとしたようです。ヘブライ語エレミヤ書によれば、このときイシュマエルは、彼らを出迎えにミツパを出て、「泣きながら歩いて来た」とあります。

「えっ、なぜイシュマエルがここで泣かなければならないのか？」と読者は驚きます。岩波版の訳者は読者の驚きを想像したためでしょう、そこに註を施し、「人人は……悲しみのために（祭を）祝おうと参集しつつあった。イシュマエルも、それに同調する仕草をしているのだと思われる」と述べているのですが、ここでのヘブライ語テクストはどう見てもおかしなものです。ギリシア語訳がきわめて自然に「イスマエール（イシュマエル）は彼らに会うために出て行った。彼らは歩きつづけ、泣き続けていた」としているからです。ヘブライ語の問題箇所の読みは、ギリシア語訳にしたがって読み改められるべきものではないでしょうか？

それはともかく、彼らはイシュマエルの巧みな誘導で町の中に入ると、命乞いをした一〇名を除く残りの七〇人を殺害し、ユダの王アサがイスラエルの王バアシャの攻撃に備えて掘った穴に投棄いたします。その穴は紀元前八八五年ころに掘られたものとされるものです。

ヨセフスは八〇人の一行を焼け落ちた都エルサレムへの巡礼団とはしません。彼は彼らを惨事のあった翌日、それを知らずにゲダルヤに会いにやって来た一行とします。その証拠に彼は彼らの珍妙な出で立ちには触れません。彼はまた、イシュマエルが彼らを殺害した状況を別のものに変えます。エレミヤ書は「彼らが（ミツパの）町に入ったとき、彼らを殺した」としておりますが、これだけでは一行が追い詰められた状況とはなりません。

ヨセフスはこの殺害がゲダルヤフ邸の中で起こったものとし、「イスマエーロス（イシュマエル）は彼らを見るとガダリアス（ゲダルヤフ）に（引き合わせる）かのように装って彼らを中に招じ入れた。彼らが中に入ると、イスマエーロスは庭（の戸口）を閉め切って彼らを殺し、発覚を恐れてその死体を深い穴の中に投げ捨てた」（一〇・一七〇）とします。

ヨセフスがここでその穴がユダの王アサによって掘られたものであると言っていないことも重要です。彼は穴を三〇〇年も前に掘られたものではなくて、あくまでもゲダルヤフ邸内に掘られたものであったとします。またそうすることで、その殺害がゲダルヤフ邸内の出来事であった以上、外部に発覚することがなくなるのです。

イシュマエルはミツパの住民たちや、ネブザルアダンのもとに置かれていたツェデキヤフ王の娘たちを捕虜としてアンモンびとの王のもとへ戻ろうとします。

ヨハナン、イシュマエルの捕虜を救出する

エレミヤ書四一・一一（＝ギリシア語訳では四八・一一）以下によると、ヨハナンと彼の高官たちはイシュマエルの悪事を聞いて激怒し、彼と戦うべく出撃し、ギブオンの大池のあたりでイシュマエルの一行に追いつきます。彼が率いていた捕虜たちはヨハナンのもとへ逃げ出し、そのためイシュマエルは自分のもとに残った八人の手勢と一緒にアンモンびとの王のもとへ逃げ帰ります。イシュマエルから捕虜を取り戻したヨハナンはエジプトへ向かおうとします。カルデアびとの報復を恐れたからです。ヨセフスもここではテクストの話をなぞります。

ヨハナン、エレミヤとバルクを連れてエジプトへ向かう

エレミヤ書四二・一（＝ギリシア語訳では四九・一）以下によると、エジプト行きにも逡巡があったヨハナンらは、預言者のエレミヤのもとへ行き、神の意志を聞いてくれるようにと嘆願いたします。エレミヤは彼らのために神と人の間の仲介者になることを約束いたします。

主の言葉が一〇日後にエレミヤに臨みます。

この日数からすると、主の言葉はそう簡単には臨まないようですが、それは「もしおまえたちがこの地に留まるならば、わたしはおまえたちを建てて壊さず、おまえたちを引き抜くことはない。わたしはおまえたちに下したあの災禍を悔いている。おまえたちはバベル（バビロン）の王を恐れているが、彼を恐れないように。……」というものです。

ここまですでに見たように、「神の悔い」はひとつの文学類型となっているようですが、ギリシア語訳の訳者は、神の悔いを不自然だと想像したためでしょう、「わたしはおまえたちになした災禍を終らせたからだ」とします。神はさらに、もし彼らがどうしてもエジプトへ行くというのであれば、彼らが恐れている（バビロニアの）剣が彼らに追いつき、さらには飢饉や疫病が彼らを待っている」と言うのです。もちろんこちらの災禍も神が下すものですから、話は複雑です。ここでの神は「わたしがバビロンを滅ぼしてやる」とは約束しないのです。主なる神はもはやカナンの土地に侵攻して鏖《おう》

殺《さつ》の喇叭を吹きまくったあの往時の威勢のいい神ではないのです。向かう相手が弱いときには鏖殺の喇叭を吹きまくり、向かう相手が強大すぎるときには……。それとも神は老いたのでしょうか？　神を人間に例えるのであれば、そこに醜悪な老化の現象、そしてその先に活動停止状態の死を認めねばならなくなるのでしょうか。

ヨセフスも物語に忠実にその展開を追いますが、彼は彼らのエジプト行きを阻止しようとする神の思いの中に、出エジプト記で語られている彼らの父祖たちのそこでの苦難があると理解したようです。そこで彼はエレミヤに顕現した神の言葉として「……しかしもしエジプトに向けて出発するならば、わたしは（おまえたちを）見捨て、激昂のあまり、おまえたちの兄弟がかつてこうむった、おまえたちも承知の（手ひどい）仕打ちを加えてやる」（一〇・一七七）と神に息巻かせるのです。

しかしヨハナンの一行は、エレミヤを介して与えられた神の言葉を信じようとはしません。その結果、ヨハナンはエレミヤと彼の弟子のバルク、そして捕虜となっていた者たちや王の娘たちを率いてエジプトに向かいます。エレミヤ自身は、「エジプトには行ってはならない」という神の警告をヨハナンに伝えておきながら、ヨハナンの一行にしたがうのですから面白いものです。激しい抵抗を見せた様子はありません。エレミヤの中には彼が受けたと信じる神の言葉への信頼がなかったのかもしれません。ヨセフスはエレミヤのエジプト行きを格別問題にはしません。

エレミヤに臨んだ神の言葉

エレミヤ書四三・八（＝ギリシア語訳では五〇・八）以下によると、一行がタフパンヘースに到着すると、主の言葉がエレミヤに臨みます。彼はバビロニア王がやって来てエジプトの地を撃ち、そこにいる者たちを捕囚の民としてバビロンへ連れて帰ることや、エジプトの神々の家を火で焼き払うことなどを告げられ、それを一行に告げます。

エレミヤ書はこの先で、エジプトに住むユダ（ヤ）びとになされるとされる審判の預言やそれに反駁する民、さらにはエレミヤの最後の預言などを長々と語りますが、ヨセフスは物語の詳細にまでは立ち入らず、彼が「そこ」（一〇・一八〇）と言及するタフパンヘースでのエレミヤの預言に触れたあと、次のように申します。

「そして、事実は、まさしくこのとおりになった。すなわち、エルサレムが荒らされてから五年目、ナブーコドノソロス（ネブカドネツァル）の治世の第二三年、ナブーコドノソロスはコイレ・シリアに進軍してそこを占拠し、モアブびととアンモンびとに戦争を仕かけた。そして、王はこの二つの民族を服属させると、エジプトを征服するために侵入し、ときの王を殺して別（の王）を立て、エジプトにいたユダびとを捕虜にして再びバビロンへ引いて行った。」（一〇・一八一－一八二）

すでに繰り返し見てきたように、ヨセフスはここまでで「年代」へのこだわりを見せ、また自分が語ることが歴史であってそれ以外の何ものでもないことを証明するために、もし物語の史実性を傍証してくれると思われる資料が他民族の者たちの間で残されておれば、それを積極的に使用しました。彼が『古代誌』の中で使用した他民族の者たちの文書資料は五六点にのぼっております。彼にとって、それらの使用と年代の言及は非常に重要なのです。

引用した一文によると、ネブカドネツァルがコイレ・シリアに進軍してそこを占拠したのが、「エルサレムが荒らされてから五年目」、バビロニアの王の治世の「第二三年」のことだそうです。新バビロニア帝国のネブカドネツァル二世が王に即位したのは紀元前六〇五年ですから——その統治は紀元前五六二年までつづきました——、その治世の二三年目は紀元前五八三年となります。これは確かに、王がエルサレムにやって来た紀元前五八七年から起算すれば「五年目」のこととなります。ただしここで注意をしておきたいのは、ネブカドネツァルは紀元前五九八年にパレスチナにやって来て、エルサレムを包囲し、三か月後には、多数の捕虜を神殿財宝とともにバビロンに連れ去っております。その中にはエゼキエルも入っております。これが「第一回バビロン捕囚」と呼ばれるものですが、ここではその時点から年数を起算しているのではないのです。

ヨセフスがここで言及するネブカドネツァルによるモアブびと征服についての主の託宣と称するものはエレミヤ書四八・一—四七に見られ、またアンモンびと征服についての託宣と称するものは同書四九・一―六に見られますが、ギリシア語訳ではモアブについての託宣はエレミヤ書三一・一―四四に、またアンモンびとについての託宣はエレミヤ書三〇・一―五に移されております。ヨセフスはここで主の言葉の託宣から、二つの民族がバビロニア軍によって制圧されたと書いておりますが、その詳細に立ち入らないのは、エレミヤ書の中に託宣の言葉以上のものがないからでしょう。なお、バビロニア王によるエジプト侵入と、ときの王を殺害して別の王を擁立した話や、エジプトに住むユダ(ヤ)びとをバビロニアの首都バビロンへ連れて行った話などは、ベーローソスの著作によるものとされておりますが、それについては先に進んでから触れます。

ヨセフスはここで脱線いたします。

彼はここでヘブルびとの種族(ゲノス)が二度エウフラテース川の向こうの地に行く羽目になったと読者に訴えます。一度はホセアの治下で十部族の民がアッシリアびとによってサマリアを追われたとき、すなわち紀元前七二二年から七二〇年にかけてであり、もう一度は残された二部族の民がネブカドネツァルによってバビロンに連れて行かれたときであるとするのですが、後者では三回あったとされる捕囚が全体として「ひとつの捕囚」としてくくられております。

ヨセフスはここですでに本書の第九巻で触れているサマリアの地に入植した「クータイオイびと」、すなわちその土地の名にちなんで後に「サマリアびと」と呼ばれるようになった者たちの入植に触れて、二部族が引き立てられて行った後のユダの地には入植者がなかったこと、したがってユダ(ヤ)

全土とエルサレム、そして神殿は「七〇年間荒れ果てたままにされた」(一〇・一八四)と申し立て、「イスラエルびとが捕虜にされたときから、二部族が拉致されたときまでの全期間は、「一三〇年と六か月一〇日である」と述べて、ここまでの物語の再話を締めくくるのですが、ここでもまた年代です。

ここでの「一三〇年と六か月一〇日」はどこから引っぱり出されたのでしょうか?

すでに何度も見ているように、北王国の首都サマリアが陥落したのが紀元前七二二年で、その時点から紀元前七二〇年までの二年間のある時期に、アッシリアの王サルゴン二世(在位、前七二二―七〇五)(図64)がサマリアの指導者たちをアッシリアに連れて行くと同時に、クータイオイを含む他民族の者たちをサマリアに入植させたとされます。したがって、もしヨセフスがここで「一三〇年……」の期間を紀元前七二二年から起算しているとすれば、その下限は紀元前五九二年となります。もちろん紀元前五九二年までのタイムスパンの中にはバビロニア軍がエルサレムを包囲して開城させ、第一回の捕囚を行った紀元前五九七年が入りますが、ユダ王国を滅亡させ、第二回の捕囚があったとするヨセフスが、ここで紀元前五八七年から逆算しているとすれば、それから一三〇年前は紀元前七一七年となり、北王国陥落後の年代と齟齬《そご》をきたすことになります。またヨセフスは、すでに見てきたように、本書九・二七七で、サマリア陥落を「オーセーエース(ホシェア)の治世の第九年、エルサレムびとの王エゼキアス(ヒゼキヤフ)の第七年」としておりますが、ヒゼキヤフ王の残りの統治期間にその後継の王たちの統治期間を加算すると、「一三二年と六か月一〇日」となり、ここでも二

図64●サルゴン２世とその家臣

年の食い違いが出てしまいます。

見てきたように、ヨセフスはここまででも、歴史の上での主要な出来事間のタイムスパンを算出しようと試みてきましたが、その計算は必ずしも首尾一貫性のあるものではなく、しばしば食い違いや矛盾のあるものでした。そのためわたしたちはここで、ヨセフスの計算の杜撰《ずさん》さ加減を指摘することも可能となるのですが、印刷術の発明されていない当時、山のような資料と格闘しつつ、そこに認められる年代などに注意を払いつつ先に進んだり、あるいはそこから前に戻ったりする作業がいかに大変であったか、しかもその資料とて絶対のものではなく、ヘブライ語テクストとギリシア語テクストの間にしばしば違いが認められることを承知すれば、年代の算出それ自体が手間ひまのかかる作業であったことを覚えておきたいものですが、それよりも前に、わたしたちは、たとえ不十分なものであったとしても、ここそこに認められるヨセフスの年代計算があったからこそ、後のキリスト教時代に、キリスト教年代学が誕生したことをもここで今一度想起したいものです。もっとも、キリスト教年代学は、現代から見れば、ほとんど意味のない学問領域ですが。

では、次の最終章ではヨセフスが語るダニエル物語を取り上げます。

第5章 ヨセフスとダニエル

ダニエル書について

ヨセフスはここから先でもバビロニアの王ネブカドネツァルに関心を示しつづけます。彼はまず、本書一〇・一八六から三二節を費やして、全体が一二章からなる旧約聖書の一書ダニエル書の最初の四章を再話いたします。そしてその先では、ベーローソスの証言を採用して彼の著作から長い一文を引用してみせ、その後ではまたベーローソスの文書やダニエル書を資料として用います。

ダニエル書の第一章の冒頭の二節は「ユダの王ヨヤキムが即位して三年目のことであった。バベル（バビロニア）の王ネブカドネツァルが攻めて来て、エルサレムを包囲した。主はユダの王ヨヤキムと、エルサレム神殿の祭具の一部を彼の手に落とされた。ネブカドネツァルはそれらをシンアルに引いて行き、祭具類は自分の神々の宝物殿に納めた」（新共同訳）ではじまりますので、いかにもこの文書はペルシア時代の資料として使えそうな印象を読む者に与えます。しかし、現代の聖書研究では、ダニエル書は、バビロン時代に書かれたものではなく、それよりもはるか後のマカベア時代（前二世紀）に書かれたものとされます。ヨセフスはそれをペルシア時代の資料と見なしております。

ダニエル書の冒頭の一文につづく、ダニエルを主要な登場人物とする物語は面妖《めんよう》で奇怪なものばかりです。ライオンの穴に投げ込まれても無傷でいられるダニエルや、燃え盛る炉に投げ込まれたが焼かれなかった三人の若者の話などおよそあり得ない荒唐無稽な話や、壁に字を書く指の幻、四頭の獣の幻、雄羊と雄山羊の幻、終わりの時についての幻などが登場する読み切り短編のファンタシー物語で、わたしに言わせれば、資料的価値などまるでない代物《しろもの》ばかりです。しかしヨセフスがそれを歴史資料として扱っている以上、わたしたちも彼につき合わねばなりません。そしてなぜ彼がダニエル書を歴史資料と見なすのか、その理由を考察しなければなりません。

ヨセフスの再話するダニエル書について

ダニエル物語の主人公はダニエルと呼ばれる若者です。

ダニエル書一・三―四によれば、ネブカドネツァル王は侍従長（ギリシア語訳では「宦官の長」）アシュペナズに命じて、「イスラエルびとの王族と貴族の中から、身体に難点がなく、容姿が美しく、何事にも才能と知恵があり、知識と理解力に富み、宮廷に仕える能力のある少年を何人か連れて来させて、カルデアびと（＝バビロニアびと）の言葉と文書を学ばせた」（新共同訳）そうです。

第一章の冒頭の二節はともかくも、それにつづくこの三節と四節もヨセフスにとっては魅力的な一文です。ダニエルは異国の宮廷に仕えることになる若い同胞、しかも彼自身と同じく、王家の血を引く者で、宮廷に仕える能力のある若者だからです。ダニエルは「バビロン捕囚」の身の者です。ヨセフスは戦争捕虜とともにローマに連れて来られた「ローマ捕囚」の身の者です。連れて行かれた方向が東か西かの違いだけなのです。宮廷に仕える先輩の同胞もおりました。創世記第三九章以下で語られるヨセフです。あちらの話もよくできたフィクションですが、すでに見てきたように（『異教徒ローマ人に語る聖書』第7章）、ヨセフスはそのフィクションに引かれ、歴史の資料として扱いました。

ヨセフスは最初から物語の細部を変更していきます。

彼はバビロニア王がユダの地から連れて来られた貴族や王族の若者たちを「家庭教師の手に委ねて世話をさせ、その一部を宦官にした」（一〇・一八六）とします。これはダニエル書が触れていない事柄です。これは列王記下二〇・一八に見られる、主がヒゼキヤフに言ったとされる言葉「あなたが儲け、あなたから出て来るあなたの息子たちは連れて行かれ、バビロニア王の宮殿で宦官になる」にもとづくものであると思われますが、もしかしてギリシア語訳ダニエル書が、若者たちが託された人物を宦官の長としているからかもしれません。侍従長（宦官の長）アシュペナズはダニエルと他の三人の若者に宮廷で通用する名前を与えます。ダニエルはベルテシャファルと呼ばれることになります。ヨセフスは宮廷での異名を与えた人物を王とします。彼はまたダニエルを含めた四人の若者が「容姿がすぐれ、立派な資質の持ち主であった」ことを強調しようとして、ギリシア語の表現カロイ・カイ・カガトイを用います（一〇・一八七）。ヨセフスの物語を聞く者たちは、ヘレニズム・ローマ時代の大きなギリシア都市に必ずつくられたギュムナシウム（錬成場）で心身を鍛える若者たちの姿とダブらせていることになります。

ダニエル、宦官の長に食物規定にかなった食べ物を要求する

ダニエル書によれば、四人の若者のもとには王命により、毎日、「宮廷の肉類と酒」が運ばれます。しかし、ダニエルはそれらを食べて自分の身を汚すようなことはすまいと決意し、別の食べ物を調達してくれるよう頼み込みます。

ヨセフスはまず「ダニエーロス（ダニエル）とその縁者の者は、ともに簡素な生活をし、王の食卓から寄せられる（贅沢な）肉類やすべての命あるものを（厳しく）断つことにした」（一〇・一九〇）とします。すべての命のあるものを断つとなれば、ローマでのヨセフスの読者あるいは聴衆は、この

若者たちは肉断ちをしたピタゴラス派の信奉者の同類としてイメージすることになります。

ダニエル書一・一二によれば、ダニエルが要求したものは「野菜」（ギリシア語訳では「種子」）と「水」だけです。ヨセフスは彼が要求したものを「豆となつめやし」とします。この組み合わせは『戦記』七・二九六でも見られるものですから、彼はここで彼の時代のパレスチナのユダヤびとが口にする食べ物を挙げていることになりますが、マサダの要塞から発見されたヘロデ大王の常備食が豆やなつめやしの実であったことも想起したいものです。

彼らの世話をしている宦官の長は、そんな質素な食べ物で健康を損ねると心配しますが、ダニエルは彼に「試しに一〇日間」要求したものだけを出してくれるようもとめます。宦官の長はそれに応じます。ダニエル書によれば、ダニエルらは質素なものを口にしつづけても「彼らの顔色と健康は宮廷の食べ物を受けているどの少年よりもよかった」そうです。そこでヨセフスは余計なことを書き加えて次のように申します。すなわち、他の者たちは「ダニエーロス（ダニエル）とその縁者たちが贅沢三昧の生活をしているのではないか」（一〇・一九三）と疑ったとし、また「それ以後、アスカネース（アシュペナズ）は、王が毎日きまってこの若者たちに送っていた食べ物をすべて何の不安もなく自分のために取りのけた」（前掲箇所）とします。アシュペナズは王には若者たちの食事の変更は報告せず、与えなかった食事を失敬しつづけたとするのです。すごい想像力ではありませんか。ヨセフスはさらに、「若者たちの心は浄められて教育を受けるにふさわしいものとなり、肉体も骨の折れる労働にたいして前よりも活力にあふれるものとなったので——彼らは（それまでも）さまざまな食べ物が原因で精神（活動）が低下し不活動になることはなかったし、同じ理由で肉体が脆弱《ぜいじゃく》になることもなかった」（二〇・一九四）と想像し、さらにテクストから類推して、「彼らはたちまちヘブルびと（写本によっては「バルバロイ」）やカルデアびと（＝バビロニアびと）のすべての学問を身につけてしまった。とくにダニエーロス（ダニエル）はすでに十分な知恵にたけていたが、夢占いを熱心に学び、神も彼にご自身を顕《あらわ》された」とします。ヨセフスはここで、エジプトの宮廷に奉仕した、夢占いを得意とするヨセフを念頭に置いているように見えますが、バビロンの宮廷などでは夢占いとか、星占いなどが盛んであったことも想起したいものです。

ネブカドネツァルの見た夢

ダニエル書の物語によると、王はその治世の第二年目に夢を見て不安になります。

彼は「占い師たちや、祈祷師たち、まじない師たち、カルデアびとたち」（ギリシア語訳では、「魔術師たちや、マゴイたち、妖術師たち、カルデアびとたち」）を呼び出すと、自分の見た夢の解き明かしをもとめます。しかし彼らのだれひとりとして解き明かすことができないため、王は彼らを皆殺しにするよう命令を下します。ダニエルは王の高官アルヨクから王命を聞いて驚き、神に王が見た夢の秘密をもとめて祈ります。彼に答えが与えられます。

ヨセフスはこの出来事をネブカドネツァル王が「エジプトを蹂躙《じゅうりん》した第二年目」（一〇・一九五）のものに改めます。ダニエル書によれば、王は自分が見た夢が何であったかを覚えております。王はあくまでもその夢の解き明かしをもとめているのですが、ヨセフスは、王は夢を見たが、「寝台から起きたときにそれを忘れてしまった」とします。王は何か夢のようなものを見たが、その夢が何であり、その意味するものが何であるかを明かすようもとめます。ヨセフスはひとつ前の段階から物語を創作しはじめているのです。実際彼は、ダニエルに「（神よ、）王が見て忘れてしまった前夜の夢が何であったか、それをわたしに現して明らかにし、マゴイやカルデアびとを王の怒りから救ってください。わたしたちも彼らとともに滅ぼされる運命にあるからです」（一〇・一九九）と祈らせ、神の応答を語るにあたっては、神はダニエルに「王の見た夢とその意味するものを教えた」（一〇・二〇〇）としします。ダニエルは神から二つのことを教えられたとされているのです。

ダニエル、王の夢を解き明かす

ダニエル書二・二六以下によれば、ダニエルは王の前に引き出されると、王から「わたしの見た夢を言い当て、それを解釈してくれるのか」と尋ねます。彼は「秘密を解き明かす神が天におられて、この神が、将来何が起こるのかを王に知らせたのです」と切り出して、王が夢の中で見た巨大で異常に輝く、見るも恐ろしいひとつの像の詳細を語り、その解釈を試みます。

像の細部描写では、ヘブライ語テクストとそのギリシア語訳では異なる箇所がいくつかあり、ヨセフスの描写がどちらのテクストにより忠実であるかの判断は難しいものです。しかし、それを議論する前に、そもそもヨセフス自身が、細部にこだわる物語の再話者でないことを承知しておく必要があります。ダニエル書二・三一以下は、かなりの紙幅を費やしてダニエルによる夢の解き明かしを記しているのですが、ヨセフスは次のようにそれを再話いたします。

「あなたさまはあなたさまの(死)後にだれが全世界の支配者になるかを心配しておられますが、神はあなたさまのご就寝中に将来王になって支配する者たちをあなたさまに明かし、次のような夢を示されたのです。わたしが考えるところによりますと、あなたさまは一つの大いなる像が立っているのをご覧になりました。その頭は金で、両肩と両腕は銀で、腹と腿は青銅で、すねと足は銀でつくられておりました。次に、あなたさまは一つの石が山から落下して像の上に落ち、それを打ち倒して粉々に砕くのをご覧になりました。(四肢の)いかなる部分も(もとの)完全なものではなくなり、金銀や、青銅、鉄などが粉よりも細かくなりましたが、一陣の烈風が起こると、(風の)力で吹き上げられて飛散してしまいました。しかし、石は巨大になり、全地がそれで満たされたように見えました。

これがあなたさまがご覧になられた夢です。そして、その夢の解き明かしは、次のようなものです。金の頭は、あなたさまとあなたさまの前のバビロニアびとの王たちを表しています。二つの手と両肩は、二人の王があなたさまの帝国を崩壊させることを意味します。しかし、彼らの（帝国）を西方から（興る）青銅をまとったもう一人（の王）が滅ぼします。そして鉄のようなもう一つ（の帝国）がこの帝国を終息させ、鉄の特性のために永遠の支配者になります。鉄は金銀や鉄よりも硬いからです。」（一〇・二〇五―二〇九）

ヨセフスはダニエルにこう語らせた後、それを次の言葉「ダニエーロス（ダニエル）は石（の意味）についても王に解き明かしたが、それについて述べるのは適当ではあるまい。しかし、正確なことを知りたいと願って、あれこれと詮索し、将来何が起こるかその隠されたことを知りたい方は、是非聖なる文書中のダニエーロスの書を繙《ひもと》いていただきたい」（一〇・二一〇）で結ぶのです。

ヨセフスはダニエル書に見られるダニエルの言葉を随所で変更しております。

紀元前五三九年に新バビロニア帝国の首都バビロンを滅ぼすのはペルシアのキュロス二世王（在位、前五五九―五三九）ですが（図65）、もうひとりの王はだれなのでしょうか？　ペルシア帝国の首都ペルセポリス（図66、67）を紀元前三三〇年に陥落させるのはアレクサンドロス大王（図68）です。「西

図65●キュロスの墓とされるもの（上段左）
図66●ペルセポリスの遺構（上段右）
図67●ペルセポリスの遺構（下段左）
図68●アレクサンドロス大王（下段右）

方から（興る）青銅をまとったもう一人（の王）」とはマケドニアから興ったアレクサンドロスです。そしてこの帝国を終息させたのは「鉄のようなもう（ひとつの帝国）」とありますが、このあたりからだんだん分からなくなってきます。ここでのアレクサンドロスの帝国を終息させた帝国は「鉄の特性のために永遠の支配者になります」とあるところから、ヨセフスにはローマの支配を終らせるメシア的王国のことが念頭にあって、ここでその言及を曖昧にせざるを得なかったとされます。これはひとつの解釈としては可能なものかもしれませんが、わたしはヨセフスが、たとえ同時代のラビたちがそう信じていたとしても、メシアの到来やメシア的な王国の到来などは、はなから信じていなかったと想像します。そうなると彼は「ローマが永遠の支配者になる」とテクストは言っていると解釈したことになりますが、これは先に指摘したように、口が裂けても言えないことがらなのです。なぜならば、ヘブライ語テクストもそのギリシア語訳も、その王国が「天の神が立ち上げる」ものとしているからです。ここでの彼は、もしテクストにしたがえば、「ローマ帝国は神が興こした帝国である」とする理解を示したことになってしまいます。ローマ帝国が地中海世界に拡大できたのは、「摂理」（テュケー）のお陰であるとしたのはローマの共和制時代の政治家であり歴史家でもあったポリビオス（前二〇一年―一二〇）ですが、ヨセフスはこの理解に頷《うなず》くことができたとしても、「ローマ帝国を興したのは神である」とするテクストの理解は口にすることができなかったはずです。このため彼は読者に「聖なる文書中のダニエル書」を参照してほしいと逃げるのですが、残念なことにダニエル書を開いてみても、そこにはダニエルの王への奏上の言葉を締めくくるものとして「山から切り出された石が、鉄、青銅、陶土、銀、金を撃つのをご覧になりましたが、それによって、偉大な神はこれから先で起こることを王にお知らせになったのです。この夢は確かであり、解釈もまちがいございません」(二・四五)とあるのみなのです。ギリシア語訳もほぼ同じです。ヨセフスがそれなりにもったいをつけてダニエル書を指し示したのはいいのですが、そこでは石について何も書かれてはいないのです。なんだか一杯食わされたような気になりなります。

ダニエルの縁者たち、燃え盛る火の中で奇跡的に救われる

ダニエル書三・一以下によると、王はあるときバビロン州のドラという平原に高さ六〇アンマ(=ペークス)、幅六アンマというバカでかい金の像をつくります。テクストは王の立像だとは言っておりませんが、そう読み込むのは自然です。まあ、北朝鮮のピョンヤンにある金王朝の親子のあのバカでかい、あの見苦しい立像のようなものを想像しておけばよいのかと思われますが、王はその除幕式に各州の高官たちを招いてその像に拝礼をもとめます。拝礼しない者は強制収容所に送られて銃殺、ではなかった、「ただちに燃え盛る炉に投げ込まれる」というのです。このときユダ(ヤ)びと嫌いのカルデアびとがダニエルの三人の縁者である若者を告発します。ユディト記にも確か、宮廷にユダ

（ヤ）びと嫌いがおりました。タキトゥス（五五年ころ―一二〇年ころ）によれば、ローマの宮廷にもユダ（ヤ）びと嫌いがおりました。

王は若者たちを呼び出します。彼らは宗教上の理由から立像を拝礼できないと申し立てると、炉に投げ込まれるのですが、ここで「あーら不思議」現象が起こります。彼らは炉に投げ込まれると燃え盛る火の中を自由に歩き回っており、何の火傷も負わないのです。王はビックリ仰天し、彼らの神を罵る者は「その体を八つ裂きにされ、その家は破壊される」との命令を出します。随分と極端から極端に走る王です。こちらがビックリです。

ここまでのヨセフスは、原則として、この手の「あーら不思議」現象は取り上げませんし、かりに取り上げることがあれば、物語を再話したあとで、ことの真偽の判断を読者に委ねておりましたが、ここでの彼はこの「あーら不思議」現象を積極的に取り上げ、その物語を、彼ら若者たちは「神の摂理によって救われ、思いがけない仕方で死から逃れることができた。（燃え盛る）火が（いっこうに）彼らに及ばなかったからである。思うに、それは、火が何の悪事も働いていない彼らを斟酌《しんしゃく》して、若者たちに触れようとはせず、彼らを中に取り込んでも無力になって焼くことができなかったからであり、神も彼らの肉体が火で焼き尽くされないようにそれを強くされたからであろう」（一〇・二一五）と言って締めくくるのです。

ダニエルの三人の縁者の若者が燃え盛る炉の中に投げ込まれましたが、その信仰ゆえに、火が彼らを滅ぼすことがなかったとするこの物語は、ユダヤ人の神の優越性を他の民族の者たちに示すフィクションですが、キリスト教徒が最初期から非常に長い期間にわたって好んで読みついできたものです。わたしはすでに『描かれなかった十字架』(青土社)他で紹介しましたが、ローマのカタコンベにはこの場面が多数描かれております(口絵7)。

ネブカドネツァルの見た第二の夢

ダニエル書の第四章は物語の語り手が「わたしネブカドネツァル」となります。ちなみに第八章と第一〇章の語り手も第一人称「わたしダニエル」に変更されます。この変更の理由に関しては、いろいろ議論があると思われますが、わたしはそれを、本来読み切り短編として独立して書かれていた幾つかの物語が、主語の人称の統一など編集されることなくまとめられたことにもとめます。

ダニエル書四・一以下によると、ネブカドネツァル王は再び就寝中に夢を見ます。

夢の中で、大地の真ん中に天にまで届く一本の木が生じるのです。葉は美しく茂り、多くの実をつけ、生き物はすべてその恩恵にあずかります。しかし、王の見た幻の中に現れた天使は、木を切り倒すように大声でもとめます。そこから先の話は支離滅裂で、何度読み返してもわけの分からないものですが、そうこうしているうちに、王が引いて見せる天使の言葉によれば、「七つの時が過ぎ去った……」というのです。ヨセフスは、ダニエルがこの夢を解釈し、彼が解釈したとおりのことが王の身の上に起こったとします。すなわち王は玉座から落ち、荒れ野で「七年間」暮らした後、再び王権を手にしたというのです。ヨセフスはここで「おまえはこんなくだらない話を歴史の中に入れていいのか」という非難を想定してか、次のよう言います。

「わたしは、今（わたしたちの）古い文書中に見られるこのような事件を一々摘録しているが、そのことでわたしを非難しないでいただきたい。なぜなら、わたしは本書の冒頭で、この物語に欠陥を見出したり非難をしたりする方々にたいし、あらかじめ次のように断っていたからである。すなわち、わたし（の仕事）は、ただヘブルびとの文書をギリシア語に置き換えているにすぎず、またそのさい、この物語にわたし自身（の恣意的な解釈）を加えたり（不都合なことを）省略したりすることは一切せずに、書かれているとおりに伝える、と約束しておいたからである。」（一〇・二一八）

ヨセフスはここまでで何度か、物語を再話するさいに使用する資料に何も加えないし、また何も省略しないことを強調しておりますが、ここでもそれを強調しているのです。なお彼はここで自分は「ヘブルびとの文書をギリシア語に置き換えているにすぎず……」と言っておりますが、彼はギリシア語にすでに置き換えられているヘブルびとの文書資料を使用しているのです。ダニエル書のギリシア語訳は、ヘブライ語テクストに見られる「七つのとき」を「七年間」としておりますが、ギリシア語訳テクストを卓上に置いているヨセフスでも「七年間」なのです。

ネブカドネツァルの死とベーローソスの証言

ネブカドネツァル王の死です。

王は紀元前六〇四年から五六二年まで「四三年間」統治した後亡くなりますが、ヨセフスはここで王の事績がベーローソスの『カルデア（＝バビロニア）史』の第三巻で触れられているとして、そこから長い引用を行います。自分はダニエル書からネブカドネツァルにまつわる物語を引いたが、それ以外の異教側の資料をも十分承知しているのだということを、その引用は訴えているようです。その引用には古代世界の七不思議のひとつと数えられた「空中庭園（吊り庭園）」への言及も見られるものです。もっとも、現代の歴史家の中にはこの空中庭園の存在を否定する研究者もおります。

ベーローソスに関しては、わたしはすでに本書の一・一三一で解説しておりますが、ここで引用された資料については、『アピオーンへの反論』一・一三四以下と照合してみてください。

ヨセフスはバビロニアの歴史の一端をベーローソスの著作を介して紹介したのち、ネブカドネツァル二世に言及した著作家として、『インド史』（タ・インディアカ）を著したメガステネース（前三五〇年ころ－二九〇年ころ）や、『ペルシア史』を著したディオクレース、また『インド史』と『フェニキア史』を著したフィロストラトスらの名前を挙げます。彼はこれらの本を、その寵愛に与っているフラウィウス一族の私的な図書館か、ローマの公共図書館から借り出して一時的に自分の手もとに置いていたと想像されますが、借り出したものすべてを詳細に読み込んだとは考えられません。なにしろパピルス用紙に書かれた著作物を読む作業などはわたしたちの想像を越える作業であり、現代のわたしたちが行うパラパラ読みなどはできなかったからです。もっとも、すでに述べているように、ヨセフスは『古代誌』を著作するにあたっては、複数の「助手たち」（スュネルゴイ）を使用しておりますから、彼らに資料を読ませ、「ユダヤの歴史に関係する箇所があれば、付箋用紙でもはっておけ」などと指示していたかもしれません。もちろん、当時、付箋用紙があればの話ですが。

ネブカドネツァルの後継者エビル・メロダクとユダ王国のイェホヤキン王の釈放

ユダ王国のイェホヤキン王が釈放されます。列王記下二五・二七―三〇とエレミヤ書五二・三一―三四は、ほとんどアイデンティカルな言葉で、バベル（バビロニア）の王エビル・メロダクはその即位年に、イェホヤキン王に恩赦を与えたと報告します。その時期は「ユダの王イェホヤキンが捕囚となって三七年目」とありますから、そしてまた岩波版（列王記下とエレミヤ書）の註が指摘するように、バビロン捕囚の人びとはイェホヤキン王の捕囚年から暦を数えましたから、それは紀元前五六二年となります。

　ヨセフスも二つの資料か、どちらかの資料にもとづいて、恩赦を与えられたイェホヤキン王が良い待遇を受けたと報告します。しかし読者はなぜバビロンの新王が手のひらを返したように、それまでの王と異なり、「彼に優しく言葉をかけ、バベル（バビロニア）でともにいた王たちの位よりも高い位を与えた」ばかりか、「一生の間王の前で毎日食事をする」特権を与えたのかと戸惑いを覚えるはずです。

　ヨセフスはその理由を説明して、「イェコニアス（イェホヤキン）は生地が包囲されたとき、そこが攻め落とされて蹂躙《じゅうりん》されないように、すすんで妻子や全親族とともに降伏したが、アビルマタダコス（エビル・メロダク）の父が彼を信用しなかったために、不当な扱いを受けていたからである」（一〇・二三〇）とします。新王は不当な扱いを正す立派な方であったようです。

　列王記下もエレミヤ書もエビル・メロダクの没年に触れませんが、ヨセフスは彼が「一八年の治世後」（一〇・二三一）に亡くなったとします。しかし、『アピオーンへの反論』一・一四七で引用されているベーローソスの文書によれば、王（そこではエウエイルマラドーコスと呼ばれております）の在位期間は「二年」なので、そこを参照しますと、わたしたちは当惑を覚えることになります。ヨセフスはここで彼の王権を継承した彼の子――本当は息子ではないのですが――エーグリサロスの在位期間を「四〇年間」としているからです。前掲箇所で見られるベーローソスの文書によれば、それは

「四年間」です。まあ、バビロニア史ないしは古代オリエント史の専門家を目指すのでなければ、適当に聞き流すしかありません。

ヨセフスはさらに、エーグリサロスの子ラボソルダコスが九か月の統治の後亡くなり、その王権がバビロニアびとの間でナボンアンデーロスと呼ばれたバルタサレースの手に移ったと述べます。バルタサレースの名前を挙げたのは、彼が次に再びダニエル書をもとにして語る物語の一方の主人公だからです。

バルタサレース、宴席で幻影を見る

ヨセフスはここで「ペルサイ（ペルシアびとの王）のキュロスとメディアびとの王ダレイオスが戦争を仕かけたのは、この王（バルタサレース）にたいしてである」（一〇・二三二）と述べて、ダニエル書五・一以下で語られている物語に戻りますが、この言説は問題を孕《はら》むものです。

ここで最初に言及されるキュロスはアケメネス朝ペルシアの初代の王となったキュロス二世（在位、前五五九－五三〇）（図69）のことで、父はカンビュセス一世です。ちなみに彼がナボニドゥスの率いる新バビロニア帝国を倒し、捕囚のユダヤ人を解放したのは紀元前五三八年のことです。

問題はこの王の統治期間中のメディアにダレイオスと呼ばれる王がいないことです。メディアはキ

図69●キュロス２世

ュロスに紀元前五五〇年に滅ぼされておりますから、ヨセフスの読者は戸惑いを覚えます。さらに読者を当惑させるのは、エレミヤ書五・一以下によれば、そこに登場するベルシャツァルはネブカドネツァル二世の子ですが、ヨセフスによれば、彼バルタサレース（＝ベルシャツァル）とベルシャツァルとは何の関係ももたないのです。頭が混乱しそうです。

ヨセフスがダニエル書をどう見なそうが、それは彼の勝手ですが、わたしたちは今一度ここで、ダニエル書が荒唐無稽なフィクションないしはファンタシー物語であることを認識しなければなりません。そうすることで、わたしたちははじめて混乱から解放されます。フィクションの書き手は過去の時代の著名人の名を使用したり、それに近い名を捏造《ねつぞう》するものであることは、旧約聖書続編のユディト記ばかりかその他の外典文書や偽典文書を読めばすぐ分かることですし、またその文学様式が最初の数世紀のキリスト教世界でも継承されたことはよく知られているところです。

ダニエル書五・一以下によると、ベルシャツァル王はあるとき千人の貴族を招いて大宴会を催します。

そのとき王は父王のネブカドネツァル二世がエルサレムの神殿から奪った金銀の祭具を持って来させ、それを使って貴族たちと酒を飲みはじめます（口絵8）。さぞやうまい酒になるはずだったと思われますが、そのとき人の手の指が現れて、宮殿の白い壁に字を書き始めます。王は恐怖にかられます。ホラー映画の一場面になります。王はバビロンの知者たちを召集し、壁に書かれた文字を読み解けと命じますが、例によって、だれもできません。王はますます困惑しますが、王妃が「神の霊」が宿り、そのため父王に重用されたダニエル、父王がベルシャツァルと呼んでいた若者を召し出すようにすすめます。召し出されたダニエルは、壁に書かれた文字は「メネ、メネ、テケル、パルシン」で、その意味はかくかくしかじかですと答えるのです。ダニエルには紫の衣を着ることが許されることになったばかりか、王国の高い地位が与えられます。その結果、ダニエルはすでに巨大な像の夢を解き明かしたことで、王の父王によって高い位につけられバビロン全州を治めていたはずですが……。ダニエル書五・三〇によれば、王はダニエルに高い地位を与えるという布告を出した「その同じ夜に殺され」ます。

ヨセフスもほぼ忠実にダニエル書で語られている物語を再話いたしますが、彼は王にダニエルを呼び寄せるよう進言した人物を王妃ではなくて、「王の祖母」(一〇・二三七)とします。祖母はダニエルに、もし彼が王の夢を解いたならば、それを解けなかった知者たちの「無能さをとがめるようもとめた」(一〇・二三八)とします。

ヨセフスは言いたい放題です。

ダニエル書によれば、王はもしダニエルが幻の意味を解けば、彼に贈り物をすると約束しますが、ダニエルは「贈り物などは不要でございます。報酬はだれか他の者にお与えください」とそれを断ります。ヨセフスはそれに駄文「知恵に富む神のような人は、贈り物などに心を動かされず、(助けが)

必要な者の利益を気前よく図る者である」（一〇・二四一）を加えます。周囲の異教徒にたいするユダ（ヤ）びとの寛大さ、寛宏さ、配慮が強調されるのです。ここからして、ここらあたりで、少なくともこの物語単位は、ディアスポラのユダ（ヤ）びとが書いたものであることが明白になります。

ヨセフスによる壁に書かれた文字の解釈はダニエル書にほぼ忠実です。その解き明かしは王にとって不吉なもので、ダニエルをその場で処罰してもおかしくないものですが、ダニエル書によれば、王はダニエルに贈り物を与え、高い地位を与えているのですから、それには説明が必要となります。ヨセフスは王の内面にまで立ち入って、それを説明いたします。

「ダニエーロス（ダニエル）が……壁の文字の意味を告げると、王は……悲嘆と懊悩《おうのう》にくれた。しかし、それにもかかわらず、王は、ダニエーロスが自分の災禍を預言したことを理由に約束の贈り物を与えないようなことはせず、そのすべてを与えた。それは王が、その預言のために与えられる災禍は自分と（自分の）運命の個人的な問題であり、預言した男のせいではないと考えたからであり、また、今後起こることが自分に不吉なことであっても、約束の贈り物を受けるのは、この男が善良で（神の前に）正しいものだと判断したからである。こうして王は、（贈り物をおくることに）したのである。」（一〇・二四五―二四六）

ダニエル書五・三〇は、王がだれに殺されたかを明らかにしませんが、ヨセフスは「それからしばらくすると、ペルシアびとの王キュロスが、王のもとへ侵攻してきて、王と都は（敵の手に）陥ちた。バビロンが陥落したのは、バルタサロス（↓バルタサレース）の治世の第一七年目のことである」（一〇・二四七）として、王が死んだのはキュロスの侵攻のためであることを暗示します。紀元前五三九年のことです。ここに見られるヨセフスの「第一七年目」は、彼がダニエル書以外の情報源をもっていたことを示します。それはすでに彼が挙げた異教側の著作かもしれません。

ヨセフスはここまでの再話を締めくくるにあたり、「以上は、われわれが（歴史から）知ることができるナブーコドノソロス（ネブカドネツァル）王の子孫たちの最期である」（一〇・二四八）と述べます。これからすると、彼の第一義的な関心はネブカドネツァルの子孫たちの最期に向けられていたことが分かります。

ヨセフスは次にこう述べます。

「親族のキュロスとともにバビロニアびとの帝国を崩壊させたのはダレイオスであるが、彼がバビロンを攻め落としたのは六二歳のときであった。彼はアステュアゲースの子で、ギリシア人の間には別の名で呼ばれていた。ダレイオスはダニエーロス（ダニエル）をメディアにある自分の王宮に連れて行き、彼にあらゆる名誉を与えて自分の傍らに置いた。ダニエーロスは、ダレイオスが三六〇の総督領に置いた三人の総監の一人だったからである。ダニエーロスはかくも多数（の総督）を

各総督領に置いたのである。」（一〇・二四八―二四九）

この一文を読む者は首をかしげないでしょうか？

ヨセフスはここでダレイオスがバビロンを攻め落とした時期を明確にせず、彼が「六二歳」のときとしております。それはベルシャツァル殺害への言及記事につづくダニエル書六・一に、王国を継いだときのダレイオスがすでに「六二歳」のときであったとしているからです。ヨセフスはダレイオスをここで「メディアに自分の王宮をもつ者」としておりますから、彼はダニエル書六・一と同様に、ダレイオスをメディアびとと見なしております。しかし、「メディアびとダレイオス」とはいったい誰のことなのでしょうか？

わたしたちはすでにこの疑問を先行箇所で示しました。そこではバビロンを陥落させたのはキュロスであり、彼はダレイオスと称する者と一緒になってそこを陥落させたのではありません。

ダニエル書九・一はダレイオスが「メディア出身で、クセルクセスの子であり、カルデアびとの国を治めていた」と適当なことを言っておりますが、それはフィクションとして適当なことを言っているのにすぎないのです。史実として受け止めるとおかしなことになります。

次に首をかしげたくなるのは、ヨセフスがここで「ダニエーロスはかくも多数（の総督）を各総督領に置いたのである」と述べていることです。写本によっては「各総督領に」が欠落するか、全文が欠落しており、またラテン語訳では全文が欠落しておりますので、テクスト的には非常に問題のある箇所となっておりますが、ヨセフスは先行する一文で三六〇人の総督の数を挙げているのですから、ここで「各総督領にかくも多数の総督」が置かれたとするのでは首をかしげなくてはなりません。なお、ダニエル書六・二は、ダレイオスが「王国に一二〇人の総督を置いた」としております。

嫉妬と中傷と

すでに見てきたように、ダニエル書の物語によれば、ダニエルはバビロンの宮廷でも、またペルシアの宮廷でも大きな名誉が与えられました。

ある人物が傑出した働きをして、後になって、周囲の者たちが予想もしなかった大きな名誉が与えられることは、よくあることです。そのとき名誉を与えられた者にたいする周囲の者たちの感情は微妙に、あるいは露骨に変化し、その者への接し方も変わっていきます。これはすでにここまでで幾度か取り上げたヨセフス自身が提示する人間観察の一端ですが、このとき顕在化する「嫉妬」の感情は、彼にとっては非常に重要な考察の対象となります。それは彼の人間観察の根幹になるものです。彼にとって、ダニエルとその周囲の者たちは格好の観察材料です。

ヨセフスは次のように申します。

「こうしてダニエーロス（ダニエル）は、ダレイオスからかくも大きな名誉を与えられて格別に引き立てられた。そして彼は、神（の霊）が彼の中に宿っていると信じられて万事を委ねられたために（貴族たちの）嫉妬を買った。人は他の者が自分より大きな名誉を王に払われているのを見ると嫉妬するものである。そして、ダニエーロスが王の好意を得ているのに憤慨した連中は、彼を貶《おとし》める中傷や告発の口実を熱心に探したが、ダニエーロスが（そのための）材料を与えたことは一度もなかった。というのは、彼が金銭（の誘惑）を超越して、いかなる利得も蔑視し、たとえ正当な理由で与えられた利得でも、それを受けることを恥ずべき行為と見なしたので、彼をねたむ連中に告発の糸口を与えなかったからである。彼らは、王に訴えて、王の払う敬意を醜行（の暴露）や中傷できずつけようにも、材料そのものが全くなかったため、彼を片付ける他の手段を躍起になってさがした。」（一〇・二五〇—二五一）

ヨセフスはここで人間感情のひとつである「嫉妬」を観察しております。その観察は彼がローマ社会でフラウィウス一族の寵愛を受けながら生きて行く上で必要な観察でもあり、その観察を介して彼はなぜ、たとえば、ガリラヤのユストスらがわざわざローマにまで乗り込んできて、自分の旧悪をいまだに暴こうとするのかを理解しようとしたようです（『自伝』五四以下、一三〇以下参照）。

ヨセフスはこの人間省察をもってダニエル物語を離れるのではありません。彼はダニエルを訴えようとした者たちが、告発材料がないときに、何をしたかを語るために、ダニエル書六・三以下で語られているダニエルがライオンの穴に投げ込まれた話ほかを再話いたします。

ダニエルを陥れる手っ取り早い方法は、宮廷が守っている神礼拝にダニエルがしたがわないことを見届ければいいのです。知恵者の彼ら宮廷人は、「向こう三〇日間、王を差し置いて他の人間や神に願い事をする者」はライオンの穴に投げ込まれるとします。その禁令は布告されます。彼らはダニエルが自分の神に日に三度祈りを捧げているのを目撃すると、それを王に通報し、そのため彼はライオンの穴に投げ込まれます。しかし彼はライオンに食い殺されることはなかったのです。王はダニエルを陥れようとした者たちを妻子ともども穴の中に投げ落とすと、ライオンはすぐさま彼らに「飛びかかり、骨までも噛み砕いた」というのです。

ヨセフスはこの物語を再話いたしますが、少しばかり内容を変更します。彼は、ダニエルの敵対者たちがライオンが彼を襲わなかった理由をライオンが満腹していたことにもとめ腹心たちが王にそのように告げたとし、そのため、彼らの奸計を知った王は、「大量の肉を（穴に）投げ込ませてライオンを満腹にさせた」（一〇・二六一）上で、彼ら腹心たちをライオンの穴に投げ込んだとします。ライオンは満腹であっても彼らを襲い、「まるでひどく飢えて食べ物を必要としているかのように、彼ら全員を食いちぎった」（一〇・二六二）とします。話としてはこちらの方が面白いものとなっております。

脱線いたしますが、ライオンの穴の中のダニエル物語は最初期のキリスト教徒には好まれるものとなりました。それを描いた場面はローマのカタコンベでいくつも見られるものですし（図70）、ロシアの正教会などのフレスコ画にも好んで描かれました。

ヨセフスは次に、ダニエルがエクバタナにバリス（要塞？）を建てた話を語ります。それは「この上なく美しく豪華につくられたもので、現在でも残っていて」（一〇・二六四）、「ユダ（ヤ）びとの祭司がその管理を委ねられている」（一〇・二六五）と述べます。これはダニエル書にも見られない情報です。この情報は彼が卓上に置いた資料の中に見出されたものかもしれませんが、東方からローマにやって来たディアスポラのユダ（ヤ）びとの商人たちから聞いた話であったことも考えられます。詳細に立ち入れないのは伝聞である可能性を示すものです。

ヨセフスのダニエル讃歌

ヨセフスはダニエル讃歌の言葉をつづけます。

ダニエルはいつの間にか「偉大な預言者の一人」（一〇・二六六）とされます。彼の「記憶は永遠に生きている」（前掲箇所）そうで、彼の「書き残した書物は現在でもわたしたちの間で読まれている」（一〇・二六七）とします。それは彼が「他の預言者のように将来の出来事を預言しつづけるとともに、

図70●ライオンの穴に放り込まれたダニエル

その預言の成就するときを定めたからである」（前掲箇所）とします。とは言え、ヨセフスはその具体的な例を挙げることをしないので、彼の読者は戸惑います。彼はさらにダニエルは「預言の成就によって（彼の言葉の）真実性が裏付けられ、それと同時に、彼の神的な力についての世人の評判を得た」（前掲箇所）とも言うのです。ヨセフスはダニエルをフィクションの中の登場人物とするのではなくて、歴史上の人物だと固く信じております。そのため、彼はダニエル書を歴史資料と見なしているのです。

ヨセフスはここから先でも、ダニエル書八・二以下で語られているダニエルがエラム州の都スサで見た夢とその解釈を再話してみせます。彼によれば、ダニエルはシリアのアンティオコス四世エピファネース（在位、前一七五―一六三）（図71）によるエルサレム侵入（前一六九年）を預言したそうです――ダニエル書の著作年代がこの時期に置かれるのは、ダニエル書の著者がこの出来事を知っていたからにすぎないのですが。ヨセフスはまた、ダニエルが「ローマ人の帝国について、すなわち彼ら（の手）によるエルサレムの陥落と神殿荒廃について書き記した」（一〇・二七六）としますが、その具体例をダニエル書から引くことはしません。それだけにヨセフスを読む者は戸惑いを覚えるのです。しかし彼は、読者の戸惑いなどに心遣いすることはなく、ダニエル物語の再話を締めくくるにあたっては、唐突な仕方でエピクロス派の人びと（エピクーレイオイ）を引き合いに出して、彼らを罵倒してみせます

図71●アンティオコス４世

「彼らは摂理（プロノイア）というものを人間生活の埒外《らちがい》におき、神が（人間界の）あらゆる事象の支配者であることを信じようともしなければ、また、世界が絶えることなく存続するよう、万物が至福で不死の存在によって舵取りされていることを（認めようとも）しない。いやそれどころか、彼らは、世界がそれを統《す》べる方をもたず、（その方の）心遣いも受けずにそれ事態の力で働いていると言い張ったりするのである。

もし彼らの主張するように、（世界を）統べる方がいなければ、それはちょうど嵐のときの船が舵手を失って沈没し、戦車が御者を失って横転するように、予測できない事態に遭遇して、破壊されて滅びてしまうであろう。それゆえ、ダニエーロス（ダニエル）の預言（が成就した事実）を見れば、神は人間界の出来事についてはいっさい心遣いをしていないと主張する連中は、（神についての）正しい認識からははるかにへだたっているように思われる。もし世界が偶然的な力か何かで進行しているならば、これらのことがすべてダニエーロスの預言どおりに起こる事態を見なかったであろう。」（一〇・二七八－二八〇）

ここで罵倒されているエピクロス派の者たちは、すでに見てきたように、ローマのエピクロス派の者たちと想像して構わないと思いますが、なぜヨセフスは彼らを罵倒するのでしょうか？

彼のエピクロス派攻撃は、『アピオーンへの反論』二・一八〇以下でも見られるだけに、この攻撃は真摯《しんし》に受け止める必要があるかもしれませんが、わたしはここにローマのエピクロス派の者たちによるヨセフスへの個人攻撃を見たいのです。すでに指摘したように、彼は『自伝』一五、四二五で、自分が神の摂理の中に生かされている人間であることを強調しました。わたしたちはローマに向かう乗船が沈没してアドリア海を漂流中ヨセフスが助けられた話を聞かされました。もちろんわたしはこの話をヨセフスが歴史の中に登場する自分を劇化するためのフィクションであると意地悪く見ておきましたが、ヨセフスの生涯は、なぜ彼が今ここで生かされているのかと読者に想像させる出来事が次から次に起こっており、逆にそれはヨセフス自身に「なぜ自分はここでまた生かされているのか」と自問することをもとめるものであったのではないでしょうか？　周囲の者たちから、あるいは同胞たちから「おまえはなぜエルサレム陥落の七〇年に死なないで、今生かされているのか？」と問いつめられることしばしばであったのではないでしょうか？　彼にとっては「摂理によって生かされている」としか自分の存在を説明することしかできず、しかしそれを説明したところで返ってくるのは罵倒と嘲笑だけだったのではないでしょうか？

ヨセフスにとってのダニエルは

ヨセフスにとってダニエル書のダニエルは明らかに自分の生涯の幾つかの場面と重ねることができ

る人物でした。彼は、ダニエルと同様に、異教の宮廷に仕える人物です。彼は、ダニエルと同様に、宮廷で破格の待遇を受けつづけていた人物です。彼は、ダニエルと同様に、その知恵とその受けた破格の待遇ゆえに、周囲の者たちやローマ在住の同胞たちの嫉妬を買ったのです。彼は、ダニエルと同様に、預言をしました。ウェスパシアヌス（図72）が皇帝になることを預言したのはローマ陣営で鎖に繋がれたヨセフスなのです。彼にとって預言が本物であるかどうかの判断基準は、その預言が歴史の中で実現したどうかなのです（『戦記』三・三九九―四〇八）。誰もが実現したと認めるものは本物の預言であり、そうでないものは世を騒がす妄言、偽の預言にすぎないのです。彼自身の預言は歴史の中で実現したのです。ウェスパシアヌスは皇帝になったのです。彼は六九年の七月一日にエジプトとユダヤのローマ軍によってアレクサンドリアで皇帝に推戴され、同年の一二月二〇日ローマで四皇帝乱立時代を終らせ、元老院によって皇帝に宣言されるのです。そう、スエトニウス（後七〇年ころ―一四〇年ころ）がその著作『ローマ皇帝列伝』の「ウェスパシアヌス」五で、ヨセフスの皇帝預言に言及するのは、ヨセフスがローマでは立派な預言者とも見なされていたことを物語るものなのです。たとえ二〇年以上も昔に、ガリラヤで「当たるも八卦、当たらぬも八卦」を承知でウェスパシアヌスの面前で皇帝預言をするという博打《ばくち》に打ってでたにすぎない結果だとしても。

ヨセフスにとって、たとえ明確にされていなかったとしても、ダニエルの預言と称するものの中に、紀元後七〇年のエルサレム破壊を指し示すものがあったとするならば、それは大きな慰めになるもの

図72●ウェスパシアヌス

であったに違いありません。ヨセフスの論理にしたがえば、エルサレムの神殿破壊は神の計画、キリスト教的な難しい言葉を使えば「経綸」の中にあったものなのです。それは戦後二〇年以上経っているとはいえ、軽々には口にできない事柄であったのです。しかし、彼はそう考えそう信じることで、自分は実は無罪放免だと秘かに思うことができたのです。

『ユダヤ古代誌』の第一〇巻を締めくくる言葉は「わたしはこうした預言や出来事を、(聖なる文書を)読んで知ったとおりに書き記した。もしそれについて(わたしと)異なる判断を下したい方がおられても、わたしはその異論に反論はしない」(一〇・二八一)です。この一文は、合理主義者のヨセフスが聖書の中の奇跡物語を語らざるを得なくなって語ったあとで、その真偽のほどを読者に委ねるときの物言いと同じであるとは言わないまでも、それに近いものであることを指摘して、『南北分裂王国の誕生』のタイトルを冠した本巻の記述を終えたいと思います。

次巻はバビロンからの帰還からはじまります。

すべての者がバビロンから帰還したわけではありませんが、帰還した者たちの中には「律法の巻物」を携えた者たちもおりました。律法の巻物を含むモーセ五書やその他はバビロンで編纂されたようです。多分、民族のアイデンティティを確立するためにつくられたものだと思われます。次巻は見逃せないものとなります。

あとがきに代えて

I

われわれは、最初、『異教徒ローマ人に語る聖書』（京都大学学術出版会）で、ヘブライ語聖書の冒頭の第一書である創世記を取り上げた。創世記は天地創造にはじまり、父祖たちの物語を含むものであった。いや「含むものであった」と言うのは不正確な物言いかもしれない。創世記と呼ばれる一書で語られている天地創造と人類誕生の物語は全体のわずかの部分でしかすぎず、残りの大半は父祖たちの物語であるからである。それは、天地創造の物語や人類誕生の物語と同じく、単なる物語（フィクション）にすぎないものとしか思われないものであるが、そこでは主なる神が父祖たちの歴史に介入する話が物語として語られている。

創世記によれば、神の手になる天地創造はわずか六日で終る。七日目は休みである。創世記は次に、人類の誕生物語を語る。すでに何度も指摘したが、主なる神はこの人類誕生で大きなチョンボを犯す。

神はアダムを誕生させた後に本来ならば少なくとも二人、「エバ・ワン」と「エバ・ツー」を誕生させておかねばならなかったのに、一人のエバしかつくらなかったからである。

その結果はどうか。

アダムとエバの間に誕生したカインは、兄弟のアベルを殺害した後のことで、つくしが芽をふく春先になると、彼自身も発情する。発情すれば「ヤル」相手を見つけるしかないが、周囲を見回すと母親のエバしかいない（のである）。エバの連れ合いであるアダムがそのとき彼女のそばにいたとは思われないが、発情したカインは母親に向かって猪突猛進する。

創世記の系図が挙げる人類の祖とでも言うべき者たちはいずれも長生きである。たとえば、第五章に見られる「アダムの系図」によれば、アダムは九三〇歳まで生き、セトは九一二年まで生き、エノシュは九〇五年まで生き……とあり、九〇〇歳代がそろい踏みの盛観である。また同じく第一一章で取り上げられている「セムの系図」によれば、セムは洪水の二年後の百歳のときにアルパクシャドを儲けている。しかも彼は、この息子を儲けたあと、五〇〇年生きて、その間にさらに別の息子や娘も儲けている。イヤハヤの精力絶倫である。そしてセムの第一子アルパクシャドは、二五歳でシェラを儲けるが、彼はシェラが生まれた後さらに四〇三年生きて、その間にさらに別の息子と娘をも儲けている。これらの話はナンセンス・フィクションあるいは与太話として切り捨てるべきものであるが、この父祖たちの長生き話があるから、天地創造や人類の誕生を含む聖書の物語は、紀元後一世紀のヨセフスの時代までに六〇〇〇年近くの人類史をもつことになる。もし「アダムの子孫の長寿」や「父祖たちの長寿」を言祝ぐ系譜がなかったらばどうなるか。イスラエルの子らの歴史は、創世記が天地創造の物語を含むとは言え、非常に短いものとなる。実際、それは紀元前三〇〇〇年以上も前にオリエントで栄えたシュメール文明の歴史の古さにはかなわないものとなる。

II

イスラエルの子らの民族史によれば、彼らの父祖たちはエジプトで過酷な労役に服していたそうで、その彼らをモーセと呼ばれる人物が救い出す。彼は女子供を入れれば優に一〇〇万を超す同胞たちの群れをエジプトから導き出す。彼はシナイ山で神から「十戒」を授けられる。だれもが一度は聞いたことのある、しかしだれもがその内容をよく知らない十戒である。

あるとき、あるところで、面白い話を聞かされたことがある。

アメリカの中西部にある「メガ・チャーチ」(一回の礼拝で数千人の信徒を集める集金力抜群の巨大教会)に集う善男善女に、民間の調査会社ギャラップが調査をしたところ、彼らは「モーセの名を知っているか?」、「十戒の名称を知っているか?」と問われると、全員が勢いよく「はーい、知っています」と誇らし気に手を挙げたが、十戒の第一項は何かと問われると、途端に黙りこくり、誰ひとりとしてそれに答えられなかったという。そればかりか、「汝殺すなかれ」が十戒の戒めのひとつであることを知る人もほとんどいなかったそうである。嘘のような本当の話である。聖書は世界一のベストセラーであるそうであるが、この調査は、それが世界一読まれない書物であることも語らずして教えてくれる。

閑話休題。

モーセに率いられたイスラエルの子らの群れは、十戒を授けられた後、シナイの砂漠を四〇年にわたって彷徨する。一〇〇万を越える大軍が四〇年間、食料も水もない砂漠を彷徨えるものなのか。ユダヤ教徒やキリスト教徒の大半はこれを疑うことをしない。いや、学者ですら疑うことをしない。それどころか、出エジプトのルートを明らかにしようと血眼になり論文を書く。その結果、シナイの砂漠の北方のルートを取ったとする「北方説」とか、南方のルートを取ったとする「南方説」が学説の名のもとに登場する。イギリスの考古学者フリンダーズ・ピートリ（一八五三―一九四二）は、「エジプト考古学の父」と呼ばれて久しいが、彼がエジプトでの発掘に生涯を捧げたのは、出エジプトの出来事が歴史上あったとされたからである。彼は生涯をかけてモーセによる出エジプトの痕跡を見つけようとしたのである。

では、何が発見されたのか？

一〇〇万を越えるイスラエルの子らの移動であれば、それがいかに広漠とした地であれ、シナイの砂漠の至る所に、キャンプ跡や移動を示す痕跡が残されていなければ嘘であるが、それらは何ひとつとして発見されなかったのである。いやそればかりか、一〇〇万以上の大軍による四〇年にわたる彷徨であれば、その間に何万、いや何十万の者が、いやいや何十万以上の者が亡くなり、その遺骨が砂漠の至る所に散乱していなければおかしなことになるが、人骨一本見つからなかったのである。

モーセは砂漠での彷徨後、カナンの地を望遠するモアブの地のネボ山と呼ばれる山で亡くなる。歴史上の実在人物としてその山上で亡くなったのか、それとも出エジプトという壮大なフィクションの英雄としてそこで亡くなったことにされたのか、興味深い問いを立てることができる。申命記の最終章の記述によれば、彼は一二〇歳のときに亡くなる。モーセは九〇〇歳以上生きたノアやその子孫、五〇〇歳以上生きた父祖たちの長寿には及ばなかったものの、それでも長寿大国日本に住むわたしたち日本人の感覚をもってしても、十分すぎるほど十分な長寿であり、砂漠の中の彷徨という劣悪な環境を考えれば、それは驚嘆すべき「ご長寿」となり、それを言祝がねばならない。しかし、驚嘆すべき出来事を前にするときには、眉に唾をすべし。

III

モーセの後継者となったのはヌンの子ヨシュアである。

彼はモーセに目をかけられていた若い指揮官である。彼はヨルダン川を渡るとカナンの地に侵入し、その先住民族を次ぎ次ぎに征服する。その先頭に立って鏖殺の喇叭を吹きまくったのは主なる神である。「先住民を容赦なく殺しまくれ」と、イスラエルの子らの尻をひっぱたきながら煽りに煽ったのは主なる神である。それを記すのはヨシュア記と呼ばれる書物であるが、この書物ほど後の時代のキリスト教の宣教師たちを鼓舞するものはなかった。キリスト教に改宗しない異教徒は「虫ケラ」「悪魔の子」として扱うべし、「虫ケラ」「悪魔の子」である以上は彼らを殺しまくっても構わない、とする思想がこの書物から生まれたのはけだし当然である。キリスト教二〇〇〇年の歴史で、「虫ケラ」「悪魔の子」扱いされた異教徒の数は「億」を越えると言われるが、このことを指摘する歴史家はほとんどいない。もちろん、これに関しては、キリスト教側は黙して語らない。彼らにとっての悔い改めは、彼らが犯した歴史の領域の事柄ではないようである。

物語によれば、カナンの地に定住したイスラエルの子らは、自分たちを導いてくれた主なる神の恩恵を早々と忘れる。恩恵的行為とは、施した側の者はいつまでも未練がましくそれを忘れないが、施された側の者は明日にでも忘れるもので、人間社会では日常的によく見られる光景である。

彼らイスラエルの子らは、殺戮をまぬかれて生き残った異教徒（カナンの先住民）たちの宗教や文化を追いかけはじめる。十戒の第一項が徹底されていなかったことがよく分かる。人類の歴史を俯瞰すれば、「戒め」の徹底くらい難しいものはない。人間は本来的に戒めの足枷・手枷を嫌い、「反・戒め」で行動する者だからである。われわれは、イスラエルの子ら自身が「汝殺すなかれ」の戒めを破って、カナンの先住民を殺しまくったことを忘れてはならないが、或る旧約学者の指摘によれば、「汝殺すなかれ」は、イスラエルの子らの間で殺しがあってはならないことを言ったにすぎないもので、他民族の者を相手にするときは別だという。なるほど、この指摘は、ユダヤ教を民族宗教として捉えるときのひとつの視点を与えてはくれる。そればかりか、十戒が普遍性を期待してつくられたものではないことも教えてくれる。しかし、民族宗教の枠を越えたとされるキリスト教がはたしてこの壁に破れ口をつくったかというと、「さにあらず」である。伝道宗教として発達したこの宗教が異教徒を「虫ケラ」「悪魔の子」扱いしてきた歴史の事実に照らせば——こちらの事実は、間違いなく、歴史上の事実である——、その答えは自ずと明らかであろう。

IV

サムエル記や、列王記、それに歴代誌によれば、ある時期以降のイスラエルの子らは、自分たちを導く王をもちたいと思いはじめ、実際、王を抱くようになる。驚いたことに、主なる神もあっさりと彼らの要求を認める。それ以降、少なくとも物語の上では、主なる神は歴史の舞台から身を引く。舞台からのステップ・オフであり、ステップ・ダウンである。

彼らイスラエルの子らを、主なる神に成り代わって導いたのは初代の王サウロであり、第二代の王ダビデであり、そして第三代の王ソロモンである。はじめにサウロの王政ありきで、それが二代、三代とつづけば、王政は王制に様変わりするが、ダビデ一族の者は王制を一族の世襲のものにしようとして画策する。そしてソロモンの死後、早々と権力抗争が起こる。その結果、イスラエルの子らの歴史は北王国イスラエルと南王国ユダの二つに分裂する。歴史の舞台から身を引いた主なる神は、もはやこの事態に口出しはしない。王朝が生み出した王がどんなに卑劣で、性悪で、悪質であっても、主なる神は「お口にチャック」状態で、口出しをしない。歴代の王が代々トチ狂い、異教崇拝の輩と化し、異教の神々に人身御供を捧げ、その悪臭を消すために祭壇で香を焚いても、主なる神は沈黙のままである。イスラエルの子らの歴史は、巷間言われるような、一神教の神主導の歴史ではなくなり、神が歴史からすっぽりと抜け落ちた歴史、一般史となる。そして驚いたことに、列王記下の第二二章や歴代誌下第三四章の記述によれば、この間のイスラエルの子らは、ヨシヤの時代まで、神なき後のガイディング・プリンシプルとなるはずだったと思われる「神の律法」が、彼らのもとになかったというのである。「ええっ」の事態であり、「まさか」の展開である。歴代の王が悪事に走り、異教主義に熱中し、王国の神殿や聖所が娼婦や男娼の巣窟になり、祭司たちが足繁く通う場所になったのもけだし当然であったのかもしれないが、それでもわれわれは狐につまれた思いを抱くであろう。

V

然り、一神教の神が絡んだとされる歴史、「神の律法」がシナイ山で与えられたとするイスラエルの子らの歴史は、この上もなく分かりにくい歴史である。もし出エジプトの出来事が、創世記の父祖たちの物語と同じく壮大なフィクションであれば、カナン征服の物語もフィクションと見なすべきものとなり、その後四〇〇年以上にわたってつづいたとされる師士時代の歴史もクエッション・マークをつけて構わないものとなる。

では、サウロにはじまる王政はどうなのか。

わたしには――あまり自信はないのだが――、多分、このあたりからイスラエルの一般史がはじまったように思われる。しかし問題は、聖書がサウロや、彼につづくダビデとソロモンの時代を一般史として認識して記述していないことである。

出エジプトをフィクションと見なすことではじめて納得できる事態が一般史の中に浮かび上がってくる。

それは、もし出エジプトがフィクションであれば、当然のことながら、「神の律法」がシナイ山で与えられた話もフィクションとなるから、神の律法などはまだカナン征服時代にも、師士時代にも、王国時代にも、分裂王国時代にも存在していなかったと議論することが可能になる。そしてすでに本書の中で見てきたように、ヨシヤ（在位、前六四〇ころ―六〇九）の時代に「律法の書」がエルサレムの神殿修復中に発見されたとされるが、それを報告する列王記下や歴代誌下の記述は、よくよく読めば、不自然なところだらけである。結局、われわれが「多分、確かなことであろう」として想像できるのは、「律法の書」なるものは、はるか後のバビロン捕囚の時代に編纂されたものであるということである（もっとも一部の学者は、このとき発見された「律法の書」は申命記のことであろうと想像する）。そしてバビロンにおいて、天地創造と人類誕生にはじまるイスラエルの子らの歴史が、その記述に不自然なところが多々あり、また見ようによっては瑕疵だらけのものであるが、壮大な民族史として、創作されたということである。

VI

本書『南北分裂王国の誕生』が扱った歴史上の事象とされるものは、ヨセフスが『ユダヤ古代誌』の第八巻から第一〇巻までの三巻を費やして再話したもので、それは聖書が語る分裂王国時代、北王国のアッシリア捕囚、南王国の神殿破壊、そしてそれにつづくバビロン捕囚を含む。時間的スパンは紀元前一〇世紀から紀元前六世紀までの四世紀の長きにわたる。資料となる列王記上・下や、歴代誌上・下、そしてエレミヤ書がどこまで歴史の真実を語っているかは不明で、ここまででそうであったように、これらの資料はすべて眉に唾をつけながら読み進めるのがここでも正しい読み方だと思われる。しかしヨセフスは、「分裂王国時代」に先立つ「王国時代」の再話と同じく（拙著『神の支配から王の支配へ』参照）、目の前に置いた資料であるギリシア語訳聖書や、そのもととなったヘブライ語聖書の記述に眉に唾をつけることはなく、そこには歴史的事実が語られていると固く信じた上で、なおかつそれを自在に変形させたりして物語を再話する。

VII

ヨセフスにとって分裂王国時代の再話などは気の進まぬものであったかもしれない。資料の記述はパターン化していて、面白くもない退屈きわまりないものだからである。しかし、北王国イスラエルの滅亡以降で語られる南王国ユダの神殿の崩壊と炎上の話こそは、彼が本書で何がなんでも触れねばならぬものであり、語らねばスルーできないものであった。なぜならば彼は、紀元後一世紀の彼の時代に起こったエルサレムの第二神殿の崩壊と炎上を自分の目で目撃したばかりか、その焼失の責任を、神殿を喪失して二〇年以上も経った九〇年代でも、執拗にローマで同胞のユダヤ人たちから問われ続けていたからである。

ヨセフスにとってこの非難・告発から逃れ得る免罪の道はあったのか。

あったのである。二つも三つもあったのである。ただし、それは向こうから転がり込んでくるものではなく、彼がない知恵を絞って考え出さねばならぬものであった。

ひとつは神の存在の大きさをからめる議論である。神の存在は想像することさえ難しい広大無辺、無辺無窮なもので、その住まいは地上のちっぽけな神殿などに限定されるものではない、と申し立てることである。神の住まいが地上の神殿などに限定されるものでないことは、神はそんな卑小な存在でないことを申し立てることによってなされるものである。われわれはすでに『神の支配から王の支配へ』で見てきたように、ヨセフスが、列王記上八・一四以下、同書八・二二以下に見られるソロモンがイスラエルのすべての民に語りかけた言葉やソロモンが主の祭壇の前で口にしたとされる長い祈りを巧みに編集し直して、そこにおいて彼は、主なる神が落成したばかりのエルサレムの神殿をも越える存在であることを強調する。

ヨセフスは次のように言う。

「主よ、あなたには永遠のお住まいがございます。それはあなたご自身のためにつくられた天であり、大気であり、大海であります。われわれはこのことをよく承知しております。しかし、それらのものといえど、あなたを入れることができません。」（八・一〇七）

ヨセフスはこう述べることで、エルサレムの神殿（第一神殿）は、神にとって真の本殿ではなくて、仮構の住まいに過ぎないことを強調するのである。真の本殿は天であり、大気であり、大海であると言うのである。しかも、それらのものといえど、神を入れることができないと言うのである。ヨセフスは明らかに、彼の聴衆や読者に、神が広大無窮の存在であることを想像させ、そうすることで、ここから先で語る第一神殿の炎上・喪失も、また彼の時代の第二神殿の炎上・喪失も歴史の上では大きな出来事であっても、神の存在の大きさと比べれば、それは小さな出来事にすぎないと暗に言うのである。

ヨセフスは先に進んで、資料に見られるソロモンの祈りを今一度改めて、彼自身の思いをそこに込めて、次のように言う。

「（主よ、）その上さらにお願いがございます。あなたさまが地上におられるかのようにあなたさまの霊の一部の居所を神殿にしてください。あなたさまにとっては、天空もその器の中にあるものですら小さな居所にすぎず、どうか（この神殿を）あなたさまご自身のものとしてつねに護られ、あなたさまのご自身の財産として心遣いしてください。」（八・一一四）

ヨセフスによれば、地上の仮構の神殿は神の霊の一部が宿るところに過ぎず、しかもそれは嘆願してはじめてそこに宿るのである。

二つ目の方法は、紀元後一世紀のエルサレム神殿の崩壊と炎上はすでに「摂理により運命づけられていた」と申し立て――「神により運命づけられていた」と言うのではなくて――、そのことはまた、それに先立つ歴史の中で預言されていたと言えばいいのである。そのため彼は、ダニエル書の著者であると彼が信じるダニエルが紀元後七〇年のエルサレムの神殿焼失を預言していたとする。

ダニエル書のダニエルは歴史上の実在人物ではなくて、ヘレニズム時代にしばしば書かれた娯楽フィクションに登場する主人公のひとりにすぎないが、ヨセフスは彼をペルシア時代の異教の宮廷に仕えるユダヤ人のひとりであると固く信じている。彼自身もローマのフラウィウス一族の宮廷に仕える以上、彼我の間に五〇〇年以上の時間の径庭があったとしても、ダニエルは彼の分身となり得たのである。ヨセフスは彼を自分の代弁者に仕立てればいいのである。そして、実際、彼はそうしたのである。ローマの聴衆や読者も、またローマ在住のギリシア語を解するユダヤ人の聴衆や読者も、ヨセフスにより、ダニエルが歴史上の人物であると声高に申し立てられれば、資料となるダニエル書にアクセスなどできないのであるから、彼の申し立てを受け入れてしまう。これはちょうど、印刷術が発明される前のキリスト教世界で、教会に集う善男善女が聖書にアクセスことができないことをいいことに、司祭や祭司の聖職者たちが聖遺物を持ち出して適当なことを口にして、彼らを誑《たぶら》かしていたのに似てなくもない。いずれにしても、ヨセフスはダニエル書のダニエルの言説を預言として最大限に利用する。

では三つ目は何か。

それは歴史の展開をゆっくりと回転する「大車輪」の回転に見立て――わたしはここでいつもシリアのオロンテス川沿いのハマー（ハマテ）で目にした大水車の車輪を想像してしまうのだが――、かつて歴史の中で起こった大きな出来事は、大車輪が一回転して「大年」（ホ・メガス・エニアウトス）が元の位置に戻って来たときに再び起こると申し立てることである（『異教徒ローマ人に語る聖書』三〇頁以下）。わたしはこれを「歴央の大年史観」とか「歴史の回転史観」と呼ぶことにしているが、この史観によれば、紀元後一世紀の第二神殿の炎上・喪失は、第一神殿の炎上・喪失を目撃した歴史の大車輪が五〇〇年かけて一回りして元の位置に来たとき、必然的に起こった事態であり、それは紀元前六世紀の第一神殿の炎上・喪失という出来事の再現にすぎないものである。もしそうであれば、これは摂理の定めと同じく、神殿の炎上・喪失の出来事の責任をいまだ問われつづけるのはおかしいこととなる。彼は告発され責任を問われるたびごとに、口にはしなかったであろうが、おのれのうちでは「いい加減にせい、あほんだら。あれは焼け落ちる運命にあったのだ」と叫んでいたのである。

いずれにしても本書は、ヨセフスの再話にとって最大の山場となる箇所を扱っており、その意味では、本書はヨセフスという人物や彼のユニークな歴史理解を知る上で、また彼の巧みな弁疏の術を知る上で欠くことのできぬ一書となるのである。

最後にもうひと言。

本書の出版では京都大学学術出版会の國方栄二氏にいろいろとお世話になった。いつものことながら、ありきたりの言葉でしかわたしの謝意を表せないのは残念であるが、それでもその気持ちの一端を、涼しい夏のケンブリッジから遥か遠くの猛暑の日本で汗をかいて本書のために労されておられる氏に伝えたいと思う。

二〇一三年七月一〇日

夏期休暇に入り、静まり返ったケンブリッジの中央図書館で

秦　剛平

【図版一覧】

＊以下の表記で見られる web 上の public domain は、その使用が一般に「公共財」として認められているものを指す。

カバー　エレミヤ、レンブラント、油彩、1630、アムステルダム国立美術館
口絵 1　ゲリジム山とエバル山（web）
口絵 2　「黄金の雄牛」、ゲリット・デ・ウェット（1616–1674）、制作年不明、個人蔵（web, public domain）
口絵 3　預言者エリヤフとみ使い、ボル・フェルディナント、油彩、1660–63 年、個人蔵
口絵 4　エリヤフの昇天（１）（web）
口絵 5　エリヤフの昇天（２）（web）
口絵 6　ヒンノムの谷（web）、撮影者 Deror Avi（19/19/2007）
口絵 7　火の中の３人の若者（web）
口絵 8　壁に書かれた文字（ベルシャザルの宴席）、レンブラント、油彩、1638 ころ、ロンドンのナショナル・ギャラリー（web, public domain）

図 1　ベテル、ダン、ペヌエル（ガリラヤ湖・死海周辺地図）
図 2　「黄金の牛」、ドウラ・エウロポス出土のシナゴーグの壁画、3 世紀前半（シリアのダマスコ博物館所蔵）、（web, public domain）
図 3　「シシャク東征」のレリーフ（web, public domain）
図 4　ヘロドトスの胸像（web）
図 5　キドロンの谷（web）
図 6　ネロ帝の胸像、ローマのカピトリーノ（カピトリーニ）・ミュージアム（web）
図 7　ポッパイア・サビーナの胸像とされるもの、ルーブル美術館（web, public domain）
図 8　カディズのバアルの神殿に祭られていたメルカルト神（web, public domain）
図 9　「エリヤフとカラス」、Raven Symbolism, *Lore & Mythology*（web）
図 10　聖アントニオスのもとに食事を運んでくるカラス（web）
図 11　エリヤフと寡婦の死んだ子（web）
図 12　エリヤフと真の神（web, public domain）
図 13　カルメル山（web）
図 14　キション川（web）
図 15　ホレブ山とされる山（web）
図 16　エン・ゲディ（web）

索　引

参考文献

1次資料

(1) 聖書関係
秦剛平訳『七十人訳ギリシア語聖書Ⅰ　創世記』(河出書房新社、2002)
秦剛平訳『七十人訳ギリシア語聖書Ⅱ　出エジプト記』(河出書房新社、2003)
秦剛平訳『七十人訳ギリシア語聖書Ⅲ　レビ記』(河出書房新社、2003)
秦剛平訳『七十人訳ギリシア語聖書Ⅳ　民数記』(河出書房新社、2003)
秦剛平訳『七十人訳ギリシア語聖書Ⅴ　申命記』(河出書房新社、2003)
月本昭男訳『創世記』(岩波書店、1997)
木幡藤子・山我哲雄訳『出エジプト記・レビ記』(岩波書店、2000)
山我哲雄・鈴木佳秀訳『民数記・申命記』(岩波書店、2001)
鈴木佳秀訳『ヨシュア記　士師記』(岩波書店、1998)
月本昭男ほか訳『ルツ記ほか』(岩波書店、1998)
池田裕訳『サムエル記』(岩波書店、1998)
池田裕訳『列王記』(岩波書店、1999)
池田裕訳『歴代誌』(岩波書店、2001)
『新共同訳聖書』(聖書協会)

(2) ヨセフス
秦剛平訳、ヨセフス『ユダヤ戦記』3分冊(ちくま学芸文庫、2002)
秦剛平訳、ヨセフス『ユダヤ古代誌』6分冊(ちくま学芸文庫、1999–2000)
秦剛平訳、ヨセフス『自伝』(山本書店、1978)
秦剛平訳、ヨセフス『アピオーンへの反論』(山本書店、1977)

(3) ギリシア関係
呉茂一、高津春繁訳、『ホメーロス』(筑摩書房、昭和39年)
小西晴雄訳、『トゥーキュディデース』(筑摩書房、昭和46年)
藤縄謙三訳、トゥキュディデス『歴史　1』(京都大学学術出版会)
城江良和訳、トゥキュディデス『歴史　2』(京都大学学術出版会)
松平千秋訳、ヘロドトス『歴史』上中下(岩波文庫、1971–72)

(3) ローマ史関係
国原吉之助訳、タキトゥス『同時代史』(筑摩書房、1996)
国原吉之助訳、タキトゥス『年代記』(筑摩書房、昭和40年)

2 次資料

(1) ヨセフス関係

□書物
秦剛平『神の支配から王の支配へ－ダビデとソロモンの時代』(京都大学学術出版会、2012)
秦剛平『聖書と殺戮の歴史－ヨシュアと士師の時代』(京都大学学術出版会、2011)
秦剛平『書き替えられた聖書－新しいモーセ像を求めて』(京都大学学術出版会、2010)
秦剛平『異教徒ローマ人に語る聖書－創世記を読む』(京都大学学術出版会、2009)
浅野淳博訳、スティーブ・メイソン『ヨセフスと新約聖書』(リトン、2007)
秦剛平『ヨセフス－イエス時代の歴史家』(ちくま学芸文庫、2000)
東丸恭子訳、ミレーユ・アダス＝ルベル『フラウィウス・ヨセフス伝』(白水社、1993)
秦剛平＋大島春子訳、シャイエ J. D. コーエン『ヨセフス－その人と時代』(山本書店、1991)

□論文
Gohei Hata, "In the Beginning was a Greek Translation of Genesis and Exodus," in *Pentateuchal Traditions in the Late Second Temple Period : Proceedings of the International Workshop in Tokyo, August 28–31, 2007* (Akio Moriya and Gohei Hata eds ; Leiden : E. J. Brill, 2012)
Gohei Hata, "Where is the Temple Site of Onias IV in Egypt ?" in *Flavius Josephus : Interpretation and History* (Jack Pastor, Prina Stern, and Menahem Mor eds. ; Leiden : E. J. Brill, 2011)
秦剛平「レオントーン・ポリス神殿址――ブーバスティス・アグリアともうひとつのユダヤ神殿」、秦剛平＋守屋彰夫共編『古代世界におけるモーセ五書の伝承』(京都大学学術出版会、2011) 所収
秦剛平「英語圏におけるヨセフスの近代語訳とその受容史」、『基督教学研究』第 31 号 (2011) 所収
秦剛平「聖書の語るイスラエルの建国神話」、『宗教と現代がわかる本 2011』(平凡社、2011) 所収
秦剛平「創世記に見られる天地創造とその創造主」、港・永原編『創造性の宇宙－創世記から情報空間へ』、(工作社、2008) 所収

Gohei Hata, "A SPECIAL LECTURE TO MARK THE HOSTING OF THE INTERNATIONAL JOSEPHUS COLLOQUIUM IN TRINITY COLLEGE, DUBLIN," in *Making History : Josephus and Historical Method* (ed. Zuleika Rodgers ; Leiden : E. J. Brill, 2007)

Gohei Hata, "The Abuse and Misuse of Josephus in Eusebius' *Ecclesiastical History*, Books 2 and 3," in *Studies in Josephus and the Varieties of Ancient Judaism* (Shaye J. D. Cohen and Joshua J. Schwartz eds. ; Leiden : E. J. Brill, 2007)

秦剛平「テル・バスタ――考古学的発掘調査のための約束の地」、『多摩美術大学研究紀要』第 21 号（2006）所収

秦剛平「創世記と出エジプト記－ギリシア語訳の背後にあるヘブル語テクスト」、『多摩美術大学研究紀要』第 19 号（2004）所収

秦剛平「18 世紀と 19 世紀の英訳ヨセフス：近代語訳の誕生とその背景　その 2」、『多摩美術大学研究紀要』、第 17 号（2002）所収

秦剛平「18 世紀と 19 世紀の英訳ヨセフス：近代語訳の誕生とその背景　その 1」、『多摩美術大学研究紀要』、第 16 号（2001）所収

秦剛平「古代の二人の歴史家、ヨセフスとエウセビオス－古さをめぐる歴史記述について」、『パトリスティカ－教父研究』第 6 号（新世社、2001）所収

Gohei Hata, "Eusebius and Josephus : The Way Eusebius misused and abused Josephus", *PATRISTICA*－Proceedings of the Colloquia of the Japanese Society for Patristic Studies, Supplementary Volume 1（2001）所収

秦剛平「第一次ユダヤ戦争に見るフィロカイサルとその系譜」、『基督教学研究』第 19 号（1999）所収

秦剛平「ヨセフスの生涯について（その 2)」、『多摩美術大学紀要』第 10 号（1995）所収

秦剛平「ヨセフスの生涯について（その 1)」、『多摩美術大学紀要』第 9 号（1994）所収

秦剛平「フラウィウス・ヨセフス――ひとりの途方もないユダヤ人」、『現代思想』（青土社、1994）所収

Gohei Hata, "Imagining Some Dark Periods in Josephus' Life," in *Josephus & the History of the Greco-Roman Period : Essays in Memory of Morton Smith* (Fausto Parente & Joseph Sievers eds. ; Leiden : E. J. Brill, 1994)

秦剛平「ギリシア語訳聖書研究序説」、『基督教学研究』第 13 号（1992）所収

秦剛平「ヨセフスと複数のギリシア語訳聖書の使用」、『聖書翻訳研究』（日本聖書協会、1986）所収

秦剛平「アリステアスの書簡、ヨセフス、七十人訳」、岡野・田中編『古典解釈と人間理解』（山本書店、1986）所収

秦剛平「古代世界におけるモーセ像とヨセフス」、『ペディラヴィウム』第 18

号（1983）所収
秦剛平「ヨセフスのモーセ物語について」、『基督教学研究』第 6 号（1983）所収
Gohei Hata, "Is the Greek Version of Josephus' Jewish War a Translation or a Rewriting of the First Version ?" in *Jewish Quarterly Review*, new series, vol. LXVI2（1977）所収

論集

Akio Moriya and Gohei Hata eds., *Pentateuchal Traditions in the Late Second Temple Period : Proceedings of the International Workshop in Tokyo, August 28–31, 2007*（Leiden : E. J. Brill, 2012）
秦剛平＋守屋彰夫編『古代世界におけるモーセ五書の伝承』（京都大学学術出版会、2011）
Gohei Hata and H. W. Attridge eds., *Eusebius, Christianity, & Judaism*（Leiden : E. J. Brill, 1992）
秦剛平＋ H. W. アトリッジ『エウセビオス研究①キリスト教の起源と発展』（リトン、1992）
秦剛平＋ H. W. アトリッジ『エウセビオス研究②キリスト教の正統と異端』（リトン、1992）
秦剛平＋ H. W. アトリッジ『エウセビオス研究③キリスト教とローマ帝国』（リトン、1992）
Gohei Hata and Louis H. Feldman eds., *Josephus, the Bible, and History*（Wayne State University Press + E. J. Brill, 1988）
Gohei Hata and Louis H. Feldman eds., *Josephus, Judaism, and Christianity*（Wayne State University Press + E. J. Brill, 1987）
秦剛平＋ L. H. フェルトマン共編『ヨセフス研究①ヨセフスとユダヤ戦争』（山本書店、1985）
秦剛平＋ L. H. フェルトマン共編『ヨセフス研究②ヨセフスとキリスト教』（山本書店、1985）
秦剛平＋ L. H. フェルトマン共編『ヨセフス研究③ヨセフス・ヘレニズム・ヘブライズムⅠ』（山本書店、1985）
秦剛平＋ L. H. フェルトマン共編『ヨセフス研究④ヨセフス・ヘレニズム・ヘブライズムⅡ』（山本書店、1986）

(2) 七十人訳ギリシア語聖書関係

Gohei Hata, *Translating the Greek Bible into Japanese : a personal history*（Clare Hall, University of Cambridge : Video & Audio, 2013）

秦剛平「はじめに創世記と出エジプト記のギリシア語訳がつくられた」、秦剛平＋守屋彰夫共編『古代世界におけるモーセ五書の伝承』（京都大学学術出版会、2011）所収
秦剛平『乗っ取られた聖書』（京都大学学術出版会、2006）
秦剛平『旧約聖書続編講義－ヘレニズム・ローマ時代のユダヤ文書を読み解く』（リトン、1999）
秦剛平「アリステアスの書簡」、『旧約聖書続編講義』（リトン、1999）所収
秦剛平「七十人訳聖書から垣間見るユダヤ人社会」、『現代思想』（青土社、1998）所収
秦剛平「ヘレニズム・ローマ時代のユダヤ教文献研究（9）－ヨベル書とシビルの託宣」、『ペディラヴィウム』第44号（1996）所収
秦剛平「ヘレニズム・ローマ時代のユダヤ教文献研究（8）－12族長の遺言」、『ペディラヴィウム』第43号（1996）所収
秦剛平「ヘレニズム・ローマ時代のユダヤ教文献研究（7）－ギリシア語エスドラス書＋ラテン語エズラ書」、『ペディラヴィウム』第42号（1995）所収
秦剛平「ヘレニズム・ローマ時代のユダヤ教文献研究（6）－バルク書、イェレミアの手紙、マナセの祈り」、『ペディラヴィウム』第41号（1995）所収
秦剛平「ヘレニズム・ローマ時代のユダヤ教文献研究（5）－トビト記＋ダニエル書への三つの付加」、『ペディラヴィウム』第40号（1994）所収
秦剛平「ヘレニズム・ローマ時代のユダヤ教文献研究（4）－アリステアスの書簡」、『ペディラヴィウム』第39号（1994）所収
秦剛平「ヘレニズム・ローマ時代のユダヤ教文献研究（3）－マカベア第3書＋ギリシア語エステル記への付加」、『ペディラヴィウム』第38号（1993）所収
秦剛平「ヘレニズム・ローマ時代のユダヤ教文献研究（2）－マカベア第4書」、『ペディラヴィウム』第37号（1993）所収
秦剛平「ヘレニズム・ローマ時代のユダヤ教文献研究（1）－マカベア第1書＋マカベア第2書」、『ペディラヴィウム』第36号（1992）所収
秦剛平「七十人訳翻訳史序説（一）」、『基督教学研究』第13号（1990）所収

(3) その他

野町啓『学術都市アレクサンドリア』（講談社学術文庫、2009）
秦剛平訳、ジェームス・ヴァンダーカム『死海文書のすべて』（青土社、1995）
秦剛平『旧約聖書続編講義』（リトン、1999）

辞典・事典

カルル・ハインリッヒ・レングシュトルフ編『ヨセフス辞典』全 4 分冊
入江和生ほか訳、マイケル・グラント＋ジョン・ヘイゼル『ギリシア・ローマ神話事典』（大修館書店、1988）
松原國師『西洋古典学事典』（京都大学学術出版会、2010）

秦　剛平（はた　ごうへい）

多摩美術大学名誉教授
聖書文学協会所属（ヨセフス・セミナー運営委員、フィロン・セミナー運営委員、ヘレニズム・ユダヤ教専門部会運営委員）、オックスフォード大学客員教授（1999—2000年）、同大学客員研究員（2001年以降）、現在ケンブリッジ大学、（クレア・ホール）フェロー終身会員、（ウォルフソン・コレッジ）フェロー

主な著書／『乗っ取られた聖書』『異教徒ローマ人に語る聖書——創世記を読む』『書き替えられた聖書——新しいモーセ像を求めて』『聖書と殺戮の歴史——ヨシュアと士師の時代』『神の支配から王の支配へ——ダビデとソロモンの時代』（以上京都大学学術出版会）、『旧約聖書続編講義』（リトン）、『ヨセフス——イエス時代の歴史家』『美術で読み解く新約聖書の真実』『美術で読み解く旧約聖書の真実』『美術で読み解く聖母マリアとキリスト教伝説』（以上ちくま学芸文庫）、『反ユダヤ主義を美術で読む』『描かれなかった十字架』『名画でたどる聖人たち』『名画で読む聖書の女たち』『天使と悪魔——美術で読むキリスト教の深層』（以上青土社）ほか

主な訳書／フィロン『フラックスへの反論・ガイウスへの使節』エウセビオス『コンスタンティヌスの生涯』ピロストラトス『テュアナのアポロニオス伝』（以上京都大学学術出版会）、ヨセフス『ユダヤ戦記』全7巻3分冊、同『ユダヤ古代誌』全20巻6分冊（ちくま学芸文庫）、エウセビオス『教会史』全10巻2分冊（講談社学術文庫）『七十人訳ギリシア語聖書』全5分冊（河出書房新社）ほか30冊

主な論集編纂／共編『古代世界におけるモーセ五書の伝承』（京都大学学術出版会）、『ヨセフス論集』全4分冊（山本書店）、『エウセビオス論集』全3分冊（リトン）

学術選書

南北分裂王国の誕生

—イスラエルとユダ　　学術選書 065

2013 年 11 月 25 日　初版第 1 刷発行

著　　者…………秦　剛平

発 行 人…………檜山 爲次郎

発 行 所…………京都大学学術出版会

京都市左京区吉田近衛町 69

京都大学吉田南構内（〒 606-8315）

電話（075）761-6182

FAX（075）761-6190

振替 01000-8-64677

URL http://www.kyoto-up.or.jp

印刷・製本…………㈱太洋社

装　　幀…………鷺草デザイン事務所

ISBN 978-4-87698-865-5

定価はカバーに表示してあります

学術選書 ［既刊一覧］

＊サブシリーズ 「心の宇宙」→心 「諸文明の起源」→諸
「宇宙と物質の神秘に迫る」→宇

001 土とは何だろうか？ 久馬一剛
002 子どもの脳を育てる栄養学 中川八郎・葛西奈津子
003 前頭葉の謎を解く 船橋新太郎 心 1
005 コミュニティのグループ・ダイナミックス 杉万俊夫 編著 心 2
006 古代アンデス 権力の考古学 関 雄二 諸 12
007 見えないもので宇宙を観る 小山勝二ほか 編著 宇 1
008 地域研究から自分学へ 高谷好一
009 ヴァイキング時代 角谷英則 諸 9
010 GADV仮説 生命起源を問い直す 池原健二
011 ヒト 家をつくるサル 榎本知郎
012 古代エジプト 文明社会の形成 高宮いづみ 諸 2
013 心理臨床学のコア 山中康裕 心 3
014 古代中国 天命と青銅器 小南一郎 諸 5
015 恋愛の誕生 12世紀フランス文学散歩 水野 尚
016 古代ギリシア 地中海への展開 周藤芳幸 諸 7
018 紙とパルプの科学 山内龍男
019 量子の世界 川合・佐々木・前野ほか編著 宇 2
020 乗っ取られた聖書 秦 剛平
021 熱帯林の恵み 渡辺弘之
022 動物たちのゆたかな心 藤田和生 心 4
023 シーア派イスラーム 神話と歴史 嶋本隆光
024 旅の地中海 古典文学周航 丹下和彦
025 古代日本 国家形成の考古学 菱田哲郎 諸 14
026 人間性はどこから来たか サル学からのアプローチ 西田利貞
027 生物の多様性ってなんだろう？ 生命のジグソーパズル 京都大学総合博物館・京都大学生態学研究センター 編
028 心を発見する心の発達 板倉昭二 心 5
029 光と色の宇宙 福江 純
030 脳の情報表現を見る 櫻井芳雄 心 6
031 アメリカ南部小説を旅する ユードラ・ウェルティを訪ねて 中村紘一
032 究極の森林 梶原幹弘
033 大気と微粒子の話 エアロゾルと地球環境 笠原三紀夫・東野 達 監修
034 脳科学のテーブル 日本神経回路学会監修／外山敬介・甘利俊一・篠本滋編
035 ヒトゲノムマップ 加納 圭
036 中国文明 農業と礼制の考古学 岡村秀典 諸 6

037 新・動物の「食」に学ぶ　西田利貞
038 イネの歴史　佐藤洋一郎
039 新編 素粒子の世界を拓く　湯川・朝永から南部・小林・益川へ　佐藤文隆 監修
040 文化の誕生　ヒトが人になる前　杉山幸丸
041 アインシュタインの反乱と量子コンピュータ　佐藤文隆
042 災害社会　川崎一朗
043 ビザンツ　文明の継承と変容　井上浩一　諸 8
044 江戸の庭園　将軍から庶民まで　飛田範夫
045 カメムシはなぜ群れる？　離合集散の生態学　藤崎憲治
046 異教徒ローマ人に語る聖書　創世記を読む　秦 剛平
047 古代朝鮮　墳墓にみる国家形成　吉井秀夫　諸 13
048 王国の鉄路　タイ鉄道の歴史　柿崎一郎
049 世界単位論　高谷好一
050 書き替えられた聖書　新しいモーセ像を求めて　秦 剛平
051 オアシス農業起源論　古川久雄
052 イスラーム革命の精神　嶋本隆光
053 心理療法論　伊藤良子　心 7
054 イスラーム　文明と国家の形成　小杉 泰　諸 4
055 聖書と殺戮の歴史　ヨシュアと士師の時代　秦 剛平
056 大坂の庭園　太閤の城と町人文化　飛田範夫
057 歴史と事実　ポストモダンの歴史学批判をこえて　大戸千之
058 神の支配から王の支配へ　ダビデとソロモンの時代　秦 剛平
059 古代マヤ　石器の都市文明［増補版］　青山和夫　諸 11
060 天然ゴムの歴史　ヘベア樹の世界一周オデッセイから「交通化社会」へ　こうじや信三
061 わかっているようでわからない数と図形と論理の話　西田吾郎
062 近代社会とは何か　ケンブリッジ学派とスコットランド啓蒙　田中秀夫
063 宇宙と素粒子のなりたち　糸山浩司・横山順一・川合 光・南部陽一郎
064 インダス文明の謎　古代文明神話を見直す　長田俊樹
065 南北分裂王国の誕生　イスラエルとユダ　秦 剛平